本书由安徽大学创新发展战略研究院资助出版

# 宅坦村志

ZHAITAN CUNZHI

□ 编著　胡维平

山西出版传媒集团　山西人民出版社

图书在版编目（CIP）数据

宅坦村志.胡维平编著.——太原:山西人民出版社，2022.05
ISBN 978-7-203-12063-6

I. ①宅… II. ①胡… III. ①村史—绩溪县 IV. ①K295.45

中国版本图书馆 CIP 数据核字（2021）第 276602 号

## 宅坦村志

编　　著：胡维平
责任编辑：员荣亮　　复　审：贾　娟
终　　审：梁晋华　　装帧设计：尹慧娟

出 版 者：山西出版传媒集团·山西人民出版社
地　　址：太原市建设南路 21 号　　邮编：030012
发行营销：0351—4922220　　4955996　　4956039　4922127（传真）
天猫官网：http://sxrmcbs.tmall.com　　电话：0351—4922159
E—mail：sxskcb@163.com　　发行部
　　　　　sxskcb@126.com　　总编室
网　　址：www.sxskcb.com

经 销 者：山西出版传媒集团·山西人民出版社
承 印 厂：山西立方印业有限公司

开　　本：787 毫米×1092 毫米　　1/16
印　　张：16
字　　数：300 千字
版　　次：2022 年 5 月　第 1 版
印　　次：2022 年 5 月　第 1 次印刷
书　　号：ISBN 978-7-203-12063-6
定　　价：128.00 元

如有印装质量问题请与本社联系调换

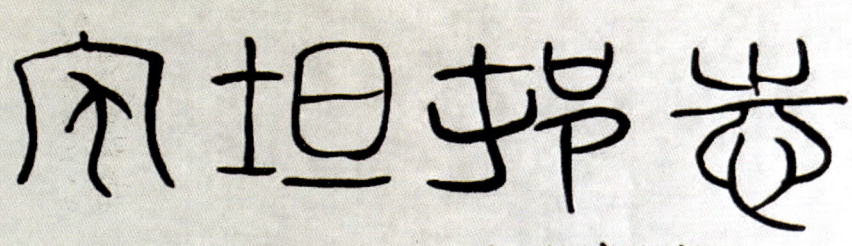

## 《宅坦村志》编辑委员会

主　　任　　张德元

总 编 审　　陈　勇

编　　审　　胡笑珍（女）


主　　编　　胡维平

编　　委　　胡高华　胡庆红　胡仲高

　　　　　　汪秋红（女）　鲍笑密（女）　胡永光


学术总顾问　　唐力行

宅坦村远景与村口一角　　　　宅坦村远景与村口一角

宅坦村慕前塘今（左）昔（右）景观

胡氏宗祠石雕栏板24组（明天启）　　宅坦胡氏宗祠（亲逊堂）
三级文物　　　　　　　　　　　　　中厅旧照

宅坦村党支部现有党员简介及部分党员参观绩溪县梧川革命纪念馆

  绩溪县宅坦村博物馆利用美好乡村专项资金于2014年夏建成开放,建筑面积近1800平米,共12个展厅(馆)。现享受国家免费开放资金补助。家风馆相关内容2017年9月被安徽省纪委、监察厅网站转发。

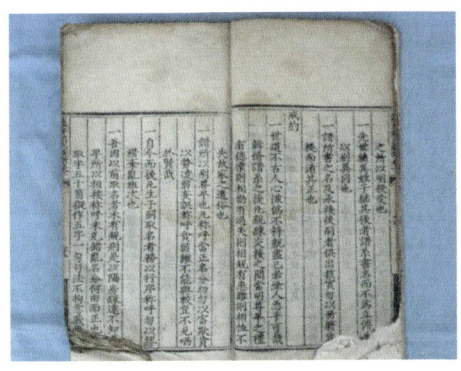
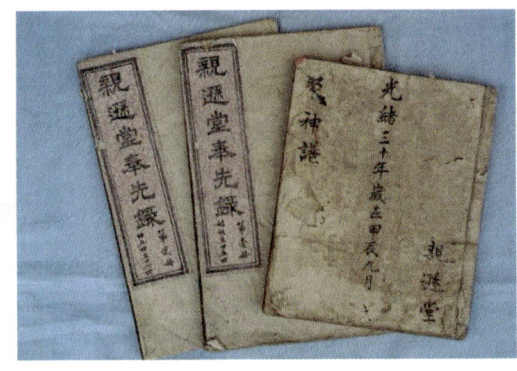
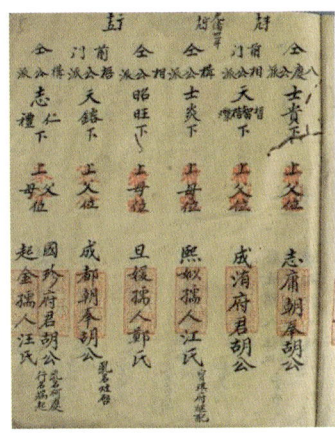
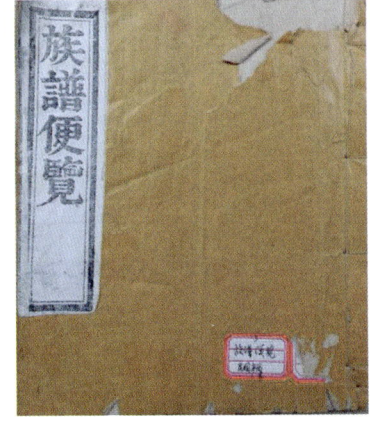
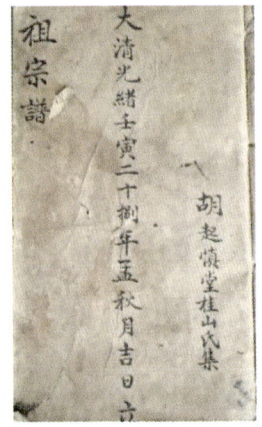

宅坦村至今还妥存有记载胡适一支始迁祖七二公的明代嘉靖版《龙井胡氏族谱》、整个徽州明经胡的清乾隆版《考川明经胡氏统宗谱》，还有更少见的祠谱《亲逊堂奉先录》及《族谱便览》。

宅坦村志

# 家国情怀实证篇

反映抗战时期宅坦村胡氏家国怀情的珍贵实证

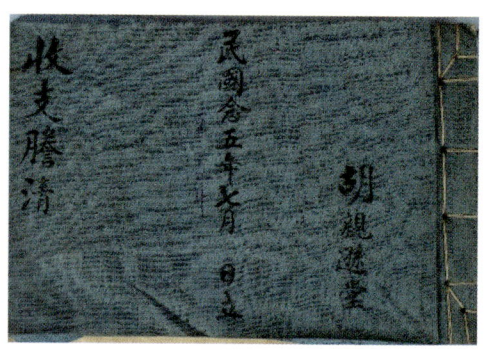

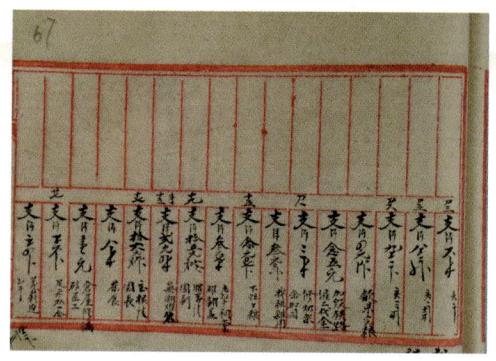

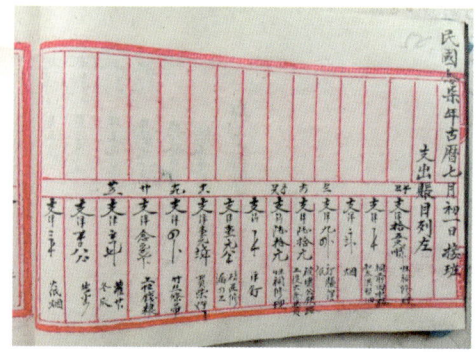

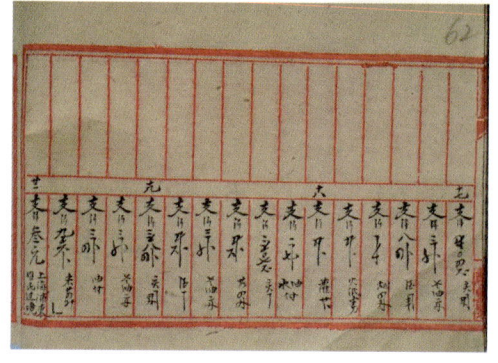

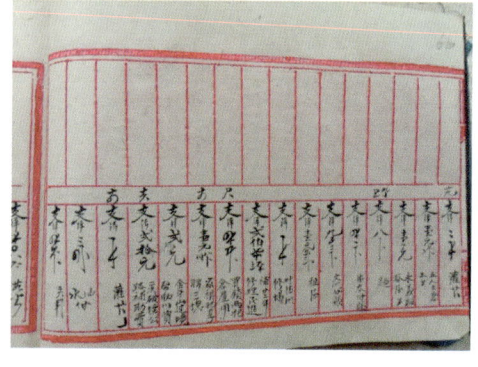

　　这本珍藏于绩溪县宅坦村的胡氏宗祠收支账真实而详细地记载了在国共合作、共赴国难的1938年秋，为阻止日军进犯皖南、赣东北，乡人出资破毁公路、铁路，接济上海浦东、芜湖、宣城难民及过境抗日官兵，是安徽绩溪宅坦村胡氏在国难当头时家国情怀的珍贵原始记录。

## 践行祠规案例篇

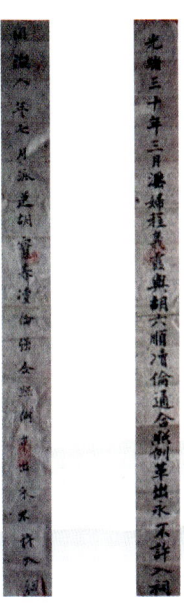

宅坦胡氏实施祠规的珍贵实证：男女通奸、强奸，一经查实，革祠不贷

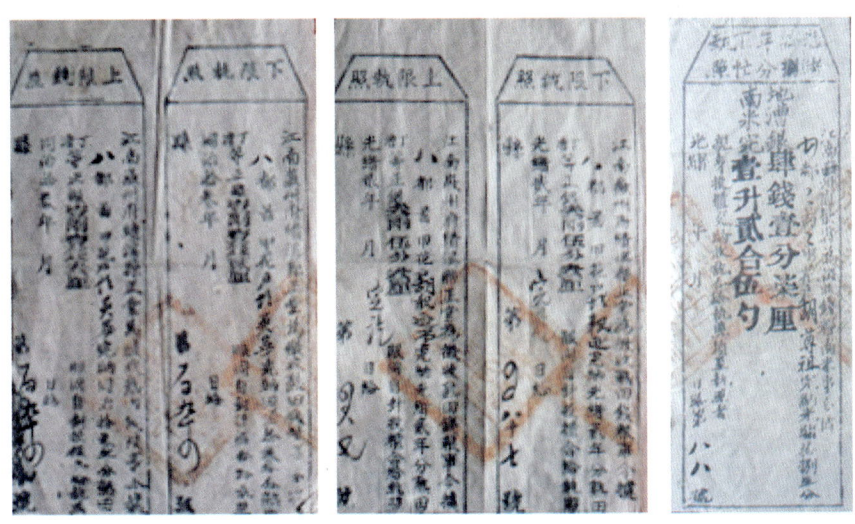

胡氏宗祠曾是模范纳税户（交钱粮凭证）

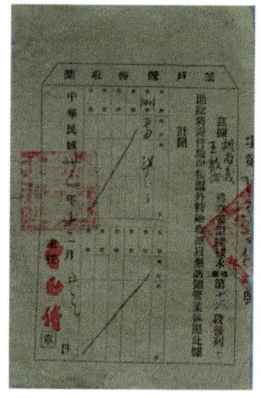 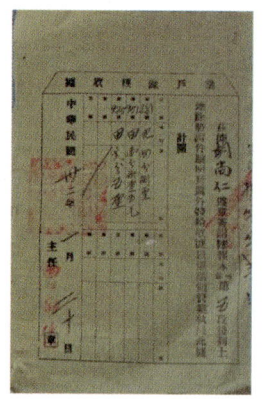  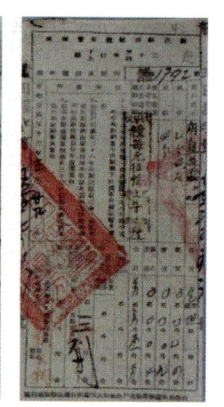

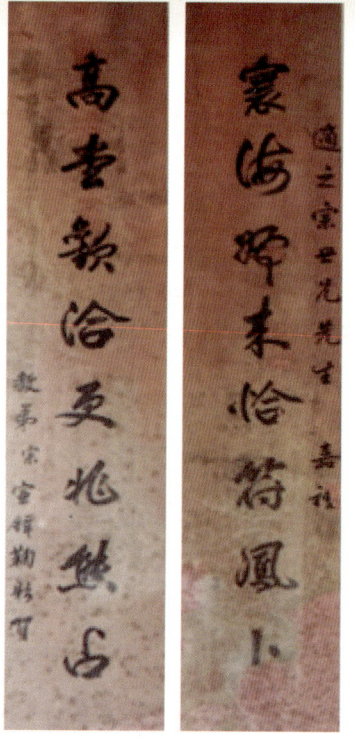 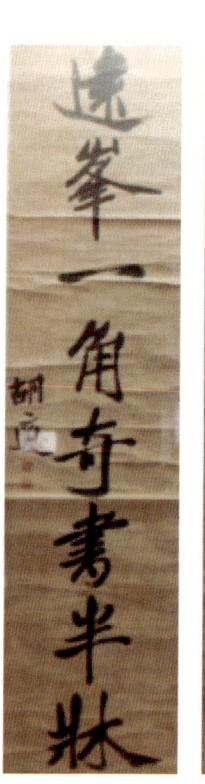 

左 宅坦硕儒胡宣铎为胡适题写婚联　　　右 胡适为绩溪宅坦胡家源题联

家风文化窗栏板　一身之计在于勤，一家之计在于和

清代古民宅

明代民居窗雕

民国时期民居窗雕

清代民居窗雕

民国时期民居窗雕

宅坦村志

宅坦村不同时期的印章,见证了乡村政权的变迁

绩溪县龙井乡公所钤记

(左)宅坦乡人民委员会公章
(右)宅坦农业生产合作社公章

绩溪县龙井乡中门保办公处图记

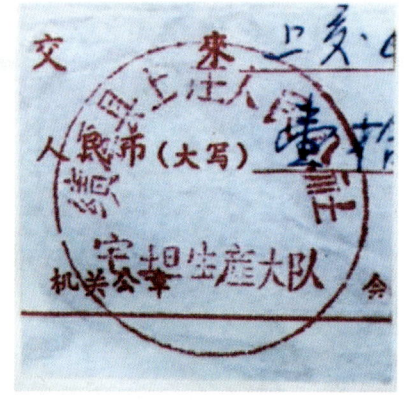

宅坦生产大队公章

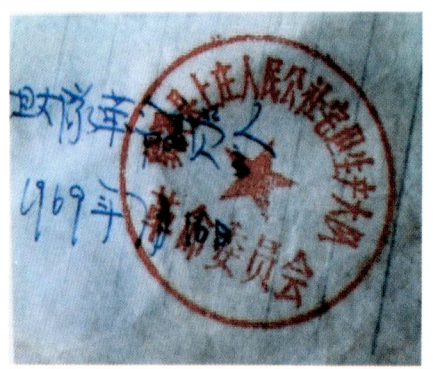

宅坦生产大队革命委员会公章

绩溪县第二区龙井乡石井保公所图记

宅坦村表演"跳五猖"节目

宅坦村志

宅坦村有明代万历以来四个朝代修井记录的北培井和"徽骆驼"

以宅坦村作为个案研究、结合访谈出版的部分专著和博士论文

宅坦村两委春节前慰问九十岁以上老人及特困户

# 目 录

序一 ......................................................................................... 1
序二 ......................................................................................... 4
编辑说明 ................................................................................. 7
宅坦概述 ................................................................................. 1
宅坦大事记 ............................................................................. 5

第一章 建 置 ......................................................................... 1
 第一节 村 域 ..................................................................... 1
 第二节 建置与区划沿革 ................................................. 1
 第三节 乡村简介 ............................................................. 2
  一、宅坦行政村 ............................................................. 2
  二、周边村落 ................................................................. 5

第二章 自然概况 ................................................................... 7
 第一节 地质地貌 ............................................................. 7
 第二节 山脉水系 ............................................................. 7
 第三节 气 候 ..................................................................... 8
 第四节 土壤与资源 ......................................................... 9
 第五节 村落布局特色 ..................................................... 10
  一、设计巧妙的水口 ..................................................... 10
  二、星罗棋布的塘井 ..................................................... 10
  三、构筑合理的街巷 ..................................................... 10

第三章 人 口 ......................................................................... 11
 第一节 人口变动 ............................................................. 11
 第二节 人口迁徙 ............................................................. 16

  一、迁　入 ...... 16
  二、迁　出 ...... 16
 第三节　人口构成 ...... 21
 第四节　人口生育 ...... 23
  一、家庭婚姻 ...... 23
  二、人口生育 ...... 24

第四章　家风文化 ...... 27
 第一节　戒　约 ...... 27
 第二节　祠规选介 ...... 27
  一、彰善四条 ...... 27
  二、名教四条 ...... 28
 第三节　家族堂号体现的家风 ...... 29
 第四节　家国情怀的实证 ...... 30
  一、宅坦胡氏宗祠支持抗战、公益等实证 ...... 30
  二、平　粜 ...... 30

第五章　农林副业 ...... 31
 第一节　农　业 ...... 31
 第二节　林　业 ...... 32
 第三节　牧副渔业 ...... 33
 第四节　水　利 ...... 34

第六章　工商业 ...... 37
 第一节　工　业 ...... 37
  一、手工业 ...... 37
  二、私营、股份企业 ...... 38
  三、集体工业及家庭工业 ...... 39
 第二节　商　业 ...... 40
  一、村内商铺 ...... 40
  二、中华人民共和国成立后村内商业发展概况 ...... 40
 第三节　旅外工商业 ...... 41
  一、行　业 ...... 42
  二、旅外路线与经营 ...... 44

第七章　交通邮电 ......................................................................................... 45
　第一节　道　路 ......................................................................................... 45
　　一、石板路 .............................................................................................. 45
　　二、机耕路　水泥路 .............................................................................. 46
　　三、公　路 .............................................................................................. 46
　第二节　邮　电 ......................................................................................... 47
　　一、邮　政 .............................................................................................. 47
　　二、电　信 .............................................................................................. 47

第八章　文化教育 ......................................................................................... 49
　第一节　文化　艺文 ................................................................................. 49
　　一、家庭藏书 .......................................................................................... 49
　　二、村文化室　博物馆 .......................................................................... 49
　　三、剧团　影剧院 .................................................................................. 51
　　四、文艺及学术创作活动 ...................................................................... 51
　　五、诗作选辑 .......................................................................................... 53
　　六、民间文艺 .......................................................................................... 56
　第二节　教　育 ......................................................................................... 58
　　一、宋迄明代 .......................................................................................... 58
　　二、清　代 .............................................................................................. 59
　　三、民国时期 .......................................................................................... 59
　　四、中华人民共和国成立以后 .............................................................. 60

第九章　医药卫生 ......................................................................................... 63
　第一节　明清时期 ..................................................................................... 63
　第二节　民国时期 ..................................................................................... 63
　第三节　中华人民共和国成立以后 ......................................................... 64
　第四节　公共卫生 ..................................................................................... 65

第十章　军事政治 ......................................................................................... 67
　第一节　军事活动 ..................................................................................... 67
　　一、清初土兵在宅坦及邻村骚扰纪略 .................................................. 67
　　二、太平军在绩溪及宅坦的活动 .......................................................... 67
　　三、皖南新四军在宅坦的活动和发展 .................................................. 68

四、国民党军 67 师驻宅坦纪实 ......................................................... 70
　第二节　党政组织 ............................................................................... 71
　　　一、行政机构 ............................................................................... 71
　　　二、党团概况 ............................................................................... 72
　第三节　中华人民共和国成立后历次运动纪略 ................................. 76
　　　一、土地改革 ............................................................................... 76
　　　二、互助组 ................................................................................... 76
　　　三、初级农业生产合作社 ........................................................... 76
　　　四、高级农业生产合作社 ........................................................... 76
　　　五、人民公社 ............................................................................... 77
　　　六、学大寨运动 ........................................................................... 79
　　　七、农村家庭联产承包生产责任制 ........................................... 80
　　　八、改革开放后宅坦村巨大变化综述 ....................................... 81

第十一章　徽派建筑 ............................................................................... 85
　第一节　祠宇 ....................................................................................... 85
　　　一、路亭庙宇 ............................................................................... 85
　　　二、宗祠 ....................................................................................... 85
　　　三、路楼 ....................................................................................... 88
　第二节　民居 ....................................................................................... 89
　　　一、明代民居 ............................................................................... 89
　　　二、清代民居 ............................................................................... 89
　　　三、民国时期的民居 ................................................................... 91
　　　四、中华人民共和国成立后的民居 ........................................... 92
　第三节　门楼亭阁文化 ....................................................................... 93
　　　一、民居门楼 ............................................................................... 94
　　　二、亭阁 ....................................................................................... 95

第十二章　传略选辑 ............................................................................... 97
　第一节　近世先贤 ............................................................................... 97
　第二节　改革先驱 ............................................................................. 108
　　　一、胡士勇与龙井轩画裱社 ..................................................... 108
　　　二、胡嘉明和鉴真和尚巨墨 ..................................................... 108

            三、胡跃辉：实业助残的典范 ....................................................... 109
            四、黄山玩具总厂厂长胡正海 ....................................................... 109
            五、在江西投资办厂的胡天永 ....................................................... 110
            六、玩具业女企业家郑玉娇 ........................................................... 111
            七、在上海外滩创办饭店的宅坦青年胡永红、胡合格 ............... 112
            八、南下广东创业的胡振旺、胡月德 ........................................... 112
            九、胡德平与甲鱼人工养殖 ........................................................... 112
            十、胡观义畜鱼综合种养效益好 ................................................... 113
        第三节 现代人士 ..................................................................................... 114
第十三章 乡风村俗 ............................................................................................. 133
        第一节 文明新风 ..................................................................................... 133
            一、舍己救人的好少年胡应林 ....................................................... 133
            二、柯助珠十年如一日照料智残孙儿 ........................................... 133
            三、义务修路的好村民胡桂鸿 ....................................................... 134
            四、修建路亭 ................................................................................... 134
            五、慕前塘的清洁工胡生茂 ........................................................... 134
            六、捐资办学 ................................................................................... 135
            七、善待养母的典范胡连海、胡武卫 ........................................... 135
            附 历代善举录（宋迄清末） ....................................................... 135
        第二节 婚丧习俗 ..................................................................................... 136
            一、婚 俗 ....................................................................................... 136
            二、葬 俗 ....................................................................................... 140
        第三节 庙 会 ......................................................................................... 142
            一、七月会 ....................................................................................... 142
            二、五猖庙会 ................................................................................... 143
            三、明经会 ....................................................................................... 143
            四、前门厅屋抢蜡烛 ....................................................................... 144
            五、社屋会 ....................................................................................... 144
        第四节 时尚习俗 ..................................................................................... 145
            一、饮食习俗 ................................................................................... 145
            二、服装饰品 ................................................................................... 146

三、居室陈设 ... 147
　　　四、行　旅 ... 148
　　　五、时令节日 ... 148
　第五节　行业风俗 ... 150
　　　一、农　事 ... 150
　　　二、工　匠 ... 150
　第六节　生养寿庆习俗 ... 151
　　　一、生　育 ... 151
　　　二、分　家 ... 151
　　　三、过　继 ... 152
　　　四、庆　寿 ... 152
　第七节　迷信旧习 ... 152
　第八节　俗语 民谣 ... 153
　　　一、气象物候 ... 153
　　　二、歇后语 ... 153
　　　三、民　谣 ... 154
　　　四、俗语、格言 ... 154

第十四章　谱牒与文献辑存 ... 157
　第一节　明嘉靖版龙井胡氏族谱 ... 157
　　　一、发现和编印经过 ... 157
　　　二、内容简介 ... 159
　第二节　乾隆版考川明经胡氏统宗谱 ... 164
　　　一、编印经过 ... 164
　　　二、内容简介 ... 165
　　　三、明经胡部分贤才闻人录（904—1755）... 166
　　　四、胡适是明经胡龙井（宅坦）派的后裔 ... 167
　　　五、胡适、胡雪岩故乡上庄、胡里与考川、宅坦修谱之分歧 ... 172
　第三节　民国版明经胡龙井派宗谱 ... 176
　　　一、内容简介 ... 176
　　　二、宅坦历代官仕录 ... 176
　　　三、祠规选介 ... 178

四、历代修谱述略 ............................................................. 180
　　五、排行诗：男五十字 女十五字 .................................. 180
　　六、名词解释 ..................................................................... 181
  第四节　民国版宗谱单行本《宗谱便览》 ............................. 182
　　一、《宗谱便览》编印经过 ................................................ 182
　　二、《宗谱便览》之祖系纪略歌 ........................................ 182
　　三、《宗谱便览》之龙井胡氏祭祀专用祭文 .................... 183
  第五节　祠　谱 .......................................................................... 184
　　一、奉先录 ......................................................................... 184
　　二、像牌谱 ......................................................................... 185
　　三、殊荣谱 ......................................................................... 185
　　四、聚神谱（祠谱底本） ................................................. 185
　　五、宗祠印章 ..................................................................... 186
　　六、祠产与祠事活动 ......................................................... 186

# 第十五章　其他重要文献

  第一节　书信·杂记 .................................................................. 189
　　一、胡宝铎致胡铁花手示一封 ......................................... 189
　　二、梁实秋为《表现的鉴赏》重印写的序 .................... 189
　　三、曹佩声（曹诚英）致汪静之信 ................................. 191
　　四、胡梦华给胡炳祺的信 ................................................. 192
  第二节　文章选介 ...................................................................... 193
　　一、宅坦村与清代学者汪士铎的人口理论观点 ............. 193
　　二、胡实中与清代大儒汪士铎 ......................................... 194
　　三、胡适一家与进士宝铎兄弟的世交私谊 .................... 195
　　四、胡梦华与梁实秋的交谊 ............................................. 199
　　五、有关胡梦华先生的一些情况（胡应华） ................ 199
　　六、胡适故乡发现多处抗日墙画和标语（胡维平） .... 201
　　七、胡筱梅致胡维平信 ..................................................... 202
　　八、胡祖懋致胡维平信 ..................................................... 203
　　九、胡上治致胡维平信 ..................................................... 204
  第三节　文书及档案目录 .......................................................... 205

一、会议录及公文选介 .................................................................205
　　二、宗祠档案 .................................................................................213
　　三、村务档案 .................................................................................213
第十六章　世系源流 .............................................................................215
　第一节　姓　氏 .................................................................................215
　　一、宅坦的其他姓氏 .....................................................................215
　　二、胡姓溯源 .................................................................................216
　　三、明经胡始祖（一至二世）......................................................217
　　四、胡姓远祖世系（三至二十世）..............................................218
　第二节　宅坦近代世系（第21世至1920年续谱）.........................220
后　记 ......................................................................................................227

# 序一

为《宅坦村志》写序，是一件很荣光的事。

宅坦古称龙井，是安徽省绩溪县一个建村历史已逾千年、文化底蕴十分深厚的古村落。宅坦村虽没有同县另外两个名人辈出的古村落龙川村和上庄村有名，但它也有它的独特的引人注目之处，那就是它建立了安徽省最早的（可能也是迄今唯一）一家村级文化博物馆"皖南古村落文化博物馆"。该馆保存了数千册（份）明清以降该村宗族祠堂文书以及20世纪50年代以后永续保存的村务档案，被誉为"村级档案的瑰宝"。由此，宅坦村也成为国内知名的社科研究基地和高校社会实践实习基地。目前，国内众多高校以宅坦村作为个案研究结合访谈出版的专著有8部（含合著），论文20余篇。

村志虽小，却具有以小见大、一叶知秋的存史、资政、教化的功能。皖南是一个盛产村志的地方，绩溪更是如此。近年来，绩溪县先后出版了《冯村村志》《坦头村志》《余川村志》《仁里村志》《旺川古今》《上庄村志》等。

2000年，在宅坦村旅外乡贤的支持下，胡维平主笔编写过一本类村志《龙井春秋》。《龙井春秋》最大的特点是志、谱结合，将偏重于村志的"宅坦经纬"与侧重于族谱介绍与世系接续的"谱海纵横"

结合在一起。由于种种原因，《龙井春秋》未能正式出版，但它保存了许多重要的资料，成为《宅坦村志》书稿的基础。

《宅坦村志》即是在原《龙井春秋》基础上增删修改而成的。村志稿保留了原书志、谱结合的编写体例，沿用了原书的编排结构，删去了原"现代世系"内容，增加了不少关于家风祖训的内容，并将"大事记"补充至2019年。

从内容上看，《宅坦村志》既有姓氏来历、世系源流等传统村志的内容，以方便世人对宅坦千年古村渊源的了解；又有村人传略、改革先驱等体现当代经济建设主题的内容，褒扬了改革开放后涌现出的一批为振兴宅坦经济、改善村民生活做出较大贡献的改革弄潮儿。《宅坦村志》还载有大量体现宅坦胡氏敦厚家风和热诚家国情怀的实证资料，如宅坦胡氏宗祠在抗战时期的收支账本。该账本用真实的数据说明当时宅坦胡氏家族是怎样支持抗战的，如资助过境的抗日将士，接济从浦东、安徽宣城、芜湖逃来的难民，为确保赣东北和皖南抗战后方不被日军侵占而破袭铁路、公路等，这些支出数据均记载得一清二楚。以上内容的流布传播，对目前所倡导的乡村文化振兴和新农村精神文明建设，大有裨益。

安徽大学农村改革与经济社会发展研究院长期致力于"三农"问题的理论研究和实践模式探索，现又成立了农村改革史研究团队，拟从区域史的角度探究新中国成立以后各个历史时期安徽农村的社会经济变化，深入总结农村改革实践经验与理论创新成果，以推进乡村振兴战略稳步实施和农村改革全面深化。乡村文化振兴是乡村振兴战略的重要组成部分，村志的编修，有利于乡村优秀传统文化的传承和发扬。

在振兴乡村传统文化方面，我们愿尽一点绵薄之力，愿为包括《宅坦村志》在内的优秀村志的编写与出版提供力所能及的帮助。我们同时也相信,《宅坦村志》的出版,不仅将增加皖南尤其是绩溪的村志存量,也将为我们的徽学研究、三农问题研究和农村社会学研究提供重要的参考资料。

是为序。

张德元<br>
庚子年上秋

# 序二

《宅坦村志》原名《龙井春秋》，原是宅坦村支书胡维平世纪之交撰成的绩溪县上庄镇宅坦村乡情书、地情书。初稿甫成，深得社会各界关注，曾内部印刷征求意见，尤得从事乡村研究的学子们的垂爱。《龙井春秋》分上篇"宅坦经纬"和下篇"谱海纵横"，皆设章节。今将《龙井春秋》原上篇修改调整后直接冠名《宅坦村志》，原下篇则作为村志的附录。全稿主题突出，主次分明，保存了可贵的谱牒与村史资料，值得点赞。

我与维平相识于20世纪90年代，因我的一篇《汪士铎人口观初探》（连载于国家教委与联合国教科文组织合作的"P19项目"期刊《人口教育》1995年第1、2期）引起了他的厚爱，遂连同宅坦村亲逊堂拆除前的照片（章熙茂拍摄），一并供他研究村史时参考。此后，我便忙于编辑二轮《绩溪县志》（续志，未刊）与2011年版《绩溪县志》《绩溪县教育志》《徽墨志》等工作，未暇多联系。维平借助村中的文书资料与口碑资料，撰成20多万字的《龙井春秋》，令人欣慰。

而今，维平拟在安徽大学农村改革与经济社会发展研究院的资助下，将依托《龙井春秋》改就的《宅坦村志》正式出版并问序于我，有感于安大农村改革与经济社会发展研究院的器重暨维平多年的辛勤砚耕，虽在寒冬之际，尚有工作缠身，仍勉力为之。

宅坦是绩溪的古村落之一，与上庄村毗连。我最初认识宅坦，源于写作《对"胡适家世源流"的一点辨析》（刊《徽州师专学报》1988年第2期）。田野考察过程中，我到过临溪镇湖里，上庄镇上庄，也到过宅坦村。一路察看了上庄祠堂旧貌（上庄小学，今幼儿园所在地），认识了上庄小学原校长、已故的石家村人石秉根老师。还实地察看了分胡（乎）亭、慕前塘、南龙井、桂枝书院遗址等，认识了现已故的宅坦籍上庄卫生院胡匡莘医生，还在他家老房的楼上见到大量的谱牒。

可惜的是，胡匡莘医生家的一场大火，将诸谱牒连同古宅一起化为灰烬。早知如此，我当初应该听从匡莘兄的意见，带走那些族谱就好了。利用劫后余存，2014年6月，维平在村民的支持下艰难地办起了村博物馆，次年博物馆享受到国家免费开放资金补助，功德当铭。而今，维平又要出版村志，可喜可贺！

《宅坦村志》虽然是在个人编写地情书基础上改编的，但仍有许多可圈可点之处。

开篇是章节体村志，共14章，计有建置、自然概况、人口、农林副业、工商业、交通邮电、文化教育、医药卫生、军事政治、徽派建筑、人物、乡村风俗等章节，为《宅坦村志》的主体。简而言之，这部分可作为农村改革与经济社会发展研究的个例。当代部分尚有可补遗缺之处，期待日后加以完善。

收入本稿的《宅坦谱牒、档案梳理及有关资料辑存》，是此书有别于其他村志的显明特色。有了这部分，村志与谱牒结合的特点更显明，对于保存村史、保存资料很有好处，必将嘉惠于方志园地与地方史研究者。

宅坦是绩溪明经胡氏的聚居地之一。明经胡在绩溪的聚居地还有与宅坦毗连的上庄村（即胡适的祖居地）以及临溪镇的湖里、瀛洲镇的大坑，荆州乡的上、下胡家。宅坦自1006年始迁祖胡忠定居于此，繁衍至上庄，还发至尚廉等自然村，成为"千年之冢，不动一抔；千丁之族，未尝散处；千载谱系，丝毫不紊"的绩溪望族之一。旧时，宗族聚居有四个要素：一是祠堂、二是祠产、三是族谱、四是祖坟。此四者，各村皆有之，可资综合研究。县域之外、徽州府之内的黟县西递村，也是"明经胡"，更值得对比研究。

聚族而居的宗族，犹如当今的社区，是社会学研究不可或缺的课题之一。清末与民国年间涌现的大量宗谱，正是这种社会存在的表现；而对宗族、家族的改造与规范，那时也已现出端倪。如长沙陈继良的《家族规则》不仅在湖南得到推广，还推向了安徽，并存在于绩溪《鱼川耿氏宗谱》（耿介，1919年版）之中，值得关注。

宅坦作为研究的个例，谱牒也有不少值得商榷的地方。如明经胡的来历，"中王"的指代，桂枝书院的"书院"称谓来历、起始、规条？教学内容？……总之，谱牒的记载要与诸多历史记载进行比照研究，方可成为一方信史。

现在出版的《宅坦村志》正文与附录，为我们提供了研究的途径、资料，值得一读。

是为序。

古黟徐子超　第二庚子冬至前三日　于绩溪

# 编辑说明

一、本《宅坦村志》主要内容依托 2000 年编定的《龙井春秋》（宅坦村文史资料汇编，地情书），2020 年增补完善，定名《宅坦村志》。它是宅坦村民及外迁支裔繁衍生息的全面反映和系统总结。本着统今揽古、厚今薄古、真实全面的原则，本志翔实记录自北宋景德丙午年（1006）至 2019 年间宅坦村发展变迁及支裔外迁概况，重点介绍新中国建立以来各方面的基本情况，充分体现时代特点和"龙井"特色。

二、书稿共 16 章。前 13 章严格按照村志编纂规范，全面介绍宅坦的建置沿革、自然概况、人口变动、文化教育、医药卫生、徽派建筑等内容，兼及本村友姓分支的介绍；另针对宅坦村村庄档案尤其是谱牒、宗族文献保存较多的特点，专设附录三章，系统介绍宅坦谱牒有关资料及姓氏源流。

附录对宅坦独存的明清时期多个版本的谱牒和宗族文献进行简介、梳理、归类，以编印经过、姓氏来历、世系源流、内容特色、分歧论争等小专题呈现，以方便专家学者对徽州特色谱牒文化的研究，增进对宅坦千年古村胡姓渊源的了解，并增强谱牒的可读性。《宅坦村志》正式出版时，按体例要求删除了原"现代世系"内容并增加了 2000 年至 2019 年的一些内容，分布于图片、大事记、概述和正文中；

"传略选辑"是原《龙井春秋》的重要章节,《宅坦村志》基本上照单全录,限于编辑人手,除原则审核外,附注出处,意在文责自负。入选传略按年代、年龄顺序编辑;"改革先行者"重点反映20世纪80年代以来宅坦村涌现的一批改革的先行者,他们为振兴宅坦经济、改善村民生活贡献较大;徽州是礼仪之邦,风俗极具特色,也特设专章选介;作为"改革先行者"的姐妹篇,同时为了更好地反映新时期的新风貌,在乡风村俗中专设了"文明新风"一节。

三、本书记事,按历史发展的时间顺序和事物性质,分类予以介绍。结构以小章平列为主。

四、本书采用图(照片)、述、记、志、传、考等体裁,用现代汉语表述。本书概述为全志之纲,大事记是本志之经。"大事记"以编年体和记事本末体相结合;分篇大都用记叙文体,一般情况直书本事,特殊情形略加阐述。

五、历史纪年:清代和清代以前用王朝年号纪年,农历纪月并括注公元年,民国迄今用公元纪年法。本志中凡涉及50、60等年代的表述均特指20世纪,其他特指年代则以括号附注方法表述。

六、本书取材于谱牒、县志、县档案馆资料、专著、报刊以及当事人回忆、知情人口述等,数据一般来自县、镇统计部门数据与会计报表及谱牒相关数字统计。

七、本志内容的定稿优化、正式出版,得到安徽大学农村经济和社会发展研究院的大力支持。书稿得到张德元、陈勇等教授和中共绩溪县委党史方志办及徐子超老师的倾力支持和认真修改润色,在此表示由衷的感谢。

# 宅坦概述

宅坦村古称龙井，别称下庄，位于绩溪县西部、上庄镇中部。东经约118度20分，北纬约30度10分，是一个有着骄人历史承载和丰富文化积淀的古村落。

公元976年绩溪县定乡里名，龙井村属修仁乡管辖；元代龙井村易名宅坦。从元明迄民国，宅坦村先后属修文乡、八都或龙井乡管辖；中华人民共和国成立后曾设宅坦乡，统辖旺川、上庄两大片。在此期间宅坦也曾划属旺川、镇头、浩寨、上庄。现为上庄镇第四大村。

宅坦村西枕竹峰山，东与择里村交界，南与上庄、瑞川两村接壤，北及东北与鲍村、尚廉、旺川三村为邻。面积5.21平方公里，辖石井（又称南龙井）、方坦、桥上、中门、葫芦岭、西村等11个村民组，共有5个自然村以及由宅坦人在镇开发区办厂和迁居形成的"宅坦新村"，人口共1723人，村委会设后屋坦。全村由18个姓氏的村民组成，胡姓人占全村人口的90%以上，全为汉族。

宅坦土层属震旦系，呈现北东向条带状。境内小溪属钱塘江水系，年平均气温15.8℃，无霜期年平均233天，年降水量1520毫米，年蒸发量为1483毫米。土壤类型为麻黄石红壤。全村有耕地1267亩（1亩约等于666.67平方米，下同），其中水田1179亩，旱地88亩；林山面积5223亩，其中人工林688亩。村境三面环山，人均耕地约0.7亩。

清中期，宅坦人口剧增，为谋生路，先人们纷纷向外埠拓展谋生空间，足迹遍及东南、华中及华北12个省市。据谱牒记载：在明代就有村人在华东诸省为官后经商，清代宅坦人旅外经商进入鼎盛时期。迄至民国年间，村人行贾四方，设肆于东南各省，尤以沪、浙、赣等省市居多。旅外谋生开始涉及轻纺工业，人数占当时全村经商适龄人口的一半以上。中华人民共和国成立后，实行严格的户籍制度，村人外出经商务工通道阻塞。实行改革开放后，村人又纷纷外出打工经商，分布几遍全国，以上海、广东为多。

历史上村人经商的行业主要有纸业、徽墨及百货，江西铅山、本省的歙县、芜湖及上海、浙江的兰溪、衢州是村人旅外经商的主要商埠，清末及民国，村人经商重点移师上海，行业新增茶叶、火腿和油漆。现仍完好保存的民国十五年(1926)宅坦五十余人旅沪经商合影，也充分佐证了这一点。

1926年宅坦村人旅沪经商者大合影

村人善贾，也精农副业和手工业。清朝乾隆、嘉庆年间人口剧增，有"开尽山尖地，饿煞世间人"的民谣，如今竹峰山上仍留有层层梯田的遗迹，村南的缸窑坞可看到先人制陶留下的缸坛碎片。宅坦人养蚕的历史可追溯得更远，据资料记载有700多年。

村人从事手工业始于明代，盛于民国及20世纪70年代，以砖木匠为主。中华人民共和国成立前，宅坦农业一直滞留在勉强自给自足的自然经济阶段，"盐豆拌粥"也视为奢侈。

中华人民共和国成立后，由于实行了土地改革和合作化，农业生产得到发展。1955年全村人均口粮达555斤，比中华人民共和国成立前翻了近一番,1956年社员劳动工酬曾高达1.02元。20世纪50年代末60年代初,瞎指挥风、共产风等"五风"盛行,经济发展严重受挫,人民生活极端困难。20世纪70年代以来,宅坦开始种植双季稻,粮食总量明显上升,1971年人均口粮高达609斤。

20世纪80年代以来,随着农业规范化栽培技术的推广,粮经作物比例趋于合理,农业经济效益提高显著。宅坦村办工业起步较晚,中华人民共和国成立初期仅有铁业、银器、榨油等作坊。80年代中期,随着乡镇企业的崛起,宅坦开始有纸箱、木竹加工、食用菌等村属企业,后因管理和交通等方面的因素,这些企业先后停产或改制;20世纪90年代初,村内办厂能人陆续在镇开发区创办以私营和股份合作为主的企业,行业涉及玩具加工、纸箱生产、制墨等,产值利税占全镇的一半左右。

宅坦人历来重视文化教育。在千余年的发展进程中,不仅创造了许多物质财富,也创造了丰硕的文化果实。1006年,从浙江建德复归龙井定居的胡忠在龙井东建造安徽最早的桂枝书院。其后,宅坦文风蔚起,书院大兴,先后创设了翚西文社、玉成文会、惹云书屋、桂枝文会等,书院之多,影响之大,在绩溪乃至皖南都排名靠前。据初步统计,宅坦先人学优而仕者不下140人,仅清代就出了胡宝铎等3名进士,还有近30多人著书立说。值得一提的是,在国内颇具影响的清代学者汪梅村的《乙丙日记》及其人口理论就是在宅坦避难时写成的。如今,宅坦籍人父子均为高工、教授,兄弟俱是博士后者不乏其人,粗略统计有40余人。

宅坦村曾胜景遍地,古迹甚多,桂枝书院旧址仍保存完好;以三雕著称尤以石雕见长的宅坦宗祠以其气势恢宏、布局独特而成为绩溪三大名祠之一;宅坦村迄今还完整保存明末以来各个历史时期的民居,纵向民居旅游颇具开发价值。

尤为可贵的是:宅坦村还保存着堪称孤本的明嘉靖版龙井胡氏族

谱、清乾隆版明经胡统宗谱、祠谱等一整套谱牒及中华人民共和国成立后所有的村级档案，其数量之多、内容之全、价值之高在省内外实属罕见，是徽学研究十分珍贵的资料。

宅坦村落布局极具特色，水口、街道、塘井排布恰到好处，充分体现了人与自然高度和谐统一，为消防专家所称道。千百年来，宅坦人偏安一隅，大多过着与世无争的平静生活，但晚清战乱，宅坦人却饱受颠沛流离、食不果腹之苦，因战乱而死亡或失踪者不计其数。日军发动侵华战争后，外出经商的村人大半回家躲避战乱，收入锐减，村民生活十分困苦。

中华人民共和国成立后，经70多年的发展，宅坦村除工农业取得较大成绩外，在文教卫生、交通通信及乡村建设等方面也取得了令人瞩目的成就。机动车路网规模初具，电力、通信、有线电视网络覆盖全村，太阳能利用已经普及，豪华别致的现代民居鳞次栉比。

2003年后，相继有南京农业大学、南京大学、上海大学等6家高校在宅坦村设立教习基地，并以宅坦村丰富的宗族和村落文献为依托结合访谈，清华大学、华中科技大学、上海大学等高校学生和教授撰写出版了包括博士论文在内的专著8部，硕士论文30多篇，宅坦村成为国内知名的社会科学研究基地;2006年被列入安徽省新农村建设首批示范村;2010年秋被评为中国特色村,2014年夏建成全省首屈一指的村级博物馆（宅坦村博物馆），2015年秋进入省级文化乐园示范序列，2016年春又荣膺中国传统村落称号。

抚今追昔，宅坦村所走过的历程，发展和进步始终是主流，但不乏挫折和失误，如1958年的"大跃进"、十年"文化大革命"等都对宅坦的经济文化发展造成了十分严重的创伤。

直到实行改革开放，全村才摆脱了经济建设停滞和徘徊的局面，村民的生活才得以富裕起来。如今，宅坦人正在党的富民政策的指引下，以更加坚实的步伐和更轩昂的姿态行走在21世纪。

# 宅坦大事记

(904—2018)

### 唐朝

天祐元年（904）3月1日，明经胡始祖昌翼公生。

### 五代十国

后唐同光三年（925）昌翼公以明经科第二名登进士第。
后唐天成四年（929）农历十二月十五日 明经胡长房派祖胡延进生。

### 宋朝

开宝（968—976）末年胡延进任绩溪县令，送子胡忠到县西龙井村（宅坦村前身）就读，后在这里安家，成为明经胡龙井派始迁祖。

咸平五年（1002），胡延进知浙江建德军，子胡忠随迁。

景德三年（1006），胡忠从浙江建德①复归龙井村定居，开办安徽省最早的桂枝书院（明嘉靖版《龙井胡氏族谱》载：宋开宝末年也即公元975年，胡忠在龙井村建桂枝书院）。

---

① 建德因建德江得名，北宋时的睦州辖区包括现在的建德、淳安、桐庐等。方腊起义于睦州，被镇压后，1121年睦州改名严州。南宋末，严州升建德府，元朝设建德路，明洪武八年（1375年）设严州府。

绍兴十三年（1143）前后胡久中又迁建桂枝书院于宅坦狮山之巅。

绍兴三十年（1160）前后，胡允昌从龙井迁杨林，形成龙井杨林派（即胡适所在的上庄胡姓同宗）分支。①

嘉定四年（1211）胡俊卿、胡子春始纂宅坦胡氏族谱。

### 元朝

延祐元年（1314）胡相应进士举。

延祐七年（1320）胡仁孙应进士举。

至正十七年（1357）胡复振任歙县紫阳书院直学（书院掌管钱谷者）。

### 明朝

洪武十年（1377）明太祖下敕：胡景为"儒者之身"，特免科征，封茔百步。

永乐九年（1411）始，宅坦开始分五大支祠，即前门、后门、上门、中门、下门，上门为长房门派。

明嘉靖丙辰年（1556），宅坦胡氏续修族谱，拟取五十个字的排行，沿用至今。

嘉靖四十五年（1566）胡东升例授台湾主簿。

天启二年（1622）宅坦建胡氏宗祠亲逊堂。

### 清朝

康熙乾隆年间，随着宅坦人口的剧增，村人纷纷沿新安江、水阳江等水路在外埠设肆经商，江西的铅山、玉山、浙江的衢州、兰溪、江苏的常州、宜兴及本省的歙县、芜湖是村人经商的主要商埠。行业为造纸、百货、茶叶、徽墨、国药等。

乾隆十三年（1748），胡延龄登进士第。

---

①明嘉靖谱载第七世胡德真于宋熙宁年间（1075年前后）迁杨林。

乾隆十六年（1751），胡志浩登进士第。

乾隆二十年（1755），胡挺发起并派族人赴婺源考川会修统宗谱，乾隆二十四年（1759）付印，现仅有羽字号一套统宗谱妥存宅坦。

道光三年（1823），胡倬、胡佑出资建宗祠享堂及两廊等。

清咸丰五年（1855）四月二十四日，晚清大儒汪士铎（汪梅村）为避战乱携家人来到宅坦村胡实中（胡宝铎祖父）家，开始了5年（一说6年）的坐馆课徒生涯，次年，完成了著名的《乙丙日记》主要内容撰写。

咸丰庚申（1860）前后清军与太平天国部队连年激战，宅坦失踪及外逃者逾千。

同治七年（1868）胡宝铎登进士第，后特赏三品衔，封资政大夫。

同治十一年至十三年（1872—1874）胡宝铎发起续修宗谱，未付梓。光绪十七年（1891），胡敬、胡谅、胡含耀同封资政大夫。

清光绪七年（1881）夏，《汪梅村先生集》由绩溪宅坦胡宝铎等9名安徽籍与9名江苏籍的汪梅村门徒资助刊行。

光绪三十四年（1908），胡蕴玉、胡幼圃等三人始创宅坦新学桂枝小学校。

晚清村人经商由江浙移师上海，上海成为村人经商的主要商埠。


## 民国

1920年，胡宣铎、胡蕴玉发起修谱，次年付印，同时又编辑了单行本《宗谱便览》。

1918年春，时年16岁的曹诚英（曹佩声）嫁宅坦名门之子胡冠英（胡昭万）。1921年10月10日，胡冠英、曹诚英夫妇加入五四新文化运动后杭州首个文学团体晨光文学社和湖畔诗社，成为汪静之、潘漠华、冯雪峰等28个创社会员之一。

1927年，龙井西村胡氏（现属宅坦西村村民组）编纂的一套两册《龙井西村胡氏宗谱》付梓，男排行50字与龙井胡氏一样，另拟取女排行五十字。

1928年，胡梦华、吴淑贞合作的《表现的鉴赏》一书在上海出版，1982年重印时，胡梦华挚友梁实秋为其作序。

1930年，宅坦始设邮政代办所于聚成号布店。

1932年，全县编组保甲，宅坦分中门、石井两保。

1935年，胡昭望著《军用火药》一书在上海商务书馆印刷出版。

1938年12月，国民党部队67师397团千余人进驻宅坦休整，前后共70天。

1939年3月，绩溪县设龙井乡辖11个保126甲，治所先设宅坦，后迁旺川，乡名沿用。

1941年，村人程耀真创办的永生布店在宅坦率先引进机动缝纫机。

1944年，以宣传抗日为主的文艺刊物《龙井月刊》创刊，村人胡应华等积极为之撰稿。

1946年前后，胡观志、胡观顺兄弟在青罗山"兴实业"，其山舍成为皖南新四军及地下党路西工委的根据地。

1946年5月，包括现宅坦村西村自然村在内的鲍西村党支部成立。

1947年7月，绩溪县宅坦村党支部成立，共有党员胡细门、胡洪谊等8人。胡洪谊任村农会主任。

1949年4月，宅坦村解放，建立民主政权，村名一度又改为龙井村。


## 中华人民共和国

1949年10月1日，中华人民共和国成立，宅坦全体村民参加了隆重的庆祝活动。

1950年1月，宅坦村作为全县28个建制村之一属旺川区管辖。

1950年3月，胡源聚任宅坦村村长。

1950年10月，宅坦作为全县7个试点村之一进行了土地改革。

1951年，胡启贤任宅坦村党支部书记兼村长，胡礼安任村农会主任。

1951年7月，胡观奎首任共青团宅坦村支部书记。

1952年10月，宅坦村人口1171人，其中男612，女559人。

1953年，宅坦村响应政府号召实行粮食统购统销。

1953年10月，宅坦村民兵营共有民兵31人，营长胡维光。

1954年3月，胡礼安任宅坦乡乡长，副乡长胡洪谊、胡福门。

1954年7月，宅坦村参加互助合作农户达65户，占全村295户的22%。

1954年，胡正祥、胡品如等率先创办9个互助组。

1955年11月，通过青苗作价、耕牛等作股的形式，宅坦乡成立了永丰、远丰、团丰、结丰、劳丰和动丰6个农业生产合作社。

1955年底，宅坦村共有1035人，296户。

1956年1月，宅坦乡划归镇头区管辖。

1956年元月5日，根据县政府决定，撤销原宅坦、余川、瑞川、上庄4个乡，合并成立上庄乡，1956年2月，胡启贤代理上庄乡乡长。

1956年冬，宅坦将7个初级社合并成立高级合作社。

1956年12月4日，旺川、上庄两个乡合并成立镇头区宅坦乡人民政府。

1956年12月，胡福门任宅坦乡总支部书记。

1957年元月1日，宅坦乡人民委员会成立，乡长曹观吉。

1957年4月1日，宅坦乡选举产生基层委员会，曹希干任书记。

1957年6月7日，宅坦乡迁旺川村血防站办公，印信沿用。

1957年8月，胡汝辉任宅坦村团支部书记。

1957年10月9日，胡洪谊任宅坦村高级农业社主任。

1958年10月17日，撤宅坦乡。宅坦村按跃进人民公社军事组织形式分成2个连、23个生产队。

1958年底，宅坦村321户，1163人。

1960年初，宅坦村改分前门、上井、中门、西芦4个生产队，内设6个食堂、9个托儿所、2个幼儿园。

是年，宅坦村受共产风、浮夸风、瞎指挥风等五风危害，全村粮食总产为48.82万斤，比计划减少了38.85万斤。至11月底，全村仅库存稻谷10579斤，人均仅9.16斤。村民生活极端困难。少数村民患浮肿病住院，死6人。不久，大队领导即提前解散食堂，发动村民上山挖蕨、葛取粉，以充粮食。

1961年4月，实行"责任田"，同时对1958年平调社员的物资予以退赔，退赔总金额为982.53元。这一年工分值0.913元，是1960年的数倍。

1962年3月奉上级指示改正农村"责任田"，恢复13个生产队的集体经营，全村总收入19665.13元，比1961年下降了24.4%。

1963年，为响应政府号召，有六户旅外人员家属回宅坦"支农"。

1965年元月，深塘改建水库，库容由原来的0.8万立方米扩大为10万立方米。

1966年7月14日，村召开支委会，传达上级开展"文化大革命"会议精神，十年"文化大革命"开始。

10月上旬，先后成立联合造反司令部、烽火战斗队、金刚钻战斗队等群众造反组织，许多古旧书被焚毁，大量"三雕"精品遭捣毁，村小学停课。

1967年5月17日，首批毛主席语录发到生产队、民兵排，1968年5月达到户均一册。

1968年11月，开始搞农业学大寨试点，1969年3月全面展开。

1969年3月，贫宣队进驻宅坦。9月起，宅坦籍知青陆续返乡插队，上海为主。

1970年秋，创办村合作医疗室。

1971年春，全村推广双季稻种植，同年又创办了宅坦林场，修建团结水库。

1973年6月21日，宅坦发生大洪灾，团结水库大坝被冲垮。同年11月新建大队部于中门街。

1974年3月，宅坦同时组建皖赣铁路民工队。5月7日，上海知青慰问团到宅坦慰问知青并座谈。9月旱情严重，全村组织人力物力抗旱夺丰收。

1975年11月，开辟向东茶园。

1977年8月28日，全村开展血吸虫普查。10月，建小水电站并开始筹备安装高压电。

1979年2月，宅坦通旺川乡村公路测量动工。5月28日，引种杂交稻。

1980年10月，实行包产到户，至1981年底全村全部实行了"大包干"。

1981年10月中旬，开始林业"三定"。

1983年8月，撤销大队，成立村民委员会。

1984年10月进行土地小调整。

1988年3月开始安装自来水。

1991年春，胡正海等三人创办黄山玩具总厂于镇开发区。

1993年6月，胡嘉明创办的徽墨厂制成重24公斤的鉴真和尚巨墨，国内外罕见。

1999年3月，村委会组成人员实行村民直选。

1999年12月26日，石井村民组投工500多个，挖低了下长岭。方坦村民组筹资1万多元浇筑了石井下通翼然亭水泥路。同月，在胡宝铎孙辈捐款的支持下，开始编修《龙井春秋》。

2000年5月，对低压电网进行彻底整改，新增变压器两台。11月2日，筹资40000多元浇筑宅坦通上庄水泥机动车路一段，同时对马丘桥进行了扩建。

2001年至2003年，绩溪县人事局干部黄望军到宅坦村担任第一书记。

2004年10月，安徽省委宣传部牵头主编、唐力行教授主笔出版的《徽州宗族社会》第四章专写宅坦村的宗祠社会及运作。

2004年，安徽省档案局在宅坦村设立村级档案示范。

2005年月，南京农业大学人文学院宅坦教习基地挂牌。

2005年，胡维平所著的《胡雪岩、胡适家世家乡》付梓，叶显恩、王振忠作序。

2006年，宅坦跻身安徽省首批省级社会主义新农村示范村。

2007年，清华大学博士贺飞以宅坦村作为个案研究结合访谈所写博士论文《龙村》通过答辩。

2007年1月，宅坦村老年人协会获省老龄委授予的安徽省敬老模范村居称号。

2007年7月，宅坦村荣膺中共安徽省委组织部授予的2005—2006年度全省农村基层组织建设工作"五个好"村组织标兵殊荣。

2008年8月7日，经一年多的林权改革，宅坦村集体所有和村民个人承包的山场颁发林权证，其中村集体林山766亩，山权属村公有，林权转让给村民胡应高422亩。

2008年12月，宅坦村荣膺省新村办授予的安徽省新农村建设先进村称号。

2008年，上海大学社会学专业在宅坦村设立教习基地。

2009年，华中科技大学博士张世勇以宅坦村作为个案进行研究，出版了博士论文《积极分子治村》一书。

2010年10月，宅坦村荣膺中国村社发展促进会授予的中国特色村称号。

2011年10月21日，绩溪宅坦籍的胡匡政陪丈夫钱煦，在华盛顿白宫接受美国总统奥巴马亲授钱煦博士等7人美国国家科学奖这一最高奖项。钱煦博士1994年获得美国国家医学院院士、1997年获美国国家工程院院士、2005获美国国家科学院院士、2006年美国艺术和自然科学院院士、中国科学院外籍院士等学术头衔。

2013年，南京大学在宅坦村设立教习基地。

2013年10月，宅坦村被安徽省文化厅评为省文化乐园示范。

2014年2月13日，省农民文化乐园在宅坦村慰问演出，观众如潮。

2014年6月，宅坦村建成全省唯一、建筑面积近1800平方米的宅坦村博物馆，次年享受国家免费开放资金补助。

2015年秋，宅坦村发起重印民国版《龙井胡氏宗谱》（上中册），并编纂宗谱下册。

2015年10月，宅坦村委会主任胡维平任法人代表的绩溪胡雪岩研究会成立。

2015年12月，宅坦村委会主任、绩溪胡雪岩研究会会长胡维平赴京与梁宏达等制作胡姓专题节目。

2016年冬，宅坦村为民服务中心建成启用。

2017年5月9日，国家住建部、文化部、文物局等七部委联合下发通知，绩溪县宅坦村列入第四批中国传统村落名录。

2017年8月，宅坦村博物馆家风馆建成迎客，9月下旬，宅坦村的家风材料作为典型在安徽省纪委、监察厅网站播出。

2017年9月，胡维平被安徽大学农村社会经济发展和改革研究院聘为研究员，为期三年。

2019年底，有较高家风和谱牒学研究价值的己亥版《绩溪宅坦胡氏宗谱》付梓。

# 第一章 建 置

## 第一节 村 域

宅坦村位于绩溪县西部、上庄镇中部。地处东经约118度20分，北纬约30度10分之间。西自竹峰山，东至葫芦岭，直线距离4公里；东北至竹峰山前山培与观桃岭，南至昆常盆地南侧，面积为5.21平方公里。村落距县城28公里，距黄山直线25公里，距宣城市140公里。

以村域周边地名排列：北及东北以前山培、"观桃"岭、旺丰水库及旺宅公路民乐亭段与鲍村、尚廉、旺川分界；西及西北以竹峰山尖西溯至阴培滩、苦竹滩路及青罗山豇豆降脊与金山、旌德县及旺川村的鲍村、尚廉村分界；南以宅坦林场的"天雷顶""大蛇降"脊及长田路下至昆常盆地南侧与金山、余川、上庄分界；东及东南以常溪河瑞川择里段及舒家山、葫芦岭与瑞川、择里及旺川的江塘村分界。

宅坦村境域历史上多有变迁。民国时期，宅坦插花管业的祠田、祠山就远及歙县和浩寨等地，村域面积近7平方公里。20世纪30年代，董家、西村曾划归择里保管辖，村域面积随之减小。

中华人民共和国成立后，除西村又一度并入鲍村外，其村域面积一直保持在5.2平方公里左右。

## 第二节 建置与区划沿革

唐以前是否建村、归属何县未见记载。北宋开宝八年（975），当时的绩溪县令胡延进送子到县西龙井村（宅坦前身）就学，据此可肯定龙井建村当在宋代以前。

宋太平兴国元年（976），绩溪县定乡里名，全县10乡26里。龙井村归修仁乡管辖；元代，在宋时10个乡建置的基础上又再分为15个都，由龙井改称宅坦的行政隶属归修文乡 8 都；明代全县改设 7 个乡，清初县境又合并为 3 大直辖乡，宅坦均属修文乡。宣统元年（1909）6 月全县裁撤直辖乡，改设 11 个自治区，宅坦划归第 4 区管辖。

民国初年行政区划沿清末制。1914 年 1 月，废自治区，全县恢复 15 个都建置，宅坦仍属 8 都；1930 年全县复设自治区，宅坦属第 3 区 8 都；1931 年全县划 23 个镇 92 个乡，宅坦为其中的 1 个乡；1932 年合并乡镇，设 4 个区 1 个特别镇，宅坦属第 3 区，治所 6 都坦头村；1933 年编组保甲，宅坦村设中门、石井两保；1934 年全县设 52 个联保，相邻各保设保长联合办公处，简称联保，宅坦属第 2 区杨龙乡联保。

1939 年 3 月，撤销联保，全县改设 1 镇 12 乡 128 保 1369 甲。以宅坦古称设龙井乡，治所先设宅坦，后迁至旺川，乡名沿用；1948 年撤龙井乡，将其分成杨林、承平两乡，宅坦属杨林乡，直至 1949 年初。

1949 年 5 月 8 日绩溪全境解放，县人民政府成立。全县设 5 区 1 镇，宅坦归第 2 区竹峰乡管辖。1949 年 8 月撤竹峰乡，将竹峰乡管辖的乡域并入大会乡。1950 年撤销乡镇，宅坦归旺川区管辖；1956 年 1 月，宅坦改归镇头区上庄乡。1956 年底，县设 1 镇 19 乡，宅坦归宅坦乡管辖；1958 年 1 月，宅坦、镇头、冯村 3 个乡合并成立跃进人民公社，宅坦划归跃进人民公社，随后改为浩寨人民公社。

1961 年 11 月全县 6 个人民公社分为 22 个，宅坦一度归旺川人民公社管辖，不久又改归上庄人民公社直至 1983 年。1983 年政社合一的人民公社体制废置，成立乡镇，宅坦大队和生产队也分别改为村民委员会和村民小组，宅坦属上庄乡。1992 年撤旺川、上庄两乡，合并成立上庄镇，宅坦仍归上庄镇管辖，沿袭至今。

## 第三节　乡村简介

一、宅坦行政村

宅坦村是上庄镇第 4 大村，辖宅坦本村及西村、葫芦岭、山脚、董家 4 个自然村和 1 个位于镇上开发区的居民点。共设 11 个村民组，人口 1723 人。历史上西村、董家曾多次划归 7 都和择里。宅坦行政村管辖的自然村一般为葫芦岭和山脚。

# 第一章 建 置

## （一）宅坦本村

宅坦是行政村政治、经济和文化中心，也是村委会的所在地，全村由胡、程、董、曹等13个姓氏的村民组成，胡姓占95%左右。宅坦有耕地800多亩，人均耕地0.73亩。宅坦的山林面积较大，共有5223亩，其中人工林688亩，有林山场2007亩，茶园和桑园各为350亩。

宅坦村历史悠久，人文荟萃，建村历史已逾千年。据旧县志和宗谱记载，宅坦共有两口龙井，位于葫芦岭北麓，水从沙中渗出的叫北龙井；位于村南长岭边水从3块骆驼石中涌出的井叫南龙井。宅坦古名称龙井村即因此而来。南龙井的开凿时间至少在宋代以前。在北宋开宝年间龙井村就人丁兴旺，教育发达。胡忠的后裔散居于龙井、慕前塘和宅坦，大致是现在的石井下、慕前塘和中门、坎上一带，相隔不远，自成小村。经过几百年的繁衍发展，到元代后期（1360年前后），3个小村连成一片，于是村名统称为宅坦。

为铭记胡忠的始迁建村之功，后人称呼宅坦时一般都在前面加龙井二字。龙井宅坦的村名遂由此而来。

宅坦本村现有人口1250人，共有8个村民组，旺川—宅坦公路直通村口。

宅坦村域位于大会山南支竹峰山下，芦昆常盘地西侧，境内有海拔1000米以上的山峰两座，山势陡峻，村落被东迤的竹峰山余脉葫芦岭和长岭环抱，地势西北高东南低，村中无河水过境，仅村外南北各有一条小溪注入常水河。

清嘉庆、道光年间，村内人口激增，森林植被遭严重破坏，至今在竹峰山上还留下许多先人开垦梯田和坡地的痕迹。20世纪50年代后期，山林砍伐过量，山场草化严重，20世纪70年代以来，创办林场，植树造林，森林覆盖率迅速提高，珍稀动物又常在山场出没。进入80年代中期，生态环境步入良性发展轨道。

尤其是2000年后，政府实施林业补助政策，宅坦村的山场生态更加良好，涵养水源的功能也相应提高。

## （二）葫芦岭自然村

位于宅坦东北，是宅坦行政村除宅坦本村外人数最多的一个自然村，葫芦岭村民组由葫芦岭和董家两个自然村组成，共有人口近240人。村民由胡、曹、周、邢、戴5个姓氏组成，胡姓村民占90%以上。

葫芦岭胡姓属宅坦下门派一支，建村时间在明代成化年间，迄今已有500多年的历史，宅坦的胡氏宗祠、桂枝文会及始迁祖胡忠之墓均在葫芦岭境内。

葫芦岭以养蚕、养兔多效益好而闻名遐迩，王灶金和胡立尧等就是养殖致富的典型。

### （三）董家自然村

位于宅坦村东，现属葫芦岭村民组，现有人口67人。董家是旧村名，村人原本姓董，建村时间约在宋末元初。董家世代与择里王氏通婚，至明代宣德年间（1430）董姓衰败，就由择里王作大入绍（本意为藩王继位）。作大生四子，以长子社伦、次子高伦过继董姓，其余二子回归择里，王作大遂为董家王姓始迁祖。董家人精于经商，主要分布在上海。旅外人员有五六十人，与董家村民人数基本相等。

### （四）西村自然村

位于宅坦村北，现有人口130余人，胡姓占97%以上，旺宅公路直通西村。

据宅坦宗谱记载：西村又称后宅。宋崇宁年间（1104年前后）胡忠的五代孙胡宗文从龙井村迁居后宅，形成龙井后宅派。1926年独自编修宗谱。

西村人以务农为主，水利条件较差，实行改革开放后，几乎家家做玩具，户均收入4000元以上，最多的加工户收入超过万元。村内新居鳞次栉比，漂亮别致，是宅坦村村容最好的一个自然村。

### （五）山脚自然村

位于宅坦村西，竹峰山脚下，是一个叶姓为主的村民组，现有人口85人，是宅坦村水口林保护较好的一个自然村。

山脚叶姓于元代至元年间（1280年前后）从歙县蓝田迁来，先在宅坦五亩塔（今上井、桥上村民组耕作区内）定居，因村民灾患不断，于是又于明代中期迁到竹峰山下。

20世纪80年代以来，山脚人纷纷外出打工或在木镇企业上班，经济收入明显增加。2000年，相继安装了有线电视、程控电话和高压电。该村通往宅坦村和镇商业区的水泥小机动路也于2000年冬修筑。

### （六）镇开发区的"宅坦新村"

由于当时决策上的失误，致使原本设计经宅坦的公路改道，宅坦村因此长期交通落后。80年代中期以来，宅坦能人不得不迁入镇开发区办厂开店，形成一个呈现带状的"宅坦新村"。据统计，宅坦人在镇开发区创办的企业和店铺有纸箱厂3家（其中2家在江西景德镇）、玩具总厂2家、徽墨厂1家、书画社2家、店铺3家，计20户，共83人。

在"宅坦新村"这20户居民中，独资或合股创办企业的有10户，占总数的41%，乡镇干部3户，占13%，其余的不是跑运输，就是在附近工厂上班，农副业收入微不足道。

## 第一章　建　置

## 二、周边村落

宅坦村位于上庄镇中部，四面环村，从南到北毗邻的村庄依次有：

**瑞川**　又名产瑞川、板树坑，位于宅坦村南部，全村285户1100人。村民以柯、程两姓为主，其中程姓700多人，柯姓300人。

南宋年间柯德明由杨林镇后岸移居瑞川槐树下，柯德明为瑞川村始迁祖。元初，歙县篁墩程淳五入赘柯氏，其后裔中有人复为程姓，瑞川程姓由此而来。瑞川依山傍水，古木参天，风景秀丽，盛产柿子、板栗等水果，现与镇开发区连成一片。

**择里**：又称檫树下，位于宅坦村东部，是一个王姓为主聚居的村落，辖花楼自然村，有198户，727人。

择里始建于明代宣德初年（1428），建村已有570多年。择里王姓源于山西太原，以原徽州婺源县武口村为一世祖发祥地，第21代王仁寿从歙县迁来绩溪择里定居。编制箬笠和养蚕曾是择里人的传统副业。农业栽培技术领先全镇。

**江塘村**：又名江郎冲，位于宅坦东部。现有人口130人，胡姓有90人。胡姓均是宅坦明经胡的分支。

江塘建村始于明洪武十年（1377）前后，宅坦胡氏第十八代胡允年始迁江塘，辈分排行与宅坦一样。江塘村现属旺川。

**旺川村**：位于宅坦村东北，原名汪村前，又名七都。辖大坎上、田干汪等8个自然村，有667户，2338人，为上庄镇第一大村。

旺川村以曹姓为主，始迁祖曹仲经（大九公）于宋太平兴国年间（980年前后）由婺源县汪口迁来旺川定居，据此旺川村已有1000多年的历史。

旺川、宅坦两村历来关系密切，世代通婚。村内翠竹丛丛，溪水潺潺。历史上是乡区治所的常设之村，现存有太平天国壁画和抗日墙画及标语等。校舍建筑堪称全镇一流。

**尚廉**：又名上田冲，古称寨里，位于宅坦村北。分两个村民组，辖杨桃坑自然村，现有人口301人。村民大都姓胡。

据明经胡龙井派宗谱记载，龙井第七代胡德安于宋熙宁年间（1068—1077）从龙井迁居上田冲，据此可以认定上田冲建村历史有九百多年。杨桃坑自然村村民也均姓胡，是宅坦胡希良于清代迁往该地定居的后裔。尚廉、杨桃坑两村1920年均参与宅坦会修龙井派宗谱。

**鲍家**：又名上村，因村址地势高而得名，位于宅坦村北，与宅坦西村自然村仅隔一座"观桃"岭。

明正德年间建村，始迁祖是歙县棠樾人鲍关德。鲍村人几乎全姓鲍。村人以精石匠活著称，鲍昌继的古民宅以其砖木雕精美闻名县内外。

**上庄**：又名上川，村名相对于宅坦别称下庄而来。位于宅坦村西南。现有633户，2242人，辖西暮坦、张家山等4个自然村，村民大多姓胡。

据乾隆版明经胡考川统宗谱和上川胡氏宗谱记载，上庄胡姓均属龙井杨林派后裔，即龙井胡姓的一个分支，其始迁祖胡德真是宅坦胡姓始迁祖胡忠第七世孙；其八世孙胡七二生于南宋乾道二年，殁于南宋嘉定五年（1166—1212），是上庄胡姓始迁祖，由此可以算定上庄建村迄今已有八百多年。

上庄村山川秀美，人文荟萃。著名学者胡适、徽墨名家胡开文等均诞生于此。上庄人历代崇尚教育，又精于经商，故经济繁荣，村容整洁，素有"小上海"之称。

20世纪90年代以来，随着小城镇建设步伐的加快，上庄中心镇已规模初具、市场活跃。1999年11月，宅坦和上庄还联合组团赴婺源考水祭奠始祖胡昌翼。2000年以来，先后两次编纂村志，续修的《绩溪上庄行政村姓氏世系谱》已于2009年付印。

# 第二章 自然概况

## 第一节 地质地貌

新生代第三纪由于受喜马拉雅运动影响,产生间歇性抬升和振荡,绩溪的山脉、丘陵、盆谷、水系面貌基本形成,宅坦的自然环境也随之定型。宅坦的地层属震旦系。呈北东向条状,即休宁组(Z1)上庄—宅坦—旺川—寺后一线,土层由海相沉积的泥质、砂质、火山碎屑等组成,厚约440米。

宅坦的地貌是含中山的丘陵区,最高点是竹峰山顶峰,海拔1056米。海拔千米以上的山峰为竹峰山的两大主峰。土壤呈现棕黄色,植被比较茂密,属针叶、常绿阔叶、落叶阔叶混交林,顶部广布片状草丛、草甸,是夏季的理想牧场;高于600米低于1000米的山峰有"鬼头尖""石门坎"和"灰灶头"以及青罗山的"豇豆降",多为红黄壤,人工林占植被总面积的六分之一左右,坡度一般在35度左右;丘陵主要分布在深塘下,葫芦岭、长岭、蔡子山两侧,由砂岩、页岩及中粗粒花岗石组成,农业型植被。丘陵中旱地、菜园遍布,坡度较小,表层常见风化层,如前培山坡,西岭降,葫芦岭降等。

## 第二节 山脉水系

宅坦的竹峰山、青罗山均出自黄山之箬岭由西入县境,呈现东北走向。

青罗山:又名森罗山,海拔1175米,因草木遍地得名。位于竹根尖西北两公里。青罗山的豇豆降为宅坦所有,西南山口的大塔岭是通旌德白地的必经之路。青罗山常年云雾缭绕,产茶均为上品。

竹根尖:又名竹竿尖,竹峰山。因主峰下有大片竹园而得名,海拔1056米,耸立于芦昆常盆地西端,山势陡峻,其西南麓为金山村。清乾隆《绩溪县志》这样记载竹峰山:"三面平畴,一岫环勒,状如狮,拱桂枝书院旧址。"涌狮山东迤出葫芦岭、六和峰、画楼山等串珠状山丘。竹峰山共有四段溪水流入

宅坦村志

大源河,其中长田、毛桃坑两股山溪经上庄村域流入大源河,其余两股过宅坦村外流入大源河,均属钱塘江水系。大源河古称芦水,发源于上金山南麓,全长46公里,其上游称常溪。

## 第三节 气 候

宅坦位于北纬30度附近,翚岭以北,村地势较高,故气温比县南部地区低2℃左右。降水较多,日照适中。春季气温回升快,雨日多,秋季气温下降快,雨日少。村域太阳有效辐射量为111.9千卡/$cm^2$,年平均日照数为1926小时,年平均每天日照为5小时16分。日照最多的7月、8月,平均每天长达7.2小时,2至3月日照每天不足4小时。

20世纪50年代以前,每值隆冬季节,池塘小河冰厚盈寸,屋檐冰凌长达30厘米,小孩在池塘冰盖上嬉戏较常见。20世纪70年代以来,常出现暖冬现象,冬无冰雪也常出现。历年平均气温为15.5℃,年无霜期约232天,年平均积温为5500℃。

村域降水充沛,年平均降水量为1520毫米,但多集中在春夏,"梅雨"约占全年降水的30%。梅雨季节常发生洪灾。年蒸发量为1483毫米,与降水量接近。常见的灾害性天气有惊蛰前后的雷暴、"蒔田寒"、夏汛和伏旱等。

**水田农作物物候象表(宅坦为代表)**

| 品种＼候象 | 播种日期 | 抽穗扬花月日 | 成熟月日 |
|---|---|---|---|
| 早稻二九青 | 4.5—4.10 | 6.15—6.25 | 7.20—7.25 |
| 双晚青马早 | 6.20—6.25 | 9月中旬 | 10月中旬 |
| 协优63号杂交中籼稻 | 4.15—4.30 | 7.30—8.20 | 9.20—9.30 |
| 双糯4号 | 6.18—6.22 | 9.25 | 10月下旬 |
| 小 麦 | 10月下旬 | 4.20左右 | 5月下旬 |
| 秦油2号油菜 | 9.20—10.10 | 3.25—4.25 | 5月中旬 |
| 土种油菜 | 10月20日后 | 3.20—4.20 | 5月上旬 |

## 第四节 土壤与资源

村域山场土壤主要为砾质扁石黄红壤,其理化性状为偏砂,碱性,磷含量低,保肥性能差;旱地为麻石黄红土,分布在山脚村下南北一线。宅坦的水稻土为潴育型水稻土,葫芦岭和董家则属潜育型水稻土。潜育型水稻土一般分布在村内大塘下,大畈田排水不畅的洼地,它的形成原因是长期受渍水影响,使土壤经常处于还原状态。如村内的泥田湾,大干以及董家纹一带的稻田就属于这类土质。

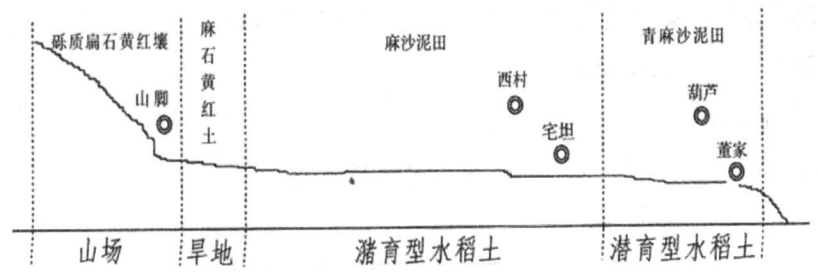

宅坦潜育型水稻土分布示意图

村域植被总面积4.53平方公里。占全村土地总面积的88.7%,其中森林植被占58.1%,农业植被占21.7%,草丛植被占8.9%,呈垂直分布。村内自然资源较丰富,全村土地总面积为6590亩,人均占有量为3.83亩。中华人民共和国成立后特别是20世纪80年代以来,村内建筑用地猛增,土地面积减少明显。90年代后,随着村内人口减少,建房用地也相应减少。村内水力资源相当贫乏,仅有一座蓄水13万多立方米的水库曾被利用建小水电站。

宅坦生物资源比较丰富。

据统计,植物共有130余科840余种,以药材类、野菜类和纤维料为主;动物资源除饲养的畜禽外,野生动物有兽类20多种,鸟类40多种,爬行类14种,两栖类近10种,昆虫类180余种。竹峰山是黄山周边地区鸟兽类动物重要的繁衍活动场所,常出没于竹峰山的国家一二类保护动物有黑麂(俗称乌金麂)梅花鹿、穿山甲、豺等,最常见的山兽为野猪、黄毛麂、野兔等。

## 第五节　村落布局特色

### 一、设计巧妙的水口

水口是地之门户。宅坦村的水口大致是东西走向的两条绿色长廊。村北的水口树木栽植于人工垒砌的护坝上，林木高而且密．树种为香榧、白果、柏树和柞树等，这道水口林带有利于阻挡北方冷空气；而村南有长岭横亘，水口林木相对稀疏，这种布局又不影响夏秋南来的凉风吹拂，调节气候功能十分明显。

### 二、星罗棋布的塘井

塘多、井多是宅坦村的一大特色。村内共有南龙井、北龙井、上井及北培井4口水井，分布在村落四周。宅坦村内外水塘有170多口，居全镇第一。其中不乏名塘，如慕前塘、坝下塘等这些古塘遍布村内，既方便村民洗涤、浇灌，又具有火灾应急的消防作用。中华人民共和国成立后，慕前塘一带曾三次发生火灾，都未蔓延，就充分说明了村中大塘灭火消防的作用。

### 三、构筑合理的街巷

宅坦的主街布局可以概括为三横三竖，三条东西向的纵街贯通全村，其中中门街将宅坦村一分为南北两半；三条横街将全村划为坎上、坎下和前塘塝（本意指田地、沟渠、土埂的边坡，也用作地名）三片，外围再筑以环形路。村中小巷纵横交错，因势而筑，远看似死胡同，走近又豁然开朗，这种类似蛛网的街巷具有一定的防盗作用。中门街的上端筑有"绿野天长""天光云影"两座门楼。街巷交错处还建有能容纳二三百人的场坦多处，如后屋坦、岭坦和中门坦等，这些场坦方便村民开展公众娱乐和祭祀活动。

# 第三章 人 口

据谱牒记载，宅坦村清代人口增长最高峰为乾隆、嘉庆年间，全村人口曾达到6000多人。咸丰、同治年间，战事不断，死于战乱和为躲避战乱而举家外迁者难计其数，村内人口锐减至不足1000，谱牒记载的只是单一胡姓男丁，其他姓氏忽略。迄至民国，始有户籍资料，但未能存留至今，全村人口一直在七八百之间徘徊。

中华人民共和国成立后，村民安居乐业，人口迅速增长。20世纪60年代初因粮食极度短缺人口一度出现负增长；20世纪70年代中期以来，实行计划生育，人口过快增长的势头得到遏制；90年代以来，人口呈逐年减少态势。

## 第一节 人口变动

早在5000年前的新石器时代，在绩溪岭北芦昆常盆地一带就有人类聚居，距宅坦不过八九里的宋家发现新石器遗址就证明了这一点，至宋景德年间，宅坦就有规模相当的村落，人口数失考。

南宋嘉定四年（1211）宅坦首次编纂宗谱，人丁开始有文字记载，但年代不详，难以准确统计，从宋景德四年（1007）胡姓始迁龙井，至南宋末年，宅坦人口不过200人。到了清代中期，村中男丁就有1300人左右。咸丰十年（1860）至同治三年（1864），清军和太平军激战于县境，全村直接死于战乱及因乱失踪者达439人，还有许多人为躲避战乱而逃往江西铅山、浙江兰溪及上海、天津等地，宅坦人口下降到不足千人。

民国初年，村人旅外经商再起高潮，加之病患肆虐，医治乏术，全村人口一直在800人上下徘徊。

新中国成立后，村民生活安定，全村经济发展，医疗卫生水平不断提高，人口平稳增长。1957年出现第一次生育高峰，1957年比1955年增加人口148人，1959年至1960年人口出现负增长，1963年再次出现生育高峰，创年出生

宅坦村志

人口 57 人的最高纪录。20 世纪 70 年代以来，连年实行计划生育，人口增长趋缓，至 90 年代以后，人口自然增长率出现负数，这一趋势一直保持至今。

1949 年至 2019 年宅坦人口表

| 年份 | 总户数 | 总人口 | | | 出生人数 | | 死亡人数 | | 自然增长 | |
|---|---|---|---|---|---|---|---|---|---|---|
| | | 合计 | 男 | 女 | 人数 | 出生率/‰ | 人数 | 死亡率/‰ | 人数 | 增长率/‰ |
| 1949 | 276 | 907 | 458 | 449 | | | | | | |
| 1950 | 284 | 917 | 457 | 460 | | | | | | |
| 1951 | 289 | 932 | 459 | 473 | | | | | | |
| 1952 | 293 | 945 | 467 | 478 | | | | | | |
| 1953 | 293 | 958 | 472 | 486 | | | | | | |
| 1954 | 302 | 972 | 478 | 494 | | | | | | |
| 1955 | 307 | 989 | 482 | 507 | | | | | | |
| 1956 | 316 | 1058 | 505 | 553 | | | | | | |
| 1957 | 322 | 1137 | 548 | 589 | | | | | | |
| 1958 | 318 | 1154 | 552 | 602 | | | | | | |
| 1959 | 327 | 1155 | 534 | 621 | 19 | 16.4 | | | | |
| 1960 | 330 | 1149 | 515 | 634 | 36 | 31.3 | | | | |
| 1961 | 341 | 1246 | 587 | 659 | 34 | 27.2 | | | | |
| 1962 | 338 | 1269 | 624 | 645 | 14 | 11 | | | | |
| 1963 | 348 | 1318 | 631 | 687 | 57 | 43.2 | | | | |
| 1964 | 347 | 1351 | 647 | 704 | 38 | 28.1 | | | | |

续表

| 年份 | 总户数 | 总人口 | | | 出生人数 | | 死亡人数 | | 自然增长 | |
|---|---|---|---|---|---|---|---|---|---|---|
| | | 合计 | 男 | 女 | 人数 | 出生率/‰ | 人数 | 死亡率/‰ | 人数 | 增长率/‰ |
| 1965 | 344 | 1388 | 665 | 723 | 49 | 35.2 | | | | |
| 1966 | 347 | 1427 | 682 | 745 | 47 | 33.6 | | | | |
| 1967 | 344 | 1450 | 690 | 760 | 27 | | | | | |
| 1968 | 350 | 1471 | 700 | 771 | 39 | | | | | |
| 1969 | 351 | 1533 | 738 | 795 | 48 | | | | | |
| 1970 | 345 | 1584 | 772 | 812 | 31 | | | | | |
| 1971 | 345 | 1592 | 760 | 832 | 41 | 25.7 | 16 | 10.00 | 25 | 15.7 |
| 1972 | 346 | 1607 | 769 | 838 | 35 | 21.8 | 19 | 11.8 | 16 | 10.00 |
| 1973 | 336 | 1672 | 783 | 889 | 35 | 21.4 | 15 | 9.2 | 20 | 12.2 |
| 1974 | 368 | 1635 | 785 | 850 | 27 | 17.00 | 20 | 12.2 | 7 | 4.8 |
| 1975 | 373 | 1621 | 777 | 844 | 20 | 12.2 | 18 | 11.1 | 2 | 1.1 |
| 1976 | 371 | 1630 | 790 | 840 | 28 | 20.6 | 16 | 9.8 | 12 | 7.2 |
| 1977 | 384 | 1635 | 789 | 846 | 20 | 17.5 | 17 | 10.4 | 3 | 1.8 |
| 1978 | 404 | 1645 | 790 | 855 | 34 | 21.6 | 11 | 6.6 | 23 | 14 |
| 1979 | 406 | 1651 | 796 | 855 | 20 | 16.5 | 11 | 6.7 | 18 | 10.8 |
| 1980 | 412 | 1667 | | | 36 | | 13 | 7.8 | 23 | 13.8 |
| 1981 | 418 | 1689 | | | 28 | | 10 | 5.9 | 18 | 10.6 |
| 1982 | 421 | 1696 | | | | | 11 | 6.4 | | |

续表

| 年份 | 总户数 | 总人口 | | | 出生人数 | | 死亡人数 | | 自然增长 | |
|---|---|---|---|---|---|---|---|---|---|---|
| | | 合计 | 男 | 女 | 人数 | 出生率/‰ | 人数 | 死亡率/‰ | 人数 | 增长率/‰ |
| 1983 | 418 | 1698 | | | | | 19 | 11.2 | | |
| 1984 | 413 | 1735 | | | 32 | 18.4 | | | | |
| 1985 | 412 | 1754 | 861 | 893 | 42 | 23.9 | | | | |
| 1986 | 410 | 1757 | | | 34 | 19.1 | 16 | 9.1 | 18 | 10 |
| 1987 | 406 | 1788 | | | 42 | 23.5 | 16 | 8.9 | 26 | 14.6 |
| 1988 | 493 | 1806 | | | 38 | 21 | 19 | 10.5 | 19 | 10.5 |
| 1989 | 493 | 1871 | | | 28 | 14.9 | | | | |
| 1990 | 501 | 1782 | | | 25 | 14 | | | | |
| 1991 | 511 | 1779 | | | | | | | | |
| 1992 | 518 | 1778 | 877 | 901 | 18 | 10.1 | 12 | 6.7 | 6 | 3.4 |
| 1993 | 520 | 1775 | 873 | 902 | 13 | 7.3 | 11 | 6.3 | 2 | 1 |
| 1994 | 520 | 1763 | 863 | 900 | 11 | 6.3 | 13 | 7.4 | −2 | −1.1 |
| 1995 | 518 | 1755 | 866 | 889 | 10 | 5.7 | 13 | 7.4 | −3 | −1.7 |
| 1996 | 515 | 1748 | 865 | 883 | 11 | 6.3 | 11 | 6.3 | 0 | 0 |
| 1997 | 513 | 1738 | 857 | 881 | 13 | 7.5 | 15 | 8.6 | −2 | −1.1 |
| 1998 | 512 | 1734 | 852 | 882 | 13 | 7.47 | 17 | 9.8 | −4 | −2.33 |
| 1999 | 510 | 1732 | 852 | 880 | 9 | 5.2 | 8 | 4.6 | 1 | 0.6 |
| 2000 | 501 | 1723 | 852 | 871 | 12 | 7 | 10 | 5.8 | 2 | 1.2 |

## 第三章 人口

续表

| 年份 | 总户数 | 总人口 | | | 出生人数 | | 死亡人数 | | 自然增长 | |
|---|---|---|---|---|---|---|---|---|---|---|
| | | 合计 | 男 | 女 | 人数 | 出生率/‰ | 人数 | 死亡率/‰ | 人数 | 增长率/‰ |
| 2001 | 503 | 1720 | 852 | 868 | 9 | | | | | |
| 2002 | 505 | 1716 | 850 | 866 | 8 | | | | | |
| 2003 | 506 | 1709 | 852 | 857 | 10 | | | | | |
| 2004 | 504 | 1704 | 847 | 857 | 8 | | | | | |
| 2005 | 505 | 1698 | 843 | 855 | 9 | | | | | |
| 2006 | 502 | 1691 | 841 | 850 | 7 | | | | | |
| 2007 | 502 | 1688 | 839 | 849 | 11 | | | | | |
| 2008 | 501 | 1682 | 832 | 850 | 9 | | | | | |
| 2009 | 503 | 1678 | 833 | 845 | 6 | | | | | |
| 2010 | 504 | 1680 | 836 | 844 | 8 | | | | | |
| 2011 | 502 | 1682 | 837 | 845 | 10 | | | | | |
| 2012 | 503 | 1685 | 839 | 846 | 9 | | | | | |
| 2013 | 500 | 1682 | 837 | 845 | 7 | | | | | |
| 2014 | 505 | 167983 | 838 | 841 | 11 | | | | | |
| 2015 | 506 | 1676 | 834 | 842 | 12 | | | | | |
| 2016 | 504 | 1677 | 837 | 840 | 13 | | | | | |
| 2017 | 503 | 1675 | 837 | 838 | 17 | | | | | |
| 2018 | 504 | 1672 | 838 | 834 | 12 | | | | | |
| 2019 | 505 | 1674 | 839 | 835 | 17 | | | | | |

## 第二节 人口迁徙

一、迁 入

宋景德三年（1006）胡忠迁至龙井村定居，经千年繁衍胡姓遂成为宅坦村第一大姓。清康熙年间，歙县篁墩的程姓和原籍山东济南的方姓相继迁入宅坦，在村中从事吹打扛抬行业。现有程姓村民3户共13人，方姓仅剩方为明等2人；清咸丰、光绪年间，曹姓分三户三次迁入：咸丰初年，原住曹家（现村址已成废墟，村遗址在宅坦石井冲曹家亭边）的曹姓举家迁入宅坦葫芦岭村，这支曹姓与旺川同宗，村人称之为古曹。

稍后，曹立元和曹雅范分别从寺后和旺川迁来宅坦，这两户曹姓均源自旺川，现共有10人；清光绪初年，周观禄从八都周家村（村落已成废墟，遗址在本镇白塔路）移居葫芦岭自然村，现共有周姓村民3人。

民国年间，因行医、婚姻或投亲等因素，先后入籍宅坦的有：鲍村的鲍定基；坦头村的汪连春；金山村的王苑青以及安庆籍的张德喜，这4个姓氏的村人现仍为一户一姓，共有16人。20世纪50年代初，董姓从中团村迁来宅坦，现共有董姓村民18人；与此同时，原籍会川的叶又芳从旌德岭下迁至宅坦石井下定居，现有叶姓6人。

1962年前后，为响应政府支农号召，有6户旅外工作的宅坦籍人（以家属为主）从上海、西安返回老家，共计有20余人；20世纪60年代末，11名宅坦籍上海知青回乡插队，后又陆续调县工作或返回上海。

20世纪80年代后，因投亲、婚姻或远嫁后举家返回等原因，陆续有本县长丰、浙江诸暨和皖北蒙城男子入籍宅坦，宅坦的胡姓外姓氏达到18个。

二、迁 出

宅坦人喜欢人丁旺，重开族。为了减轻人口过快增长带来的生存压力，宅坦人不得不向外迁徙拓展生存空间。宅坦先辈向外迁徙大体可分为"开族""经商"和"避难"这三种形式。

开族型迁徙：从宋代建村至明朝初期，宅坦先人外迁的地点局限于原徽州府6县，外迁的目的是为了"开族"即扩大胡姓的分布范围和影响。如第七代胡德安迁尚廉冲，第九代胡宗文迁后宅（今西村自然村），第七代胡德真迁杨林，第十八代胡天寿迁歙县竹园等，就是这类为开族而迁徙的例证。具体分布如下：

本县本镇范围 8 次；本县外乡镇 3 次；本省外县 4 次，外省 2 次。

经商型迁徙：这类迁徙始于明代后期，盛于清乾隆、嘉庆年间，止于民国中期，前后 300 余年。明清两代，徽商崛起，宅坦先人为摆脱人口急速增长带来的生存压力，因经商谋生向外迁徙（也有少数人因读书仕进而栖居他乡）。其中一部分人仍年老返乡，但大多数在外埠置产定居。外迁主要走水路：北上沿水阳江、青弋江乘船抵芜湖，再往南京、上海、武汉；南下由歙县深渡经新安江去杭州、兰溪、金华、衢州，再由衢江、金溪、信江去江西的玉山、铅山。据宗谱记载和老人回忆，村人外迁清代以前以苏、浙、赣及本省其他地区为主；清代后期迄民国村人外迁以上海、浙江为主；中华人民共和国成立以后，村人由于就业、服役、升学、顶职而外迁的几乎遍布国内乃至日、美等国。经商的比例很少。

避难型迁徙：历史上宅坦虽长期偏安一隅，但仍经历了不少劫难。据旺川的《应星日记》记载，明末清初，绩溪岭北土兵蜂起，为害乡里。如顺治三年（1646）6 月宅坦村就被"焚劫一空"。咸丰同治年间，太平军与清军在县境连年激战，村人深受其殃。为避战乱，村人开始了逃难大迁徙，据谱牒等资料统计，村人为躲避这场战乱而外迁者近千，主要分布于江西铅山、玉山和浙江的兰溪、衢州以及上海、天津等地，其中不少人死于逃难途中。1949 年，又有两户宅坦籍人由大陆移居台湾省。

中华人民共和国成立后至 20 世纪 70 年代末，由于实行严格的户籍制度和控制农村劳动力外流，村人外迁受阻，这期间除 50 年代初一些旅外人员的家属迁往配偶所在地及少数人由于复员转业、升学分配而定居外地外，其余均居村务农或习手艺。改革开放后，村人向外创业迁徙流动又起高潮。仅 80 年代以后，宅坦村就有 100 多人迁往镇开发区、县城及省内外一些城市定居，其外迁原因主要是办厂、经商、顶职、升学分配及服役转业等。


**附：宅坦人外迁列详**（注：外迁地名系从民国版龙井胡氏宗谱原样摘录）

**1. 以开族为主的外迁支派（1030—1540）**

第五代胡文举迁七都寨里，此派共传三十代，原村址已成废墟，后由尚廉冲派取代；

第五代胡文简、胡文秀迁安徽南陵管胡塘，该支传至第十五代胡寄士止，近年经南陵实地访查，管胡塘现名为官湖塘，无胡姓居住；

第七代胡德安迁尚廉冲（今属上庄镇），此支现有明经胡姓人近 300 人，1920 年和 2019 年参与宅坦会修宗谱；

第七代胡德真迁杨林，即今上庄。胡适是龙井（宅坦）杨林派后裔。

第九代胡宗文迁后宅，即现在的宅坦村西村自然村，现有明经胡姓人 130 人，1926 年因故自修宗谱；

第十四代胡四迁本都白塔路，即现在上庄镇择里村背后，这一支传至第二十七代止，今失传；

第十七代胡应芝迁五都叶村，现上叶村已无胡姓宗人，下叶村尚有胡姓同宗近百人；

第十七代胡相、胡周老同迁七都汪村前，此一支传至第二十代止，今失传；

第十七代胡星七迁绩溪十四都横形头，即今胡家乡横形头村，至 1920 年续谱时仅存社荣、社期二人，而社荣又误入常侍胡，唯社期一户相延；

第十八代胡天寿迁歙竹园村，今属溪头镇，现有胡姓 270 多人；

第十八代胡允年迁本都江塘冲，即今上庄镇江塘自然村，现有胡姓 90 人；

第二十一代胡尚智迁云南，1964 年派人来宅坦抄谱，后又中断联系；

第二十三代胡彬迁安徽旌德河村头。即今南关乡河村头村，该派分上胡、中胡、下胡三支，现有胡姓 94 人，由河村头近迁到南关乡下南村民组的胡姓共有 18 户 110 人；

第二十三代胡牙迁安徽太平（现黄山区）新村，至二十四代失传；

第二十三代胡宗仁迁绩溪五都大塘头；

第二十五代胡社奎及子孙迁江西玉山东津桥，传至第二十七代时与宅坦失去联系。

## 2. 以商贸为主、开族为辅的外迁人员名单

第二十七代：
胡伯合迁浙江开化池淮里。

第二十八代：
胡世龙迁浙江绍兴城元通寺前；
胡世禄迁安徽宣城水东丰源；
胡世敬迁河北保定张家庄；
胡世封迁安徽无为州沈家桥；
胡世爵迁江苏苏州吴江东门外。

第二十九代：

胡希良迁七都杨桃坑，有胡姓46人；

胡希亮迁旌德新建；

胡希令迁河南祥符鼓楼街；

胡希嘉迁江苏宜兴张渚；

胡希梅迁安徽舒城沙埂；

胡希春迁安徽舒城九井；

胡希圣迁安徽舒城西门外；

胡希博迁安徽含山运漕；

胡希礼迁江苏宜兴大湾头村；

胡希文迁江西铅山虎头门；

胡希川迁安徽广德州狮子路。

第三十代：

胡光采迁旌德高甲地，即今旌德白地乡胡家村，现有胡姓90多人；

胡光略迁浙江钱塘；

胡光政迁安徽宣城张家村；

胡光睦迁福建崇安陂前；

胡光魁迁北京；

胡光觐迁浙江诸暨丁桥；

胡光业迁浙江慈溪米溪；

胡光汇、光治、光浣等6人同迁安徽舒城沙埂。

第三十一代：

胡大恒迁杭州建桥街石板巷；

胡大享迁江苏泰兴黄桥；

胡大琅、大政同迁宜兴河桥；

胡大伏迁江苏江阴；

胡大胥、胡大俊同迁河南杞县龙塔岗；

胡大佐迁浙江萧山钱清江；

胡大涧迁浙江长兴泗安镇；

胡大伍迁上海南汇横沔；

胡大懿迁江西玉山四十都。

第三十三代：

胡端正迁江西玉山宫山；

胡端生迁广德州西乡胡村；

胡端庠（重者）迁浙江金华西乡雅畈。

第三十四代：
> 胡志钧迁上海。

第三十五代：
> 胡士桂迁江西弋阳乌墩；
> 胡士金迁江西广信沙洲；
> 胡士值迁江苏溧阳碓埠；
> 胡士启迁浙江兰溪；
> 胡士悦迁河南永城。

（清代后期及民国年间和中华人民共和国成立后村人外迁情况详见现代世系）

## 宅坦村姓氏人口结构表（2019年）

| 姓氏 | 户数 | 人口 | 性别 | | 姓氏 | 户数 | 人口 | 性别 | |
|---|---|---|---|---|---|---|---|---|---|
| | | | 男 | 女 | | | | 男 | 女 |
| 方 | 1 | 1 | 1 | | 汪 | 2 | 6 | 2 | 4 |
| 王 | 18 | 61 | 35 | 26 | 李 | 1 | 6 | 2 | 4 |
| 叶 | 32 | 106 | 51 | 55 | 石 | 1 | 1 | 1 | |
| 邢 | 1 | 2 | 2 | | 胡 | 423 | 1481 | 721 | 760 |
| 冯 | 1 | 1 | 1 | | 张 | 1 | 3 | 2 | 1 |
| 周 | 1 | 3 | 2 | | 曹 | 5 | 12 | 9 | 3 |
| 梅 | 1 | 1 | 1 | | | | | | |
| 吴 | 1 | 2 | 2 | | | | | | |
| 程 | 4 | 13 | 6 | 7 | | | | | |
| 鲍 | 1 | 3 | 2 | 1 | | | | | |
| 董 | 5 | 18 | 8 | 10 | | | | | |
| 戴 | 1 | 2 | 2 | | | | | | |

## 第三节　人口构成

宅坦村人均为汉族。

人口结构伴随不同的社会制度和经济文化发展水平而有所不同。

年龄构成：清迄民国初期，多数村民生活清苦，咸丰末年又遇战乱，平均寿命较短，生"五男二女"的"好命"家庭七存其一并不少见，40岁左右即过世也不算"短寿"。

查宅坦胡氏宗祠祠祭人员名单，1941年全村15岁当丁者仅6人，60岁以上老人也不过26人。到1944年底，由于老年人数太少，遂将50岁以上的男人均列入老人名单。是年，全村15岁当丁者共8人，60岁老人为6人。

中华人民共和国成立后，生活安定，医疗卫生尤其是妇幼保健技术水平迅速提高，宅坦人口年龄结构趋于合理。

1953年宅坦进行了第一次人口普查，少年儿童317人，占总人口的33.1%，成年人口591人，占总人口的61.7%，老年人50人，占总人口的5.2%。1964年第二次人口普查，少年儿童551人，占总人口的40.8%，成年人口739人，占总数的54.7%，老年人61人，占总人口的4.3%。20世纪70年代以来，实行计划生育及村民生活质量提高，村少年儿童比例下降，老年人口增加。

据1979年底人口年报，本年全村少年儿童503人，男237人，女266人，占总人口30.46%。成年人口1052人，占总人口的63.72%，老年人口82人，占总人口的5.82%，其中70岁到80岁的有52人，81岁以上的老人4人，村内最高寿者为86岁。

到2000年第五次人口普查时，人口老年化趋势更加明显。这一年全村少年儿童307人，占总人口的17.81%，成年人口1214人，占总人口的70.45%，老年人口202人，占总人口的11.74%，最高寿者为95岁。

性别构成：民国以前，受重男轻女习俗的影响，男人为多添人丁往往娶一妻二妾乃至一妻三妾或溺亡女婴，此习俗以旅外经商的男子为甚，故村内人口性别比率男性多于女性。

中华人民共和国成立后，提倡男女平等，重视保护妇女儿童权益，人口性别比例呈女性多于男性的趋势，这一势头持续到2000年。中华人民共和国成立前，村人婚龄性别比例，女性高于男性，老年人中女性也居多数，这一比率也一直持续至今。

## 宅坦村若干年份人口性别比例表（女性：100）

| 年份 | 1949 | 1955 | 1960 | 1970 | 1979 | 1985 | 1992 | 1995 | 1998 | 2000 |
|---|---|---|---|---|---|---|---|---|---|---|
| 男性 | 98 | 105.2 | 123.1 | 108.9 | 107.5 | 103.7 | 102.7 | 102.6 | 103.5 | 102.2 |

文化构成：

民间有言，"三代不读书，等于一窝猪"。宅坦历来崇尚教育，宗谱中也特别制订有奖学振仕之祠规。家境康泰的子弟大多读书仕进，苦寒人家的子弟亦送入"蒙堂馆"读书，粗通文墨而后从业。

清末，一些富商子女随父辈经商的城市就读新学。

20世纪30年代初，女子读书渐成风气，但鲜有外出升学者。那时村中男子大多数精通文墨，但女子文盲却很普遍。

中华人民共和国成立后，小学教育全面普及，学龄儿童入学率高达95%以上，接受中高等教育的人数逐年增加。

1951年，村中开办民校和夜校，90%以上的中青年文盲脱盲。

1959年文盲、半文盲占总人口的24.27%，1982年文盲半文盲占总人口的19.34%。文盲、半文盲中10—19岁的占5.8%，65岁以上文盲占总人口的27.32%。

至2000年底，宅坦人口文化构成为：文盲65人，占总人口的3.73%；小学毕业781人，占总人口的45.2%；中学文化程度778人，占总人口的45.16%；高中及中专文化81人，占总人口的4.7%；大专文化程度占0.23%。

职业构成：

清代道光年间以前，村内以农业人口为主，手工业者很少，经营工商者（含旅外）约占25%左右，学优而宦儒者不足2%；清同治以来，村人从事工商贸者渐多。

民国前期，工商业从业人数上升到全村适龄男子的一半左右，余均务农。日军侵华之后，旅外村人返回故里，村人务农复占多数。

中华人民共和国成立后，旅外从事商业的人员减少。至1953年，村人外出谋生停止，但务农兼做手艺的工匠猛增，农业人口占总人口的比例逐年回升；至20世纪60年代末，村内农业人口占总人口的75%以上，从事工商文教的人不足5%；20世纪80年代后，务工经商者增多，农业人口逐年下降；至2000年，全村有700多人在本地和外地经商做工，占总全村总人口40%以上。

## 宅坦小学毕业生职业构成表（1950—1958）

| 年度 | 1950 | 1951 | 1952 | 1953 | 1954 | 1955 | 1956 | 1957 | 1958 | 合计 |
|---|---|---|---|---|---|---|---|---|---|---|
| 毕业生数 | 1 | 2 | 9 | 12 | 11 | 8 | 11 | 9 | 18 | 81 |
| 职业去向 | 工业手工业 | 农业 | 教师 | 医生 | 军人 | 行政干部 | 升学 大学 | 升学 中学 | 升学 职校 | 其他 | 死亡 |
| | 4 | 21 | 3 | 1 | 1 | 3 | 3 | 27 | 14 | 4 | 1 |

# 第四节 人口生育

## 一、家庭婚姻

家庭：

宅坦的家庭组合形式随着社会经济发展水平不同而不断变化。明清及民国年间，数代同堂，人数超过 10 人的家庭不乏其例，如清代咸丰年间就出现过像胡志騠那样五世同堂、人口超过 80 的大家庭，表现在房屋形制上是房间多、边门多、侧房多的"通转楼"的大量出现。

家境一般的多兄弟农户，最小儿子成家后即分家。民国中期以后，家庭结构和规模发生变化，由数代同堂的大家庭逐渐向五六人的小家庭转化。中华人民共和国成立后，儿子成家仍与父母同居为主，多子女家庭的晚辈结婚大多另立门户，与父母分开生活，一代户、二代户渐占多数，父母年老丧失生活自理能力随子女生活。20 世纪 90 年代起尤其是 2000 年以来，宅坦人陪读迁居县城者日益增加，常住村民不断减少。

婚姻：

民国以前，村内胡姓恪守"同姓不通婚"的原则，但清代旅外村人娶外埠李姓子女却有先例，此外，花钱定期"租妻"也在旅外人士中较为兴时。20 世纪 40 年代以来，婚姻自由渐成风气，姑表结婚已很少见，姨表结婚仍屡见不鲜。

中华人民共和国成立后实行一夫一妻制，最低婚龄 20 世纪 50 年代男 20

岁，女18岁；20世70年代中期婚龄男25岁，女23岁。20世90年代以后，由于择业和人口流动自由，村民离婚率有所上升。

## 二、人口生育

生育概况：

中华人民共和国成立前人口生育顺其自然，妇女初胎不到20岁，直至绝育。一般生育5至7胎，多的达10胎以上。清代学者汪士铎在宅坦避难"坐馆"期间，以宅坦村内早婚早育、无节制生育为主要背景材料写下了著名的人口理论。那时由于医药卫生和经济条件落后，人口死亡率往往大于出生率。人口增长十分缓慢。

民国时期，男子旅外增多，生育子女较少，全村人口一直在七八百左右徘徊。中华人民共和国成立后妇女初胎年龄一般在20至23岁，生育3胎以上。20世纪50年代末死亡率趋高，人口一度负增长。70年代中期以后，人口过快增长的势头得到遏制，90年代以来，村内人口多次出现负增长。

计划生育：

宣传发动工作始于20世纪60年代中期，利用供销社设专柜免费供应避孕药具。

20世纪70年代初合作医疗室设立后，配备专职人口抓计划生育，1976年全村有5名育龄妇女率先施行结扎手术。1976年4月起，根据县统一布置，查清育龄妇女的婚育及健康状况，提倡晚婚少育，落实计划生育措施。

从1988年起，村内连续五年抓"一上二扎"的计划生育工作，并对超计划生育户实行一次性罚款。90年代中期以来，村成立计划生育服务室，配备计生专干抓计生工作，为育龄妇女提供节育措施、孕情生殖及帮贫促富工作，使村内人口的计划生育各项指标一直在全镇保持领先。

随着国家计划生育政策逐步放开，村民单女、双女户享受专项补贴者不断增加，实现了享受全覆盖，村计生工作功能朝优生优育、提供补助、以服务为主的方向转化。

# 第三章 人 口

## 宅坦村计划生育（1990—2000）基本情况一览表

| 年度 | 出生人数 | | | | | 结婚人数 | | 怀孕人数 | 节育措施 | | | | 现存妇女总数 | 多孩 | 节育妇女总数 | | | |
|---|---|---|---|---|---|---|---|---|---|---|---|---|---|---|---|---|---|---|
| | 总数 | 一孩 | 二孩 | 男 | 女 | 总数 | 晚婚 | | 一孩上环 | 一孩结扎 | 二孩上环 | 二孩结扎 | | | | 服药 | 上环 | 结扎 |
| 1990 | 24 | 9 | 15 | 11 | 13 | 22 | 11 | 30 | 11 | 31 | 32 | 75 | 230 | 76 | | 12 | 275 | 66 |
| 1991 | 21 | 10 | 11 | 7 | 14 | 11 | 5 | 26 | 6 | 24 | 43 | 52 | 231 | 67 | | 21 | | |
| 1992 | 19 | 15 | 4 | 9 | 10 | 17 | 10 | 21 | 2 | 37 | 16 | 69 | 235 | 53 | | | 227 | 105 |
| 1993 | 12 | 10 | 2 | 5 | 7 | 13 | 8 | 16 | 4 | 28 | 28 | 75 | 234 | 49 | 6 | | 228 | 112 |
| 1994 | 11 | 10 | 1 | 7 | 4 | 7 | 5 | 7 | 2 | 18 | 7 | 87 | 234 | 45 | 9 | | 223 | 107 |
| 1995 | 10 | 8 | 2 | 7 | 3 | 11 | 5 | 17 | 3 | 12 | 1 | 96 | 224 | 44 | 17 | | 219 | 106 |
| 1996 | 12 | 11 | 1 | 8 | 4 | 8 | 7 | 18 | 1 | 12 | 1 | 102 | 217 | 31 | 15 | | 210 | 105 |
| 1997 | 13 | 13 | 0 | 4 | 9 | 14 | 8 | 18 | 2 | 15 | 0 | 115 | 210 | 28 | 17 | | 212 | 99 |
| 1998 | 14 | 12 | 2 | 8 | 6 | 12 | 9 | 19 | 3 | 12 | 2 | 123 | 213 | 27 | 15 | | | |
| 1999 | 12 | 9 | 3 | 7 | 5 | 6 | 4 | 17 | 3 | 10 | 3 | | 215 | 25 | | | | |
| 2000 | 9 | 8 | 1 | 5 | 4 | 10 | 4 | 10 | 1 | 9 | 1 | 131 | 215 | 25 | 13 | | 240 | 109 |

# 第四章　家风文化

宅坦村家风文化主要体现在族约、祠规上，未出五服的亲房本家的堂号寓意以及宗祠支出账目中也有一些。

## 第一节　戒　约

（1）世道不古，人心滋伪，不待亲尽，已若途人，恶乎可哉？辑修谱系之后，凡亲疏交接之间，当明尊卑之礼，有德业则相劝，有过失则相规，有患难则相恤，不失故家之遗俗也。

（2）谱所以别尊卑也，凡称呼当正名分。切勿以富欺贫，以势凌弱，妄诞称呼。贫弱虽不能与较，岂不见哂于贤哉。

（3）自今而后，凡生子嗣取名者，务以行序称呼，勿以谬错紊乱班次也。

## 第二节　祠规选介

### 一、彰善四条

**1. 训忠**

扬名显亲，孝之大也。然能仕而父教之忠，在位而恪其乃职，始不负于朝廷，乃有光于宗祖。节俭正直，靖其之大节，宜追肃慎，柔嘉烝民之遗规尚在，而且夙夜匪懈，进退有思。有此贤能子孙，生则倍常颁胙，殁则给其配享，以训忠也。

**2. 训孝**

众之本教曰孝，其行曰能养，其养必兼之能敬。敬而将之以礼，始无愧为完人，乃得称为孝子。啜菽饮水，但求能尽其欢，夏清（qīng，凉爽）冬温，又在不违其节，而且丧祭有礼，庐墓不忘，有此仁孝子孙，生则颁胙，殁给配享，仍为公呈请，旌以教孝也。

### 3.表节

妇人之道，从一而终。一与之齐，终身不改。泛柏舟而作誓，矢志何贞；歌黄鹄以明情，操心何烈。倘有节孝贤妇，不幸良人早夭，苦志贞守，孝养舅姑，满三十年而殁者，祠内酌办祭仪，请阖族斯文迎祭以荣之，其慷慨捐躯殉烈者亦同，仍为公呈请旌，以表节也。

### 4.重义

仁人正谊不谋利，儒者重礼而轻财。然仁爱先以亲亲、孝友，终于任恤。辟家塾而教秀，刘先哲具有成规；置义田以赈灾，范夫子行兹盛举。倘有好义子孙，捐义产以济孤寡，置书田以助寒儒，生则颁胙，殁给配享，仍于进主之日，祠内酌办祭仪，请阖族斯文迎祭以荣之，以重义也。

## 二、名教四条

### 1.振士类

凡攻举子业者，岁四仲月，请齐集会馆会课。祠内支持供给，赴会无文者，罚银贰钱；当日不交卷者，罚壹钱；祠内托人批阅，其学成名立者，赏入泮贺银壹两；补廪，贺银壹两；出贡，贺银伍两；登科贺银伍拾两；仍为建竖旗匾，甲第以上加倍。至若省试盘费颇繁，贫士或艰于资斧，每当宾兴之年，各给银贰两，仍设酌为饯荣行。有科举者，全给；录遗者，先给一半，俟入棘闱（贡院的别称）然后补足。会试者每人给盘费拾两。为父兄者，幸有可造子弟，毋令轻易废，盖四民之中，士居其首，读书立身，胜于他务也。

### 2.厚风俗

里名胜母，而曾子不入；邑号朝歌，而墨翟回车。无他，俗不善也。昔陈述古先生戒仙居民有云：为吾民者，父义母慈，兄友弟恭子孝，夫妇有恩，男女有别，乡闾有礼，子弟有学，贫穷患难，亲戚相救，婚姻吊丧，邻保相助，无惰农业，无作盗贼，无学赌博，无好争讼，无以恶凌善，无以富吞贫，行者让路，耕者让畔，颁白者不负戴于道路，则为礼义之俗矣。此先正之格言，风俗之厚，尽此。尔后人其奉为圭臬也。

### 3.敬耆老

年之贵乎天下久矣。朝廷尚有敬老之礼，乡里可无尚齿之风？今酌立定制：年登七十者，春冬二季颁其寿胙，八十以上渐次加倍；其式详载规例谱。且筋力就衰、举动艰难，苦入祠拜祖，初祭时，四拜跪毕，退坐西塾，值事仆奉茶水以安之，敬耆老也。

### 4.正名分

下不干上，贱不替贵，古之例也，然间有主弱仆强，主懦仆悍者，逞其忿戾不顾统尊，或至为骂詈相加，甚且拳掌殴辱，虽非犯其本主，然以祖宗一体之例揆之，是则凌其本主也，族下如有此婢仆，投名祠首，祠首即唤入祠内重责示惩，仍令其叩首谢罪。倘本主不达大义，护短姑息，族鸣鼓攻之，正名分也。

## 第三节 家族堂号体现的家风

绩溪的胡氏祖训、家风还浓缩在未出五服的本家红白喜事礼簿与提挂的灯笼上，或三五户，或七八家共用一个言简意赅的三个字组成的堂号，前面再冠以姓氏，它集中体现该家族家风的本质特征，又富寓质感。宅坦胡氏的堂号更具代表性。宅坦胡氏部分堂号：

一、上门胡思孝等户：胡豫格堂；
二、前门胡荣生等户：胡尚义堂；
三、前门胡天保等户：胡三省堂；
四、前门胡华广等户：胡起慎堂；
五、前门胡正辉等户：胡承志堂；
六、前门胡棣辉等户：胡惠泽堂；
七、前门胡润祺等户：胡继善堂；
八、前门胡学荫等户：胡刚睦堂；
九、前门胡本善等户：胡济春堂；
十、前门胡观志等户：胡思忍堂；
十一、前门胡品璋等户：胡同茂堂；
十二、前门胡启开等户：胡进郁堂；
十三、前门胡维兴等户：胡可仪堂；
十四、前门胡学隆等户：胡善达堂；
十五、前门胡钟瑞等户：胡志道堂；
十六、中门胡国臣等户：胡敬义堂；
十七、中门胡助安等户：胡汇川堂；
十八、后门胡顺铎等户：胡寝善堂；
十九、后门胡洪谊等户：胡永和堂；
二十、下门胡孟光等户：胡中和堂；
二十一、下门胡安棠等户：胡怡怡堂；
二十二、前门胡位和等户：胡率真堂；
二十三、前门胡国珍等户：胡耕心堂，
二十四、前门胡家好等户：胡和豫堂。

## 第四节　家国情怀的实证

### 一、宅坦胡氏宗祠支持抗战、公益等实证

下列宅坦胡氏亲逊堂1938年7月1日至1939年6月30日《收支誊清》账目，所有开支详细开列，是宅坦胡氏家国情怀的生动体现。

为确保皖浙赣毗邻地区不被日军侵占，第三战区司令命令拆毁皖赣铁路（安徽芜湖至江西贵溪）和芜（湖）屯（溪）公路，宅坦胡氏宗祠倾力支持抗战。(1)(6)(10)三项为较大的直接抗战开支。

(1) 7月14日，支洋60元，付破坏公铁路工役伙食费；
(2) 7月15日，支洋60元修理宗祠；
(3) 10月11日，支洋1.5元付叶德明修堨工资；
(4) 10月12日，还民国22年（1933）修祠欠款，支洋270元；
(5) 金斗山过境帮助川资贰元；
(6) 10月16日，二次破坏公路补助费，支洋20元；
(7) 上海浦东难民过境补助3元；
(8) 12月18日，出帖粜谷，支洋1元；
(9) 接人议冬至支洋1元；
(10) 12月20日加毁铁路雇工代金，支洋25元；
(11) 12月25日接济芜湖难民，支洋2.4元；民国28年（1939）始
(12) 2月2日，救助宣城难民支洋1元；
(13) 丸泥降修圳支洋9元；
(14) 10月26日，难民过境支洋3元；
(15) 11月4日，太子庙修整，支洋贰元；
(16) 11月6日，救济宣城难民，支洋1元；
(17) 津贴桂枝学校经费，支洋10元；
(18) 贺八都西毛坦升主，支洋3元。

### 二、平粜

平粜是宅坦胡氏宗祠主持的一种帮助族人度粮荒的公益活动。宗祠设积谷公仓，利用秋天收进的稻谷经过贮藏返潮的多出斤两再原价卖给族人，以帮助族人度过粮荒。

自清代嘉庆以来，平粜共延续了近两百年，如今宅坦还保存有十几册平粜账簿，佐证了宅坦胡氏贤达的善举。

# 第五章 农林副业

## 第一节 农 业

明清时期村内田地、山场归私人所有，子承父业，田地可租典，买卖自由。祠田和学田归亲逊祠和桂枝文会所有。作物一稻一沤（冬季翻耕沤田）或一稻一麦（油），无水源的田块种玉米、高粱等旱粮。随着清代中期许多水塘和河堨等水利设施的修筑，作物一年两熟比例上升，但亩产不高，一般在200~300斤之间。若遇荒年，缺粮户十有六七。故需每年从旌德运进粮食以补不足。迄至民国，田地所有制仍未改变，但田地被旅外富商或豪绅兼并的现象严重，一些农户沦为佃户或雇农。

村内共有祠田或学田206丘，由本村和外村176户佃户耕作，年收租谷8000斤左右。这一时期的农业生产技术落后，作物产量不高。水田冬种小麦或油菜。夏种白谷、金裹银、毛糯等长秆稻种，多施用有机肥。遇虫危害，采用滴桐油、撒枯饼或手捉的土法防治，旱地种玉米、高粱、蚕豆、豌豆等，常用的农具有牛力牵引的木犁、耖耙、踏耙及锄头、板屋等。

中华人民共和国成立后，土地制度经历了个体私有、集体所有和家庭联产承包这三个阶段。农田种植制度也相应改革。大致经历了一稻一麦（油）、水稻套种、双季连作、粮油三熟及一稻一油（或一经一麦）这五个阶段。施肥除有机肥外，还逐步使用了氨水、石灰氮、硫酸铵、尿素、复合肥等，水稻产量由原来的三四百斤增加到90年代以来的每亩千斤以上，粮蔬品种已基本实现杂交化，配方施肥，化学除草等规范化栽培技术得到了普及。

中华人民共和国成立初期，防治病虫害仍用土法。50年代用六六六粉、滴滴涕等农药治虫，60年代末一些生产队采用微生物和土农药治虫。70年代后，普遍采用药物防治。常用的农药和除草剂有甲胺磷、杀虫双、叶蝉散、二甲四氯、丁草胺、乙草胺等。

农机具除木犁、耖耙外，还增加了喷粉器、喷雾器、打稻机、拖拉机等。1962年全村有耕牛70头、水车27部、喷粉器1架、喷雾器4架。到1983年，全村有喷雾器55架，人力打稻机63台，平板车20辆，手扶拖拉机5辆。80年代中期以后打稻机、拖拉机使用明显减少，板屋、耕牛一直是脱粒、耕种的主要农机具。1999年秋，村内始有农户利用小型拖拉机和脱粒机耕作、收获。2000年以后，随着青壮劳力外出打工者不断增加，宅坦村水稻秋收普遍实现联合收割机作业，受稻谷价格和机收成本增加影响，2005年以来水稻种植面积大幅下降，旱作物种植面积剧增。近年经济作物以白菊花为主，已成为村民稳定收入的渠道之一，平均每年种植面积在200亩以上，但价格波动较大。

## 第二节 林 业

明清两代，村内山场以祠山为多，其余山场以私有为主。祠山分为坟山、来龙山、水口山等。土改时祠山改归国家所有。1956年村民私有山林折价入社，归集体所有。1958年无偿平调私有林山，归公社、大队和私人三级所有。1962年退划零星小片山场作社员自留地。1984年2月，村里除林场外，其余集体山林划片分段，承包到户，签订合同，经营权50年不变。宅坦现有山场面积5223亩，其中林山2007亩，人工林688亩，竹园113亩。

明清时期，除祠堂发动族众植树外，其余为个人自发栽种。20世纪40年代，胡观顺、胡梦秋分别在青罗山、阴培滩营造经济林，栽种油桐、药材、杉木等，后因运输和销路不畅而停办。

中华人民共和国成立后，村民植树连年不断，多栽植在村周边地区。20世纪50年代后期，土高炉炼铁钢需要木炭，将村水口许多数百年树龄的银杏、香榧、柏树、朴树等古木砍伐殆尽。70年代初，村内外遍植白杨，但由于树种单一生态环境恶化，近年来普遍出现枯死。

1971年，村办林场在石屋山创建，场长胡正祥带领大家挖山造林，为宅坦营造了600多亩的用材林。1986年，胡干辉在竹峰山顶背向山场营造杉木林近百亩，后因资金不足而停办荒芜。1996年，村内现存的两棵朴树和罗汉松被分别定为地区级和县级古树。2000年后，安徽省政府对村集体和个人承包山场的公益林木予以补助，宅坦村的山场生态更加良好，涵养水源的功能也相应提高。经一年的林权改革，2008年8月7日宅坦村集体所有山场获发林权证，其中村集体林山766亩，山权属村公有林权转让给村民胡应高的过火出场422亩。全村11个村民组都完成了林权改革并收到林权证，原杂木、草甸山场均划定为公益林。

## 第三节 牧副渔业

**养猪**：明清两代,村人盛行用全猪祭祀和腌制火腿腊肉。20世纪70年代以前,村人均养当地黑猪。70年代末以来,黑猪被逐渐淘汰,改养杂交白猪。民国年间,受缺粮影响,全村养猪不过四五百头。中华人民共和国成立后除三年困难时期养猪锐减外,其他年一直呈上升趋势：1953年全村养猪640头,1964年养724头,1974年养940头,1984年全村养猪猛升至1741头。进入90年代尤其是2000年以后,由于村民务工、经商者增多,养猪不再是家庭收入的主要来源,猪存栏数呈逐渐下降趋势。

**养牛**：村人养牛以耕田为主,老牛食用,品种以黄牛为主,水牛少量。户均养牛以山脚村民组为最多。每年盛夏,牛群放入竹峰山、大会山顶草场放牧。20世纪70年代以前,黄牛多从江西横峰和浙江兰溪购进。80年代以来,役牛就近在本县、邻县购进,随着小型机动耕种农机的推广普及,役牛锐减,食用肉牛养殖剧增,2019年存栏量达50头。

**养兔**：村人养兔自食历史悠久,但数量不多。中华人民共和国成立后,在合作社、村小学养殖场也养过菜兔,20世纪80年代以来,兔毛价格上升,每斤一度在百元以上。毛兔户均饲养量以葫芦岭村为最多,然后辐射到上庄、余川、择里等村,兔毛由安徽颍上和浙江湖州两大市场包销。2000年以后,由于长毛兔养殖可比效益不高,宅坦长毛兔养殖存栏量锐减,全村养殖毛兔数量不及高峰期的五分之一。

**养蚕**：清迄民国初期,村人养蚕多用土种,一年只养一季春蚕,产茧量低。所产蚕茧用木制缫丝车缫丝。20世纪30年代后,随着中团茧站和上庄茧行的设立,村人养蚕多卖鲜茧,自缫土丝减少。中华人民共和国成立后,采用改良土种和杂交蚕种,每张蚕种产茧在80斤左右。从1951年至1958年,养蚕由养春蚕一季发展为春、夏、秋、晚秋四季,沿袭至今,全村养蚕也由50年代的不足100张猛增到近几年的650张上下,养蚕已成为村民的一项稳定副业收入。2010年后因养蚕收益不高,产量大减；2015年后村人不再养蚕。

**水产养殖**：宅坦村内外有100多口水塘。养淡水鱼历来是村民的一项副业,品种主要有草鱼、鲢鱼、青鱼等,品味以慕前塘所产鲢、鲫鱼为最佳。近年村人又投资数万元创建甲鱼人工养殖场获得成功,为特种水产养殖闯出条新路。

**茶叶**：宅坦茶山不多,不过300亩,以自食为主。20世纪70年代,各生产队开辟了不少茶园。实行大包干后,由于茶价下跌,管理不便,远山的茶园大半荒芜,仅保留近地茶园采茶自饮。质量以青罗山茶为佳。近年因有徽瀚茶业有限公司扶持茶业,包销茶叶,村人又新开不少茶园。

**养蜂**：村人饲养土蜂有三四百年的历史。20世纪60年代末才引进意蜂饲养。饲养技术经历了取蜜糖、蜂王浆和糖、浆、粉、胶并采这两个阶段，追花夺蜜的足迹遍及东北、华北和西北十几个省市，年收入均在万元左右。近年村人从事养蜂业者锐减。

## 第四节　水　利

宅坦村无河水过境，故历来重视挖塘做圳。据统计，全村共有大小水塘170多口，全村80%以上的水田靠塘水浇灌。另凿有一条全长2000多米的上圳灌溉本村和邻村400多亩稻田。

宅坦村南的"徽骆驼"石井

除深塘水库外，村内的大塘有慕前塘和坝下塘等，兼有灌溉、养鱼和洗涤之利外，还具有消防灭火作用。村内各塘均有明暗水道相通，定期换水，深塘水库原为蓄水8000立方米的大塘。1965年1月开工改修水库，同年底基本建成，水库坝高16米，总库容量10万立方米，1975年至1978年又对大坝加砌分层台阶式护坝，增加库容3.4万立方米，灌溉农田500多亩。1999年6月水库出现陷坑漏水，是年秋对陷坑彻底整修。2000年2月又在县水电部门的支持下对水库内侧土坡进行加厚。2006年宅坦村实施小水利项目，对河碣、小水渠加以疏浚、铺设、修砌，改善了农灌条件。

宅坦村北现存明清修井　题名"北培井"

第五章 农林副业

提水灌溉是自流灌溉的必要补充。常用提水的机具是木制龙骨水车。70年代以后，由于抽水机和电动水泵的增多，水车已极少使用。1974年4月利用深塘水库水流曾建成一座小型发电站用于照明，后因供水不足运行两年后报废。

**名塘名井选介**

慕前塘：占地近4亩，它由前门桂、相、朴、桓、桢、梧、楫、枵、构这九支派的胡姓族人共同挖凿而成。为了巧妙地体现这口水塘的所有权归前门九支派所有，同时让后人永远铭记挖塘蓄水造福村人的功德，慕前塘的形状处处体现九字：如环塘的石塝内角有九个，泄洪闸门排水孔也是九个，就是洗涤用的塘坎也设九级……据谱牒记载：慕前塘一带原来是一处地势低洼的芦苇丛，先辈们为了前门支祠澳瞻堂的风水，同时为方便村人洗涤，特挖凿了此塘，2019年实施中国传统村落项目时对慕前塘加以美化整修，增建了桥、亭及栏杆。

坝下塘：占地面积近3亩，它的造型设计更有独到之处：当塘蓄满水时，它是一口大水塘，而当塘中水变浅时，它又一分为三变成三口小水塘。小塘与

慕前塘旧景

小塘之间均有塘坝间隔。这种水满合三为一、水浅一分为三的造型充分体现了先人们的智慧：后门支祠所有的坝下塘是由后门的胡社生等三个支派共同修筑的，为了既含蓄又明确体现后门三个支派共同拥有坝下塘，先辈们就匠心独运创造了这种造型设计。

**龙井记趣**

宅坦村南的水井古称龙井，今称石井。它以裸露的井边岩石而得名。这三块岩石状似三峰骆驼，面向村里（旧县志又称这三块岩石为玉兔石）。相传井未开凿前这三峰石骆驼每天能运千担财宝进村，龙井村因而富裕；后在骆驼石边凿井之后，骆驼不再驮财物进村，而是运水进村了。

据老人们回忆：他们小时经常在"骆驼"之间的隙缝中穿来穿去，如今石骆驼"长"大，隙缝变窄，小孩根本走不过去。这证实这些岩石是天然的，至于这口水井古称龙井，是与水井位于宅坦的龙脉山（来龙山末端狮山）脚下有关，龙无水不能腾跃，龙井因而得名，从宅坦胡姓于北宋景德年间在龙井边定居这一史实来看，龙井开凿历史已有1000多年。

景观化的慕前塘

# 第六章 工商业

## 第一节 工 业

20世纪80年代以前,村内只有手工业和粮食加工业。80年代中期以后,村内始有使用机器生产的现代工业。后来还是受交通条件制约,村人所办的企业开始向镇工业区集中。这些由村人创办的企业吸纳了许多村中富余劳动力,加快了宅坦村民脱贫致富的步伐。

### 一、手工业

**砖匠**:从业人数为各工匠之冠,共有五六十人。各有师傅带班,承揽建筑工程。砖匠虽无明细分工,但却有各自专长。如垒锅灶、砌墙、抹灰、砌棺椁等。20世纪70年代末,砖工除就近上门的点工外,多受雇于包工头,营工范围也迅速扩大至上海、广东和杭州等地。

**木匠**:人数仅次于砖匠。民国以前分工较细,有粗木、细木之分,粗作木匠长于营造房屋及大件木器;细作木匠,擅制家具、寿具和木雕。细作木匠还可细分为车匠(水车)、雕匠、榨匠和水碓匠等。中华人民共和国成立后,由于房屋建造和家具制作注重坚固实用以及抽水、碾米机械的出现,碓匠、车匠和雕匠技术先后失传。20世纪90年代,房屋建筑多用金属材料,木料用量锐减,木匠人数减少。为寻找木工活,营工半径从不足百里迅速延伸到上千里,主要分布在东南各省市,从事室内装潢和制作新式家具。

**桶匠**:70年代前,箍木桶、嫁妆木器等的桶匠曾兴盛一时,70年代后期,随塑料盆桶问世,桶匠大多改行歇工,村内的桶匠也有的改行为木匠。

**竹匠**:匠师主要来自歙南,一般营工于村内邻乡。从事农用竹制品、日用及蚕用竹制品的编制。80年代后,为建筑工程和工艺花厂制作花扇花篮者渐多,但从业人数和营工天数明显减少。

**棕匠**:人数不足10人。70年代前以制作蓑衣、棕绳、棕毡为主,后改为纺棕绳、编棕棚为主。80年代以后，由于沙发制品和尼龙绳的风行，棕制品市场日渐萎缩、棕匠多数改行。

**油漆匠**：60年代以前村内漆匠很少。以上门油漆木竹制品为主，多用土漆。进入20世纪80年代，随着房地产开发和居室装潢热潮，漆工明显增多。大多使用磁漆、树脂漆、聚酯漆及乳胶漆。漆工精于内外装潢。

**糕饼坊**：20世纪30年代附设于和泰店，雇用师傅制作。主要制作白糖糕、麻饼、酥糖等，自产自销。

**油坊**：40年代中期胡国成创设良珍油坊于瑞川河畔。中华人民共和国成立后收归村有。1985年王开明在镇开发区开油坊榨油。1993年胡哲生购置机械设备榨油，年用料10万斤左右。

**豆腐坊**：村人加工豆制品历史悠久。民国时期村内共有胡国春、胡干辉、郝福全、胡助兴4家。中华人民共和国成立后，除郝福外，上述三家仍加工豆制品直至70年代初，之后又增加胡建富、胡秋朗等五家，现只剩下三家。

## 二、私营、股份企业

**旭龙山庄有限公司**：它的前身为龙井裱画店，由胡士勇创办于1979年，为当时全县首家乡镇个体户。1987年增设龙井轩胡开文墨厂。1995年成立旭龙山庄有限责任公司，胡士勇自任经理。主要工艺品有：宣纸胶印画，工艺装饰墨、宣纸水印画、手工画等。产品多次获省优。近年增设电商营销渠道，由胡海涌负责。

**上庄老胡开文墨厂**：1981年由胡嘉明等10人合资创办于上庄村，1987年搬迁到镇开发区，后被村人胡嘉明购并。现有固定资产50万元，职工24人，年产值30万元左右。墨品远销东南亚、日本、美国。近年来，徽墨销售以网销为主，又投资近200万元新增厂房，近五年产值每年稳定在300多万元左右，利润50余万。两女儿是网销主力。

**龙井福利纸箱厂**：1983年8月由胡跃辉、胡余辉等人合股创办，同年12月投产，后迁址镇开发区。现有固定资产120万元。厂内安排"四残"人员30人，人均年工资4000元左右，纸箱销往江西、安徽。1996年企业股份购并转为私营。厂长为胡素文，该厂原股东胡天永、胡庆元先后在江西浮梁开设纸箱厂。该厂后转股由胡素文独资经营，产品主营玻璃纤维，之后又增加经营上庄镇唯一配装电梯的三星级龙腾大酒店，2018年7月1日改由安徽新华出版集团承包经营。

**黄山玩具总厂**：初创时生产车间设在原电磁线厂内，1993年5月迁镇开发区新址。企业由胡正海、胡合平、胡满金合股创办。现有固定资产380万元。

初创时产值20万元,1998年产值580万元,年发放工资240万元左右。共设8个分厂,有固定职工380人,临时工200人,其中安排本村120人。产品远销日本、美国、德国及中国台湾、香港地区。厂长胡正海。现产能锐减,胡正海之子转营园林业务。

**新星玩具总厂**:后改名新慧玩具有限公司。由胡德高、郑玉娇夫妇投资创办。草创时设厂于县城永红场,1999年移至县面粉厂。有加工玩具的缝纫机200多台,职工500多人,设分厂13个。2000年产值600万元,上缴利税40多万元,加工的玩具全部经上海出口国外。该厂主车间设在县城,分车间设村内小学空闲校舍。2008年产值逾千万元,税利近两百万。2014年后因厂长身体原因逐步收歇,厂房租赁给他人经营。

**星星花厂**:1994年由王开明等三人合股创办于镇开发区,生产绢花、涤纶花,1997年因销路不畅停产。

**宏达玩具总厂**:由宅坦董家自然村王树明创办于1999年10月,厂址设旺川粮站库房。现有职工145人,加工玩具机械240台,2006年后产值达1000万元,税利200多万元,员工600余人,近年由王树明女儿、儿子接手经营,该厂前身是黄山玩具总厂的一个分厂,现有分厂8个。

## 三、集体工业及家庭工业

80年代以来,村内开展粮食加工、爆竹制作等。粮食加工厂有胡贞贤、胡林祝、胡昭根等6家,经20年竞争,现存胡震平碾米厂一家。胡林祝改加工米粉,粮食加工重点在设备先进的前头村碾米厂。最早以柴油机为动力,后均使用电动机。1999年胡林祝等三家购置带风碾米机,村民加工粮食更方便。1985年,胡金根利用自家闲屋开办爆竹加工厂,生产两响、连珠等品种鞭炮,产品销往省内及浙江。1999年因缺乏迁厂资金自行停产。其后,胡四明也曾设点生产爆竹,爆竹业整顿后收歇。

村办集体企业基础薄弱,发展过程曲折。1979年,村里在大队部创办豆腐作坊,1982年停办。同年,又在中门街创村办商店,初经营尚好,后因管理不善改为出租店面。80年代初创办的村微生物厂和碾米厂也同样由于管理上的原因先后停办。为增加村集体经济,2019年村委会设绢花生产分厂,收入纳入村集体所有。

## 第二节　商　业

### 一、村内商铺

**当铺**：胡敬于乾隆五十六年（1791）创设，当铺以方便村人为宗旨，取利极微，颇得村人好评。

**永生号店**：清光绪年间由胡天质开设。主要经营油盐、糖酒、食油及布匹，生意兴隆，前后经营十几年。

**和泰店**：由胡文浩于清光绪年间开设，后由儿子胡国臣接手经营，经营烟酒、布匹、回力鞋等，店内同时设摊卖肉，抗战胜利前收歇。

**泰源号杂货店**：由胡昭忠1931年创设于村中，雇员三人，经营日杂百货，兼卖肉，1945年收歇。现该店发票章一枚仍存。

**同茂店**：店主为胡品璋。店堂东间经营百货，西边一间专营中药，中间设摊卖肉，店主精医，以出诊为主。

**裕生号店**：由胡灶荀创设于清末，经营日杂兼卖猪肉。后由儿子胡锦秀接管经营，直至50年代初。

**太和园店**：前身叫太和园小吃部。初营小吃，做驻扎于村内的国民党军人的生意，军人离去后，改营百货，附带卖肉，1948年收歇。

**聚成和布店**：1938年前后由程耀真、胡顺托合办于中门街，手工缝制成衣出售或接受来料加工，共有师徒四五人。

**永生布店**：40年前后由程耀真独资开办，店址设胡汉元祖屋，引进机动缝纫机一台，雇缝纫工六七人。布店以加工成衣为主，兼营布料。如今仍可见旧店面"定制时衣，中西布匹"八个大字。

**仁寿堂药店**：40年代由王秀峰创设于慕前塘边。雇店员一人，王秀峰经常出诊。

**寿具店**等：民国期间共有寿具店三家，分布在慕前塘一带。其中一家后改营烟草。此外，村内还开有铁业铺、理发店等。

民国时期村内店铺为小本经营，货源在本县城内，歙县及临溪、旌德等。

### 二、中华人民共和国成立后村内商业发展概况

中华人民共和国成立后，宅坦的商业发展经历了私营、联营、集体最后又改为供销社与私营商店公平竞争这几个发展阶段。

1949年4月至1954年初,宅坦的商店仍由私人经营,如胡锦秀经营的裕生商店等。1950年冬,由村民入股开办了村供销联社。1954年对私营商业实行社会主义改造,宅坦所有商店(包括豆腐坊)全部合并成立合作商店。宅坦只有在原同茂店址设的一家合作商店,余皆停业。合作商业一直经营到1966年初。"文化大革命"开始后,宅坦的合作商店又随之并入上庄供销社,易名为上庄供销社宅坦门市部。1975年,门市部迁址中门街新营业部至今。

1979年,村办商业在中门街开业;次年,中断多年后宅坦首家私营商店在胡焕玉家开业。此后陆续又开办了20多家私营商店,其中有一半中途收歇或改营他业,至今仍在营业的有叶助托、胡五三等10家。

仁寿堂药店1956年公私合营后改为上庄国药合作商店宅坦门市部,店堂搬迁到同茂店附近,后又迁至中门街,2004年后受村卫生室影响关歇。

## 第三节 旅外工商业

宅坦人旅外经商始于明代,至清乾隆以后进入高潮。民国时期,村内旅外经商务工者占全村男子一半以上。据谱牒记载,村人旅外经商足迹遍及全国12个省市76个县,开设的店铺有据可查者40多家。经营门类涉及徽墨、百货、土杂、茶叶、肉食、首饰、造纸、典当等。

民国中期村董胡蕴玉带四个小青年到上海习商

# 一、行 业

**墨业**：胡开文徽墨创始人胡天注（1742—1808），出生于绩溪上庄，堪称墨业泰斗，影响极大。清嘉庆甲子年（1804）村人在歙县创设胡学文墨店，号苍云斋。1925年，胡三甲在歙县开胡爱棠文具笔墨店，附设制墨作坊，时三甲本家胡武洲任歙县县长，歙人看在县长面上，照顾胡三甲不少生意。全盛时期，墨店店员职工近百人，至抗日战争前夕停业。1929年，胡锦祥在歙县开胡开文锦记墨庄，一间门面，雇员工十几人。后锦祥又投资办杂货茶叶店。1931年，胡秀文也在歙县创办秀文墨店，雇员工七八人。抗日战争胜利后，胡生来在屯溪与人合办胡开文墨厂，直至1954年公私合营。此外，村内尚有20多人在芜湖、上海、杭州和安庆等城市的墨厂、墨店从事墨业，其中胡兆甲、胡灶顺还是制墨和墨模雕刻的高手。

上庄老胡开文墨厂制作的24公斤重鉴真人像巨墨，堪称"墨王"

**茶叶肉食业**：村人从事茶叶产销依靠本镇人创设的汪裕泰、程裕新、程裕和等名店，自创店号者不多。茶叶常与油漆、火腿等一起销售。1920年前后，胡元泰在上海南汇周浦镇创诚源恒茶叶油漆店，4间门面，雇店员10人，为当时周浦镇名店。1930年间，胡锦祥利用开墨店赚来的钱在上海与人合伙开办了天都茶叶店。30、40年代，胡杏清任程裕新三号店经理，店址在上海浙江中路东升桥，经营国内各地名茶。开设于上海会稽路的胡大新火腿店以肉食批发为主，兼营茶叶。该店在江苏靖江设有肉猪收购点，俗称"江北庄"。在此期间，胡鸿锦任上海瑞生和店经理，村人受惠不少。40年代，胡勤辉在上海老西门开设余振泰茶叶油漆店。除开店外，村人旅沪业茶者也为数不少，共计有20余人。

**土杂百货业**：民国初年，胡文骐筹资两万银元在芜湖二街创"裕丰永"布庄,店员多雇村人,后收歇。不久,又在新市街设店5间,依次为万顺银楼、骨牌店、布店、铁匠店和裁缝店,或自营或租赁他人,抗战前关歇。1929年前后,胡文淦在浙江兰溪柳家码头创胡顺泰号百货店,以棉织、百货、丝线零整批发为主,2间店面,雇店员6人,为当时兰溪名店。文淦还兼任兰溪商会长。日军逼近兰溪时收歇。与此同时,胡文铎(卫商)也在兰溪北门外开同顺泰店,经营棉织品,有2间门面,雇人4个,抗战期间停业,1945年后又复营业,直至1956年公私合营。40年代,胡汉祥和胡道学分别在兰溪罗埠和诸葛镇设店经营土杂百货,但规模均较小。设店于歙县城内的恒玉杂货店及岩寺的永成杂货店,则为胡锦祥与人合资创办。其资金来源为胡锦祥开设墨店所获得的利润。村人在江西创办的店铺主要有玉山县的锦泰店,该店由胡家流独资经营,雇员10人。

**纸业**:村人从事造纸业最早见载于清嘉庆乙亥(1815)前后,胡志諟及其后人在江西铅山县湖坊购买大量竹山和良田经营纸业。设大纸槽三个,浆碓8副,制纸工厂有70多人,生产的品种有表芯纸、色纸和草纸,在皖浙赣设店或定点销售。从道光年间胡志諟捐巨款造宗祠和后捐3000石(约合45万斤)米赈灾这两点来看,经营纸业获利是比较丰厚的。清光绪年间,胡屯泰在铅山湖坊开办煤矿,获利颇厚。民国初年,胡满昌在铅山湖坊开设纸店,聘村人胡洪开为经理,另雇店员2人。稍后,胡松华也在铅山设店经营纸张。30年代初,胡润祺在本县临溪创设润记纸店,后因抗战期间店铺挨炸、失火,再加上公路开通,临溪市场日渐萧条,纸店收歇。

**首饰典当业**:1921年,银匠胡杏钧、胡秉钧兄弟在本省太平县(现为黄山市黄山区)设店加工金银首饰,生意较好,次年,胡家苟父子在芜湖设首饰店。村人经营的典当业均分布于省内。1929年胡显辅在南陵县开当铺,店面2间,雇工2人,抗战期间停业。1931年,胡重开在歙县开义隆号当铺,雇店员3人,质押典当生意兴隆,30年代末收歇。

**其他行业**:

**胡正泰缎号**:由村人胡实中(胡谅)清道光初年开设于南京南门方家巷,雇店员2人,后增设织缎工坊,配人工织机6台,抗战前歇业。

**芜湖电灯公司**:这是民国前期芜湖经营情况较好的一家电力企业,胡文骦持有该公司的股份,参与经营管理,后退股。

**南通第一纱厂**:江南较早的一家民族企业,胡文骦在该厂有投资。

**马敦和帽店**:1926年胡家祺与亲戚合股创办,店址设武汉江汉路,店面较大,雇员工10人,生意兴隆,其弟胡五祺负责帽子生产,制帽作坊在四马路三星街,鼎盛时期工人60多人。日军进犯武汉时,库房的制帽材料全部被日本人掳走，店、坊相继关门收歇。

30年代初，东南各大中城市民族工业有所发展，村人旅外做工日多。如在上海同顺兴袜厂、镕城毛巾厂、经德布厂以及武汉印刷厂做工的有近30人，其后裔多在外埠定居。

## 二、旅外路线与经营

在芜屯公路未开通前，村人旅外经商行走路线大致可分为4路。东路：从洪坑翻鸡公关到煤炭山，在煤炭山分成两路，一路经大徽村、来苏桥至县城西门，一路折向南经孔灵至临溪上船再往深渡沿新安江顺水而行，或过歙县走旱路到屯溪休宁等地。南行线：从宅坪翻越竦岭过溪头到深渡。以深渡为起点，以浙江淳安为基地，走水路去金华、兰溪、衢州及江西玉山、铅山；或乘车去沪、宁、杭；西行线：经凤栖湾过杨桃岭直达旌德白地，再由太平县至贵池、安庆，然后沿江至九江、武汉；北行线：经浩寨至旌德，然后以旌德为据点沿徽水（青弋江）北溯至芜湖，与经绩溪县城沿水阳江北上去孝丰、宜兴、溧阳等地一路汇合。

有钱人外出以轿代步，贫苦人家携包袱、雨伞步行。芜湖至屯溪公路开通后，外出走水路者渐少。

村人旅外经商，其资本有独资和合资两种形式，以独资为主。资本积累的过程一般要经过数年乃至数十年。业主从学徒开始，节俭起家。资金来源主要有典卖祖业房地或妻室嫁资；邀股开店，发起人持有大股担任经理；继承上辈店业改善经营，逐步积累资金扩大规模，或任官获取银钱后弃官从商，合股经营以公司、商行为主。

店员均实行聘用制，每年端午、中秋或年关，经理或老板设宴"定人事"，对期满的学徒实行优胜劣汰，不续用者劝其返乡，以"生意好再来"的方式委婉辞退，并由店方委托信客或店员带其回老家。

# 第七章　交通邮电

清中期以后，宅坦通往外村的路陆续用石板铺成，连通了乡道驿道。

中华人民共和国成立后尤其是 80 年代初，村级公路修成，宅坦的交通状况才有了明显改善。相继建成了两条连通镇公路的水泥路，2004 年完成全长 2.6 公里、旺川通宅坦延伸至前头村的公路，经铺油、硬化，交通状况明显改善，但与邻村相比仍较落后。

全村现有农用运输车 5 辆，客货汽车 4 辆。

清代以前，旅外经商的村人的钱信，包裹均赖信客带转。

20 世纪 20 年代始有信柜和代办所，40 年代初村与乡公所开始架设电话。

20 世纪 90 年代后，村人纷纷安装电话及传真机。

## 第一节　道　路

### 一、石板路

明代以前，村内多为泥土路。清代，随着人口的激增与徽商的崛起，旅外村人纷纷捐款铺路修亭。

村内的中门街道及其他纵横街道的石板路面，由胡光代、胡大绵等人在清康熙年间（1663—1701）陆续铺设而成。通往村外的道路的铺设则费时更长。清顺治己亥年（1659）前后，胡希沧出资修宅坦石井通往择里村的石板路，并建亭一座；康熙壬子年（1672）前后，胡伯育铺葫芦岭村口石板路，并建继丰亭一座；康熙辛巳年（1701）前后，胡大绵铺石板路至宅坦风乎亭；雍正癸丑年（1733）前后，胡挺续建风乎亭通往上庄杨林桥的石板路，并建踵息亭一座，供人休息。

通往瑞川的石板路，也由宅坦人修筑。康熙己丑年（1709），胡大寅父子铺宅坦通瑞川石板路至翼然亭（即新亭）止，后由胡贞瓒于雍正癸丑年（1793）续建。乾隆癸丑年（1733），胡希增出资修宅坦通西村石板路，并建大溪桥一座。此外，胡贞宋、胡倬、胡大震也在此期间修筑村内外石板路，路名不详。

## 二、机耕路 水泥路

1958年前，宅坦村无一条板车路。1958年9月，为便于"万斤亩"运输稻谷，淘汰扁担，特修筑了中长岭通往西林桥"卫星田"的板车路。60年代，又建成村内分别通三百丘、前头村的板车道两条。1974年，为方便拖拉机耕作，田间土路改修了不少机耕路。1975年，旺川至宅坦葫芦岭又修筑了全长2公里的机耕路。

1997年以来，村民自发修路掀起热潮。村内一些石板路改水泥路，路虽平整但与周围的古民居不协调。后在中门街、慕前塘重要街段修路都保持原貌。1997年黄山玩具总厂捐资8000元修筑村通镇开发区的水泥路，全长1000米，路宽1.2米。

1999年底,由石井下通往镇开发区路面均宽1.7米的水泥路已修至翼然亭。这段路全长400多米，共投资一万多元。同年底由葫芦岭村经宅坦胡姓始迁祖墓通往董家自然村的水泥路于2000年3月修竣。

1999年11月底，由石井村民组牵头挖低长岭高坡工程基本完成，这次挖岭共投义务工600个，挖低岭坡平均2.5米。2000年底前，又投入资金近五万元修筑了宅坦通上庄水泥机动车路，此段路全长540米，路面均宽2.5米，可通小汽车。

## 三、公　路

镇上线：镇头至上庄，全长12公里，原设计经宅坦，后因考虑建路征用田地较多不同意公路通宅坦而改道。镇上线1968年11月动工，翌年5月1日竣工通车，民工建勤4万余工。

1979年，镇上线旺川至宅坦村公路动工，1980年4月建成试通车。1989年县交通局投资1.5万元对旺宅线大整修，同年，又修通宅坦通西村村民组全长0.6公里的村级公路，路面均宽6米。1995年，村公路一度通客车，后因路况不好而停开，但货车、农用车一直正常运行。

旺宅线建成后，曾多次聘人护路，护路员工资由村和县交通部门共同负担，两年后因资金无着护路中断。其后村里又多次修路，但路况恶化势头并未有效遏制。1999年底，由宅坦旅外乡贤胡昭璧及胡年增、胡士勇等共捐资3000多元对旺宅线进行了大整修，使路况又有明显改善，多年不能通行的小轿车又能驶抵宅坦。

2004年完成全长2.6公里、路面均宽5米的旺川通宅坦延伸至前头村公里的公路铺油、硬化，宅坦村的交通明显改善。

2016年冬又先后整修宅坦环村路、通山脚村民组等5条机动、机耕功能兼备的机动车便道,宅坦村的交通进一步优化。

## 第二节 邮 电

### 一、邮 政

县城民邮始于清光绪甲辰年(1904)。1913年,上庄设邮政代办所,宅坦的邮件收寄均在上庄办理。

1930年胡寿如当邮差,设宅坦邮政代办所于中门街聚成号布店。邮递线路为浩寨邮政支局—坦头—旺川—宅坦—上庄。胡寿如年老离职后,曹大姣暂时代理,不久即由胡长如及儿子胡金安接任,邮路新增庄川直至1949年。民国时期的邮差身穿绿色背褡,邮件全靠肩挑,投递比较辛苦。

1954年镇头邮电支局成立后,宅坦的邮件收寄业务均归镇头支局,宅坦邮政代办所由王秀峰负责。

1956年起,代办所改归大队兼管,村会计或文书负责村代办所的邮务。

1959年10月,上庄代办所改为邮政所后,宅坦的包裹、汇款可就近在上庄办理。

1996年起,代办所由同茂店胡瑞生兼理。2000年9月改由叶助托负责。

2018年后因邮件、报刊太少,宅坦村邮政代办点停办。

### 二、电 信

20世纪30年代后期宅坦村始有电话,通话范围只限于龙井乡公所,话机为磁石式。

中华人民共和国成立后,宅坦村仍有一部村公有电话,通话只限于村大队部与乡政府(公社)两地。宅坦与邻乡、县城及外地的电话联系靠上庄总机转接。话机为磁石式单机。

20世纪70年代后期,由于线路老化,话机出故障,村与外界的电话联系中断。直至1993年。

1993年上庄镇开通程控电话。次年村内第一部公用电话在胡哲生家开通。此后,村内程控电话安装户数越来越多。

至2000年底,全村共安装电话136门,手机14部,传真机2台。

2004年后,随着手机的普及,宅坦村固定电话锐减。

# 第八章 文化教育

## 第一节 文化 艺文

### 一、家庭藏书

村人素来重视文化，经商的富户和教师家庭藏书最多也较普遍，如胡宝铎、胡蕴玉、胡匡教、胡文杰等，可惜他们的藏书未能流传下来。

清代以前，村人家庭藏书以线装古籍为主，内容涉及经、史、子、集、诗作、医学及小说等。民国以后，随着新文化运动的掀起，购藏书籍以白话加标点的铅印本为多，书籍多数由旅沪的村人代购。

中华人民共和国成立后，由于现代传媒的普及，村人购藏书籍相对减少，内容以政治宣传和实用技术类为主，但订阅报刊的农户增多，多为文摘类、科技类和电视类报纸。1999年5月，村委会特在村中门街设阅报栏，既方便村人阅览，又有利藏存。2000年以后进入信息时代，利用电脑、手机下载实用资料、学习文化知识、涉农科技蔚然成风，纸质书刊家庭购藏极少。

### 二、村文化室 博物馆

中华人民共和国成立后至20世纪70年代初，村中无文化室，至1975年4月，宅坦始有设于大队部的文化室，村文化室由村团支部管理，通过购买和接受赠捐，藏存书籍近千册，另订有报刊4份以及乐器、棋球等，均免费供村民使用，两年后停办。村档案资料十分丰富，内容涉及宗谱、祠谱、宗祠文档，中华人民共和国成立后各个时期的档案，涵盖时间为明嘉靖三十五年（1556）至1990年，其数量之多，内容之全，价值之高在省内外实属罕见，村档案陈列室抓紧整理陈列，2000年底前完成了分类编目工作。

2012年冬，在上级主管部门支持下，对村综合文化展览馆加以改造，2013年冬，建筑面积1720平方米、设10个展厅的宅坦村博物馆建成，2014年夏正式开馆迎客，次年底获省文物局免费开放资金补助。2017年9月，附设于宅坦村博物馆的家风专馆被省纪委监察厅作为典范在专设网站转发。2014年7月1日，宅坦村图书室又建成开放。

2014年夏建成开放的绩溪县宅坦村博物馆，
2015年起享受国家免费开放资金补助。

## 三、剧团　影剧院

民国以前，村内无专门戏班和戏台，戏班演戏均利用祠堂空坦。

中华人民共和国成立后，为丰富群众文化生活，特将后门支祠改建为戏台，每逢节日，村业余剧团都要上演剧目。业余剧团农、娱兼顾，农忙时务农，农闲时自编自演节目。"文化大革命"前的节目中古装戏、现代戏并重，"文化大革命"期间演戏强调突出政治，多为样板戏和抓阶级斗争类剧目。1966年，村业余剧团排演的《苗岭风雷》以其剧情感人、服饰艳丽而轰动岭北各村。

1984年，村委会筹资将后门支祠改建为810个座位的影剧院，内设舞台、放映室，既可放电影，也可演戏。20世纪90年代以来，电视、电影普及，村业余剧团解散。

2013年，利用建设省农民文化乐园示范点契机，制作了展板16块，全面介绍宅坦发展成就和本村的特色文化。2015年3月13日，省农民文化乐园项目在宅坦村慰问演出，观众如潮。

## 四、文艺及学术创作活动

村内历代学人皆重书画诗赋，尤以清代为最。明清两代村内著书立说者名列全县各村前茅。

民国以后村人写作以学术和专业著作为主。

清代村内善诗文者主要有：

胡光悠（1676—1728）著《南楼偶兴诗集》。

胡钟俊（1688—1738）作梅花百韵诗，县内外传诵。

胡秉德，积学深远，诗作风格近陶、谢，纂集诗经注疏十卷。

胡光硕，清初画家，师从梅谷老人，善画山水人物，其画被张绍龄称为画中绝笔，今安徽省博物馆藏有他的山水扇面画。

胡大有，清代画家，师从梅谷老人，精字音反切，又擅篆刻。有"鸟声朝暮清诗思，花态春秋了世情"佳句传世。

胡其让则以书法见长，擅长写大字，县内碑碣多出其手。

## 历代宅坦人著述简表

| 朝代 | 作者 | 著作 | 备注 |
|---|---|---|---|
| 元 | 胡 景 | 《易学会解》六卷 | |
|  |  | 《狮峰文集》六卷 | |
|  | 胡 相 | 《古山诗文》《协韵》 | 曾应进士举 |
| 清 | 胡光悠 | 《未信集》 | |
|  |  | 《鉴古录》 | |
|  | 胡光偶 | 《四子书便览提纲》 | |
|  | 胡希坡 | 《平平集》 | |
|  | 胡尔英 | 《坊表录》《先哲嘉言》 | |
|  | 胡希增 | 《春秋列国本末》两卷 | |
|  | 胡秉德 | 《诗经注疏》十卷 | |
|  | 胡 吴 | 《左骚评述》四卷 | |
|  | 胡至德 | 《蟾记集》 | |
|  | 胡履吉 | 《澹泉诗稿》《伤寒辩论》 | |
|  | 胡大有 | 《云涛诗草》 | |
|  | 胡学礼 | 《也在轩》文稿诗集 | |
|  | 胡升吉 | 《晴溪文稿》 | |
|  | 胡泰阶 | 《笺述六经稿本》 | |
|  | 胡润之 | 《易经旁注》《晚香诗集》 | |
|  | 胡履坦 | 《实园文稿》《近古香诗集》 | |
|  | 胡凤池 | 《易斋鉴古录》 | |
|  | 胡光房 | 《敬义论》 | |
|  | 胡履泰 | 《孝友集》 | |
|  | 胡世润 | 《玉山语录》 | |
|  | 胡宝铎 | 《浒晴丛稿》 | |
|  | 胡宣铎 | 《仪礼正义正误》校刊 | |
| 民国 | 胡梦华 | 《表现的鉴赏》 | |
|  | 吴淑贞（女） | 《帝国主义之研究》 | |

续表

| 朝 代 | 作 者 | 著 作 | 备 注 |
|---|---|---|---|
| 中华人民共和国<br>中华人民共和国 | 胡成业<br>王化荣<br>胡天伦<br>胡天德<br>胡天毅<br>胡昭望<br>胡昭圣<br>胡昭全<br>胡昭庚<br><br>胡匡琛<br>胡匡璋<br><br><br>胡锡光<br>胡焕新<br><br>胡匡禾<br>胡祥培<br>胡 应<br><br>胡应和<br>胡维平 | 《胡适外传》《徽州的胡适》<br>《浅谈县城的防洪问题》<br>《国际关系》《世界近代史》<br>《杉木苗期管理》<br>《煤矿露天采矿手册》<br>《军用火药》<br>《定性定量分析》<br>《希尔伯特空间理论》<br>《食用菌菌种分离制作与贮藏》《十七种药用真菌栽培》《食用菌制作技术》<br>《菇农手册》<br>《卫星型液力传动内燃机车》<br>主编《槽形梁》《桥梁》及《上海市标准预应力混凝土结构设计规程》<br>参编《中国土木建筑百科辞典》等<br>《铸造工艺学》<br>《信贷资产风险与管理》《商业承兑汇票与贴现》《供销社财务会计》<br>《耕整地机械使用维护》<br>《新兴电子商务》<br>《复杂人类疾病及性状的遗传学分析研究》<br>《研究细胞内微核仁的形成机制》<br>《龙井春秋》《胡雪岩胡适家世家乡》<br>《安徽胡氏总志》 | |

## 五、诗作选辑

（一）始祖昌翼公遣兴诗二首

家住乡庄深僻处，就中幽景胜他人；
林园满目犹堪玩，邱亩当门渐觉新；
绎思斋中寻古义，畅清池上钓金鳞；
人生但得长如此，任是湖边属汉秦。

　　　　　投簪搁笔厌文场，拂袖归来创小堂，
　　　　　但向闲中消岁月，岂知世上有兴亡；
　　　　　醉乡往往眠芳草，归路时时送夕阳；
　　　　　倘若异时咸得志，林泉唯愿莫相忘。

（二）（南宋）胡子春诗一首
　　　　　松阡拜扫焉锸登，窀穸英英壮气腾；
　　　　　百战遗烈留竹帛，一弯新月挂桂藤；
　　　　　陇西旧业今何在，江左高坎古可征；
　　　　　伊恨尚多惭九世，春秋徒自泪添痕。
　　　　　　　　　　　　　（此诗引自乾隆版绩溪县志）

（三）（元）胡景题凛山诗一首（凛山即大会山之杨桃岭）
　　　　　廿里羊肠道，寒暄颜未匀；
　　　　　日高犹滴露，夏到不知春；
　　　　　歇坐苔为席，幽居鹿为邻；
　　　　　行行云里去，话祀六朝人。
　　　　　　　　　　　　　（此首引自嘉庆版绩溪县志）

（四）（清）胡从圣题龙井等诗两首
　　　　其一　题龙井
　　　　　清白渊源家世长，披荆露润福明王；
　　　　　水因仰出瓶为乔，秋是生成石作眶；
　　　　　玄兔双只窥玉液，辛夷辩岩濯琼浆；
　　　　　殷勤嘱咐餐泉客，鳞甲相将自祖望。

　　　　其二　题暮云山
　　　　　云近常疑雨，泉危半是风。
　　　　　山空人迹少，孤鸟集梧桐。

（五）（清）胡学礼题庐山寺等诗
　　　　其一　题庐山寺
　　　　　庐山景色太稀奇，远看青青近转黛；

双径樵歌天外落，几村烟火望中迷；
云流松顶常餐鹤，风漱苔痕好读碑；
况是龙泉称绝处，避人偏得地相宜。


  其二 题石鹤山
   三鹤何年化人来；
   金陵禾添石门苔。
   野花多少横山径；
   每到春深次第开。

  其三 涌狮山
   金岩入青冥，狮山据其下。
   炰烋风云生，雄杰真可咤。
   冈峦抱千家，寒翠落村舍。
   登高一望中，平畴绿油泻。
   灌木列清阴，一鸟报初夏。

（以上均摘自 乾隆版绩溪县志）

（六）（清）胡宝铎赞胡宗铎妻叶氏诗一首[①]
   一诺坚金石，捐躯表寸心；
   裙钗明大义，巾帼有英雄；
   六日争千古，双星会半空；
   堪传永不朽，萧蕨纪高凤。

（七）胡宣铎题胡适父亲铁花公像赞[②]
  儒以经文，侠以纬武；史公列传，儒侠并数；
  亦儒亦侠，英风如睹，念真儒与真侠，微斯人其谁伍？
宗弟宣铎拜题。清光绪二十一年（1895.9）

---

[①] 宗铎咸丰九年中举人，次年因故早逝。叶氏以童养媳身份自幼居宗铎家。夫殁，矢志殉烈，七日而卒。奉旨旌表，名载烈女传。此诗原稿存宋村宋增根处。
[②] 像赞引自明经胡上川宣统版宗谱。

(八)胡昭甫(宣铎)拟台东昭忠祠楹联：

此地在邦城之中，不比道辟牂牁，凿空嗤张博望。
诸君为王事而死，只恨山多烟瘴，跕鸢同怀马文渊。

(1894.6，引自胡适文集 598 页)

## 六、民间文艺

### (一)舞蹈灯会

宅坦村博物馆开馆舞龙庆贺

**舞龙灯**：每逢中秋或元宵，村民多舞龙自娱。龙身用纱布或白纸制成，长约 15 米。龙身染青、红、白、黑、黄各种颜色，内置蜡烛照明，后改为电池或电珠。舞龙头者均体格强壮，技法娴熟。龙头前有龙珠引导。

近年除元宵调演舞龙外，其他节日很少活动。小孩子扎纸龙、草龙自娱仍较多，2012 年后，舞龙又兴，村民网购布龙，逢中秋、国庆出村表演。

**舞狮**：民国年间，村人舞狮饮誉绩溪南北，其中以胡善炯、胡品教和胡继安等人舞狮技艺最佳。舞狮一般由两健男合舞，持彩球的"舞狮小鬼"逗耍，表演有文武之别，文狮温驯，武狮勇猛，也有一人独舞的火狮。2014 年后，舞狮道具以网购为主。

宅坦村参加绩溪县安苗节表演"跳五猖"

**嬉灯**：举灯游村过舍的习俗至今仍很盛行。花灯绘有各种图案，灯身用色纸或布制成，灯上写有贺词，寓庆祝丰收、国运昌盛之意。花灯的骨架用竹制成，也有挂在带青叶的杂木上的。花灯内燃蜡烛，由路标灯前引，一路灯光闪烁，浩浩荡荡。

近年来村内时兴少女表演蚌壳舞、游花船，花船且歌且舞，蚌壳张合，颇为好看。

## （二）对 联

对联作为民间文化，内涵丰富，意蕴无穷。宅坦的祠堂庙宇、路亭楼阁常见对联。民间婚丧寿庆、营造乔迁，亲友常写对联相赠，形成颇具徽州特色的文化现象。

路亭联：
道迎四方往来客，堤避八面之吹劫。（翼然亭联，此亭地处四岔路口）

结婚常用贺词：天作之合、花好月圆、伉俪笃永、永浴爱河、龙凤和鸣、如鱼得水、琴瑟百年、荷开并蒂、青梅竹马、珠联璧合、情深似海、百年好合，等等。

寿庆常用贺词：健登寿峰、寿比南山、松柏同春（双寿）椿萱并茂（同寿）、既寿且福、老当益壮、如日中天、百龄半度、愈老愈健、鹤发童颜、龙马精神，等等。

板屋（脱粒用）题字：五谷丰登、堆金积玉、颗粒归仓、我亦有秋、歌丰唱收、丰乐高奏（指脱粒时发出的有节奏的噼啪声）

厅堂联：　　莫放春秋佳日过，最难风雨故人来。
　　　　　　左琴右书度岁月，春兰秋菊伴晚年。
寿庆对联：　春回大地增祥瑞，福满人间添寿康。
　　　　　　苍松白鹤天地同寿，旭日牡丹富贵长春。
六十寿对：　花乃金萱开六甲，星真宝婺焕中天。
七十寿对：　七旬菊香秋后献，五云花洁日边来。
八十寿对：　逾古稀已十年慈颜久驻，去期颐尚廿载天福无疆。

宅坦宗祠越主对联：

　　上庄胡叙伦堂送宅坦胡大宗祠升主对联：
　　　　柏粟维修，左为昭，右为穆，恰逢梅岭先升，香透一堂俎豆；
　　　　祖考来格，行其礼，奏其乐，喜此松龛永奠，欢承百代高曾。

旺川敦叙堂送宅坦胡大宗祠升主对联：
　　胡家乔木，两地相望，喜跻华门，盛庚克参邻谊洽；
　　世泽明经，千秋泯睹，重新柏寝，孝思益展庆流长。
江塘村同宗敦伦堂贺宅坦胡大宗祠升主对联：
　　支分龙井，派衍江塘，关系施茑萝，相友相邻三里近；
　　瘦岭梅开，丹枫叶落，主成安柏寝，在天在庙一香升。
宅坦胡氏宗祠楹联：
　　诗书天载荷龙光，礼乐百年饮井泉。
　　继祖宗一脉真传克勤克俭，教子孙两行正路惟读惟耕。
五猖庙联：新庙怡怡，行人僄僄

2014年1月25日，宅坦村组织县城、本镇书法行家到村写春节对联，之后又多次举办这一活动，对此，村民十分欢迎。

## 第二节　教　育

自宋代以来，宅坦人就十分崇尚教育；文风昌盛。宋迄清代，村中教育以书院和私塾为主。1908年废科举，办学堂，宅坦创办桂枝小学校，旅外乡贤捐款支持，但数量有限，学校常为经费短缺所困扰，教育发展受到严重影响。

中华人民共和国成立后，宅坦教育事业迅速发展，创办过民校识字班，但发展道路曲折。1978年以后教育步入正轨。

宅坦村的教育发展，大体可分为以下几个时期。

### 一、宋迄明代

宋景德四年（1007），胡忠创建桂枝书院于龙井东。书院以兴一乡儒学、育一族之英为办学宗旨，聚县西名贤学子共同学习，研讨儒学经典和经济之术，成为当时皖南一所著名书院。县令也送子到书院就读。

书院的良好教育，培养出不少人才：

宋淳熙丙午年（1186），胡春、胡辰分别以诗赋和辞赋同补上舍；

元代胡相和胡仁孙俱应进士举；

明洪武十年，胡景被朝廷敕为"儒者之身"。这个时期，宅坦的文化教育已相当发达，领先全县。

## 二、清代

清中期以后，宅坦经济进入一个繁荣发展时期，教育事业也得到快速发展。村内书院、书屋、文会、文社纷纷创设：乾隆年间，胡挺重修翚西文社，捐田十几亩以田租收入资助学子学习；胡大绵在村西建惹云书屋；胡贞宋建桂枝文会。清嘉庆年间，村人以49个股份购置田产创办玉成文会，分7班轮流管理，文会除招学子读书外，还用田租收入操办祭事。

上述这些文教设施的增多和师资力量的加强，使得宅坦人才层出不穷。据县志记载：清代除胡延龄、胡志浩和胡宝铎登进士第外，还有举人、秀才等不下50人。另外还涌现出一批兴教一方的教谕、训导。如胡尔宁清顺治辛卯年（1651）出任江苏省泰兴县教谕，

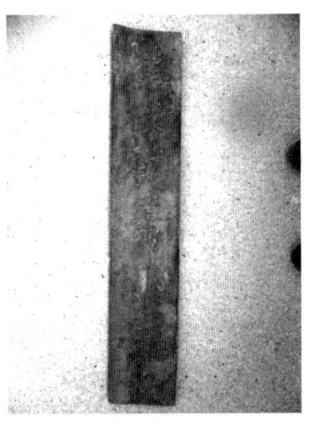

桂枝小学校牌

以真才实学任督学，使泰兴县连续两年获得全省会试第一名的好成绩。又如胡钜乾隆辛酉年（1741）任安徽无为训导，他以身立教，使无为一带文风日劲，颇得好评。任满返乡之后，又在绩溪旺山（今上庄镇石家）创办学校，从学者多为名士。据统计，宅坦村出任教谕训导者有10多人。

及至清末，废科举办学堂。1908年宅坦秀才胡蕴玉、胡幼甫、胡润道创办桂枝小学校，收学生50多人，宅坦有了与现代文明接轨的新学。

## 三、民国时期

1917年3月，清代进士胡宝铎的兄弟子侄以1000元放贷利息200元创办了绩溪县私立资政小学。校长和教导主任分别由胡宣铎和吴志刚担任，原桂枝小学的学生全部并入资政。1923年胡宣铎故世后，校长由胡蕴玉担任。资政小学初办时有学生70人，教员3人，后学生和教员分别增至110人和5人。

1931年因经费困难资政小学停办。1932年2月，宅坦富商胡家祺等筹资重办桂枝小学。胡武周担任名誉校长，胡家祺任代理校长，胡冠英任教导主任，但由于经费未得到妥善解决，复办不到一年就停课。次年又荐举胡梦华为名誉校长，家祺仍任代理校长，经费主要靠旅外同乡劝募及学费收入。

1940年，小学改制，废止私立小学，桂枝改名，1943年又因经费不足停课。1944年，老秀才胡蕴玉向旅外人员筹募经费，自任校长，1945年胡昭仰担任半义务性质的教导主任，1946年胡宝生任校长，次年胡越兴接任校长直至1949年4月。这个时期的桂枝小学共有学生76人，教职员6人。

作为新学的补充，民国时期私塾较清代仍有所发展，私塾（也称蒙堂馆）的创办人及课徒人数依次是：20世纪30年代初，胡善恒在长岭下开设私塾，收学生20人左右，一直开设到1948年；胡品辉在胡礼兴家开蒙堂馆，学生10人左右；1935年前后，胡文杰在其老屋设私塾，学生10人左右，抗战胜利后收歇。

胡文浩在中门街也开过学馆，课徒十几人，后停办。私塾无固定学习年限和教材，一般学期三至四年。教材主要有《三字经》《千字文》《百家姓》《昔时贤文》及《幼学琼林》等。

## 四、中华人民共和国成立以后

1949年4月，宅坦的学校名称为"绩溪县私立桂枝小学"，全校有教职工6人，学生76人。1949年10月，校名变更为"绩溪县私立桂枝初级小学附设高级班"，不久学校转为民办公助，校长、教导主任分别为胡越兴、洪哲梓。

1950年3月，胡源聚出任校长。1951年2月，胡武周担任宅坦小学副校长。随着学生人数增加，校名又改为"绩溪县私立桂枝完全小学"。1951年10月，村长胡启贤接替胡源聚出任校长。从1952年9月起，小学经费由政府全包，校名定为"绩溪县宅坦村小学"，洪哲梓为校长。1957年又命名为"绩溪县宅坦小学"，不久复改为"绩溪县宅坦村小学"迄今。

1958年，受当时"三面红旗"的影响，小学积极开展建工厂、办农场的勤工俭学活动，学校的正常教学秩序被打乱，校园里办起药材加工、土化肥、木炭、缝纫等工厂及农场，少先队员动员家长献铜献铁支持校办工厂。

为适应形势，学校对语文、数学教材加以删补，如将二年级语文课《手拍胸膛想一想》等课文删去，补入《绩溪报》上的诗歌《颂霞光》：万座高炉当笔挥，良田就是大纸张，工农作家人人是，满天诗画放霞光。这种教育上的"大跃进"一直持续到1960年末。

1961年至1966年上半年，汪以道担任宅坦小学校长，教学质量稳定提升。

1966年6月起，"文化大革命"风暴席卷全国，小学教学秩序被打乱。1968年停课闹革命，小学生加入红小兵。1969年9月复课后，校内开设毛主席语录课、学工、学农、社会主义文化课、军事体育课。学制由6年改为5年。同年小学下放社队管理，村成立贫下中农管理学校领导组，简称贫管组，组长由村领导兼任，教学质量明显下降。

1977年起，学校教学秩序开始恢复，课程设语文、算术、政治、自然等10科，1981年政治课改为思想品德课。

1995年11月，由宅坦籍知名爱国人士胡梦华捐款12万元建造的梦华教学楼破土动工，1996年5月竣工投用。

中华人民共和国成立后，宅坦的扫盲教育也开展得有声有色。

1949年11月，宅坦村设冬学委员会。全村一半以上的文盲、半文盲上冬学，小学教师义务兼课或实行以民教民。

1952年又推行"速成识字班"，冬学逐渐为民校取代。1953年村小学内附设常年夜间民校，开设语文、算术、农业基础知识课。

1957年1月，随着农业合作化高潮到来，宅坦乡人民委员会成立扫盲协会，目标是至1962年底基本扫除青壮年文盲。

1958年全村扫盲工作实行"大跃进"，是年秋动员120多名文盲、半文盲上民校、冬学或识字组，30多名教师包教。

1966年至1976年10年间，农民教育中断，出现复盲和新文盲。

1979年后，村少数文盲参加公社的农民业余教育，1984年底，经地区验收检查，宅坦为全县176个无盲村之一。

2007年，由于适龄儿童人数减少，宅坦村小学部并入上庄中心小学，只保留幼儿班。至2009年，幼儿班也因人数太少而停办。

**附 宅坦乡人委员会扫盲协会组成人员名单**

主　　任：胡启贤（宅坦）
副主任：曹立祝（旺川）鲍凤女（鲍村）胡玉斗（尚廉）
委　　员：汪云仙（余川）胡洪远（上庄）胡余辉（宅坦）
　　　　　王贞兴（金山）鲍吉元（鲍家）程万利（瑞川）
　　　　　胡顺芝（择里）曹锡林（旺川）汪苟汉（五联社）
　　　　　石观高（石家）胡延萱（会川）胡三五（金坑）
　　　　　曹观济（旺川小学）洪哲梓（宅坦小学）许圣铎（上庄小学）

宅坦村志

2010年9月来自南京大学的17国留学生在宅坦村调研

# 第九章 医药卫生

宅坦历代名医辈出，有医著传世。

明清两代，村人在州县和省外行医，知名者不乏其人。

民国年间，村人在外埠开设药铺，饮誉浙江、上海。

中华人民共和国成立后，宅坦村的医疗卫生经历了个体、村办和镇办三个阶段。

## 第一节 明清时期

元代以前村内的医疗卫生情况失考。

有关村人行医的记载是明嘉靖辛卯年（1531）间的胡东池。他诊治病人认真负责，即使深夜，还要确知病人情况稳定才肯去安睡。

迄至清代，宅坦的医疗卫生事业得到迅速发展，名医迭出：胡履吉精医，著有《伤寒辩论》一书，其子也精岐黄；胡端宓祖孙三代均精通医术，遇贫者，不取谢资，活人甚众，闻名旌德、歙县两县；胡端正擅长中医，在歙县、休宁一带享有美誉。

清道光壬辰年（1832），胡士鲤在江西行医，名著广信一带；胡士奎精通外科医术，驰名浙江兰溪……这个时期宅坦医疗卫生事业的特点是：中医多为儒士，治病均赖于中医和单方草药。

除中医外，这个时期村内还有祖传或师授的土医、草医，临床使用单味药或秘方。土医、草医以婆媳相传居多。

## 第二节 民国时期

民国年间，在村内行医的医生不再是单一的中医。

20世纪20年代末，西医风行，宅坦的医疗卫生形成中西医并存局面。

1925年，中医胡兆西在家中诊治病人，偶尔也出诊。后鲍村中医鲍毅夫在宅坦悬壶行医，这两人行医均只开方，不卖药。

胡品璋、王秀峰也在村内行医，经营方式为医、药兼顾，既开中药铺，又接诊病人。西医胡品珈居家期间常替人看病，多半为义务性质。此外，胡应培父母常以祖传特效单方免费给村人疗伤，疗效显著，颇得好评。

民国年间，胡成义、胡观福兄弟在浙江兰溪创设一元堂和太乙堂药店，以炮制各种特效膏药饮誉兰溪、金华。其儿辈均精中西医，他们每年轮流回故里为村民治病，开方施药分文不取。

胡观福的长子胡品璜早年毕业于上海医科大学，擅长病理分析和内科，为当时国内屈指可数的名医之一，抗日战争期间随国民政府到重庆担任要人的保健医师，著有内科和解剖方面的专著和论文多篇。

## 第三节 中华人民共和国成立以后

1952年，胡象辉医生在胡梦华祖屋设卫生室，有胡学恒等两人为助手。卫生室属私营性质，开业至1955年胡象辉调区联合诊所。此后，胡品珩妻江顺娥在家中设私人诊所，诊病兼替人接生。王秀峰也时常给人看病，收费极少，属半义务性质。

1970年宅坦合作医疗室设立，地址先设现村供销社化肥仓库内，江顺娥、胡武安、胡敏华（上海知青）、胡元时任赤脚医生，后迁至村内赵医师住宅。

20世纪70年代初，合肥赵医师一家下放宅坦，积极扶持村合作医疗事业，培养赤脚医生，诊治病人态度好，医技高，至今仍为村人称赞。

1980年，村合作医疗室解体，赤脚医生回家开诊所。1982年，胡匡莘在家中开诊所。

1991年7月，镇卫生院在宅坦设立门诊部，个体、集体医疗机构并存。1997年，随着村内唯一个体行医的胡武安被聘为镇医院合同制医生，只保留宅坦门诊部一家，延续至今。

2005年，新建80平方米村卫生室，硬件条件明显改善。

长期以来，村内的土医、草医都占有一席之地。如胡应培母子一直用秘方配制的中草药免费替人疗伤，治愈者数以百计；胡余辉利用祖传单方无偿给乡亲治疗眼睛，治愈者十有七八。

# 第九章 医药卫生

## 第四节 公共卫生

**饮水卫生**：中华人民共和国成立前，村民均饮用井水，全村包括自然村在内，共有水井 8 眼，水质一直较好。村民洗涤多在水塘进行，水塘定期挑塘泥，放养绿萍。20 世纪 80 年代后，水塘由于农药残留和塑料包装等白色污染，水质明显下降。1988 年，全村自来水工程完工，村民饮水质量明显改善，洗涤用水也改用井水或自来水。

**环境卫生**：逢年过节，村人民自发打扫街坊，清除居室垃圾，洗晒厨具。民国年间，过端午节洒雄黄酒、烧艾草、柏枝灭蝇、蚊、蝎已成定俗。腊八节扫屋尘、洗刷厨具。除夕日扫除垃圾、美化环境也成为村人的自觉行为。

1952 年，村里成立卫生组织，每月 5 至 7 日为清洁运动突击周。20 世纪 80 年代以来，居室卫生条件明显改善，浪费柴、不卫生的老式锅灶全部改为砌瓷砖的省柴灶。20 世纪 90 年代后，又改为煤炉、煤气灶。厕所、猪栏由建在厨房内改为与厨房分离，后又改进为方便、洗漱、洗澡三合一的卫生间。

2003 年推广沼气，结合改圈改厕，环境卫生情况更加改善。2012 年后，由于建后服务跟不上，沼池烧菜做饭的农户极少，现均改用电。灭鼠工作一度依赖有严重毒性残留污染的毒饵，后改为猫类等天敌。

# 第十章　军事政治

## 第一节　军事活动

### 一、清初土兵在宅坦及邻村骚扰纪略

清顺治二年（1645）四月，南明帝弘光出亡，县境乱象纷呈，族人成立保身会以自救。九月，清兵进驻泾县考坑村，岭北各都人人惶恐，纷纷挖地窖藏匿衣谷等。九月二十一日，清兵至杨滩（今绩溪县长安镇）安营扎寨。九月二十二日清兵过境镇头，当地守兵四散乱逃。十月清兵又将徽州绩溪五都杨滩等处掳焚一空，许多棺木被当作马槽用。顺治三年（1646）二月，徽州府东山营得知宅坦、上庄、旺川一带还有许多人未剪发，扬言发兵进剿，村人闻知又惊恐万分，忙着人去送钱银，事遂平息。五月许村起灶兵（类似看村护舍的民团）百余人来捉拿土兵（土匪性质的乡间地方武装）头子许百益、曹宗启，许村30余人反被杀死在上庄杨林桥。随后曹宗启带土兵200余人住旺川青山塘，在村中勒索饷银数十两，其间旌德又有千余土兵窜至七、八都，四处打劫，村内家家闭户。六月官兵从寺后庙头山出发，追杀土兵，土兵纷纷逃离并焚毁沿路房屋。曹宗启因多次到宅坦逼饷，宅坦人恨之入骨，遂派胡世以杀死曹宗启于黄花岭。张都爷闻八都兵乱，亲到黄花岭验尸，扎营奎喜庵，宅坦及八都其他村落被焚劫一空。顺治五年（1648），七、八两都各村夜夜遭劫掠。三月，田将官、丁捕衙带马步兵并快手弓兵200余人捉土兵，扎营后头山，杀死土兵30余人。宅坦、旺川一带复归平静，十一月为庆贺兵乱渐平，特做还愿戏。

### 二、太平军在绩溪及宅坦的活动

咸丰庚申年（1860）初，太平军攻克安徽泾县、旌德，张文毅急令在徽州婺源的江长贵部回援绩溪。清兵未至，太平军已从大会山、浩寨分界山进入上

庄、宅坦、旺川、浩寨等地，俘虏清军副将杨名声。同年二月初一侍王李世贤、匡王赖义鸿率兵攻入翚岭，防守清兵大部分伤亡，残余清兵逃散。是日恰适绩溪县城居民"二月二"裹粽祀神，太平军见家家煮粽，疑有计，当晚退回上庄、宅坦及旌德等地。二月七日 太平军进击徽州府城，清军张文毅部抵抗于万年桥，江长贵部守御于问政山。太平军受官兵夹击，企天侯邓傅意被俘，太平军败退绩溪，清军追击至绩溪孔灵村，太平军又撤至岭北的上庄、宅坦、旺川及浩寨等地，总部设七都旺川村"九思堂"，留下了著名的"太平天国壁画"，不久又退出徽州。同年八月十六日曾国藩命李元度接替张文毅督办徽州防务，太平军得悉徽州清兵防务易主，十九日 进攻绩溪丛山关，从侧后攻入绩溪县城，遭清军张运兰部阻击，遂迂回绩溪楼下、大石门，经大石门、仁里再度攻占绩溪县城。此次太平军占领县境大部8个多月，成立有乡村政权性质的"公局"、设乡官，张贴安民告示，广招贤士和农民入伍，政令严厉。这一时期，宅坦村内的胡氏宗祠和几个支祠均被太平军据为军营，留居村中的族人十不足一。

同治壬戌年（1862）四月清军朱品隆部攻绩溪岭北上庄、旺川、宅坦、浩寨等地及旌德的太平军赖文鸿部，同治甲子年（1864）正月初二，太平军李世贤部、黄文全部由宁国攻入绩溪县城，被清军唐文训部和浙江清军合击。同年正月九日 李世贤等部撤出上庄、宅坦、镇头，转战歙县南乡及浙江建德、淳安等地，至此，太平军和清军在绩溪县境的拉锯战结束。

在这场旷日持久的拉锯战中，宅坦百姓饱受战乱之苦，战后，满目疮痍，十室九空。村民为逃难颠沛流离，居无定所，田地抛荒，苦不堪言。村民男女老少被迫躲进高山密林，以山果野菜充饥，饥饿而死者，难计其数。谱牒记载，全村共有441人在战乱中遇难或失踪，其中死亡160人，失踪281人。牵头组织民团抵抗太平军的耆绅胡谅（胡实中）也阵亡。上庄宗谱记战乱前有五六千人，战乱后仅剩1200人，惨不忍睹。

同治中叶，胡士作之妻程氏面对诸多荒野骸骨，不忍卒睹，命儿辈在舒家山造坟，掩埋尸骨。为了让因战乱失踪的亲人魂兮归来，宅坦出现了许多只有墓穴灵柩没有遗骸的"招魂墓"。对很多下落不明的族人，祖宗簿常这样记载：胡××，逃难失踪，招魂入墓。

## 三、皖南新四军在宅坦的活动和发展

宅坦村最早加入新四军游击队的是胡桂鸿，1945年参加革命。稍后，程交辉、胡洪谊、胡继安、胡维乾、胡汝舟、胡金辉等先后加入新四军游击队。

解放战争期间，刘奎、王保实、汪观林等人经常到胡洪谊家开展革命工作，发展地下党。胡洪谊担任绩溪岭北、旌德西乡、歙县东乡三县接合部中心党支部副书记兼组织委员,培养并介绍胡汝舟、胡云、曹天汉、胡玉池等人入党,1948年任大会乡乡长。胡汝舟后来入苏浙皖赣教导队学习。胡维乾1949年2月与汪木海等人用煤油焚毁了位于上庄北村口的国民党保四团碉堡。该碉堡可驻兵100多人,是国民党杨林乡一个重要据点。不久,中共竹峰乡党支部重建,同时成立了竹峰乡政府,乡长汪宝林。

新四军游击队在宅坦影响较大的一次行动是开仓放谷。1947年末,春节将近,新四军路西工委书记兼武工队队长王保实、汪木海、老英等人为了让贫困户过年,决定将国民党绩溪田粮管理处存放于村内的赋谷"借出"。在放谷之前,我武工队已摸清了赋谷的存放情况,通知各保管户派人将谷挑到前门支祠,共5000余斤。游击队员现场维持秩序,有50多户分到了粮食。在此之前,新四军游击队已在浩寨、坦头以及本乡瑞川等地夺取赋谷分发给农民。

在国民党封锁围剿的严重困难时期,宅坦人采取各种形式支持皖南新四军开展革命活动,有十几人先后参加新四军游击队或地下党,为皖南新四军的发展壮大做出了一定的贡献。

胡冠英(胡昭万)保护中心县委书记胡明(老杨) 1946年前后,国民党52师、162师围剿皖南中心县委,中心县委书记胡明及干部训练班的同志们处境十分险恶。胡明只身潜往国民党杨林乡乡长胡冠英家躲藏,一日三餐由胡冠英家人送饭上楼。为了安全,胡冠英还特地对胡明所住的房间加以改建,门窗下另设暗门。胡明在这里前后住了一年多,白天或在楼上看书看文件,或扮作风水先生外出开展地下工作。"文化大革命"期间,胡明受到冲击,东北派人到宅坦调查胡明居住在胡冠英家的有关情况,证实了这一历史。

皖南新四军重要根据地胡观顺山舍 1945年毕业于徽州农校(校址在绩溪孔灵)的胡观顺、胡观志(不久下山)在宅坦森罗山营造经济林、茶叶林,他们的棚屋山舍地处层峦叠嶂的森罗山腹地,又处在旌、绩、歙、太各县接合部,因此山舍成为皖南新四军路西工委联络、开会、休整的好地方,胡明、王保实、汪木海等人经常在这里开会部署工作。国民党保四团视胡观顺山舍为眼中钉。1947年,保四团派人在恩岭事先侦察,次日即派一连兵力进山围剿,扑空后,放火焚毁了胡观顺的棚屋山舍。

新四军游击队联络站胡葆根山舍 抗战胜利后,由沪返乡避难的大学生胡葆根(又名胡梦秋)在宅坦阴培滩山场营造山舍,营造经济林,从同情革命转为支持革命,其山舍成为新四军游击队重要的联络站,胡汝舟、王保实、程观林等人为躲避国民党军队围剿均在这里隐藏过。后胡葆根经胡汝舟介绍,加入了中共地下党。

**新四军皖南部队简介**:新四军皖南部队是由"皖南事变"中突围出来的精

英组建的，后改称新四军黄山总队，简称皖南新四军。该部队由刘奎领导。胡明（化名老杨）担任皖南中心县委书记，下设特派员若干人。在绩溪的新四军游击队有100人左右，根据地在今上庄镇大会山、上金山及宅坦的青罗山一带，群山起伏，方便隐蔽活动。

## 四、国民党军67师驻宅坦纪实

1992年7月11日，《安徽日报》刊登文章《胡适故乡发现多处抗日墙画和标语》，介绍了以67师为主的国民党军队1939年前后在绩溪岭北休整时留下的许多抗日墙画和标语。其中写在宅坦署名为67D政宣（即67师政治部）的大幅抗日标语格外引人注目。标语是："大家武装起来，参加神圣的抗倭战争！"

宅坦村位于旺川和上庄两大村中间，村庄背枕竹峰山，村内有许多宗祠、支祠和书屋以及能居住百十人的大通转楼，历来是理想的屯兵之地。

1937年"七七"事变后，国共合作一致抗日。第三战区司令长官张治中指挥67师奉命开赴上海战场参加会战，1937年8月5日拂晓部队抵达南翔投入恶战。11月12晚，部队奉令总撤退。67师于1938年末到达绩溪岭北各村休整70天，1939年正月底又开赴抗日前线。

67师师部及师直机关设在旺川村。驻宅坦休整的是该师397团1000多人。团长刘荣翰住胡炳祺家，397团下设机枪连、工兵排、军需连等。师野战医院设瑞川村柯家祠堂。7名重伤员医治无效死亡后，安葬在瑞川。

千余人部队的突然进驻，使原本冷寂的宅坦市面顿时繁荣起来，店家都千方百计多进适销商品做军人的生意，如胡淦照开设"太和园小吃部"卖烧饼、馄饨。做豆腐、种菜的也增加了许多。当时二等兵月饷1.3元，一等兵2.3元，每月还有米贴2元（均银元），所以军人购买力较强，购物极少赊欠。

397团驻宅坦不久，就花钱购买村民的青苗，在土名叫三百丘的地方整修练兵场，部队天天出操训练，有时还进行实弹（弹头卸下）演习。

春节前夕，举办了军民抗日联欢会。军人演唱了《义勇军进行曲》等抗战歌曲，接着是《骂殿》《苏三起解》等京剧，地方小戏是《小放牛》《补缸》等。

部队离开宅坦前，派人去商店、村民家了解有无士兵赊欠及借物未还等情况。397团离开宅坦时，乡绅、百姓一路燃放爆竹欢送。当地青年加入67师的有：长安镇江川村章淦雨，上庄镇曹光玉、曹明龄、胡妙祥、胡来定，浩寨乡新川村的冯根祺、冯新辉。其中冯根祺、胡来定在对日作战中阵亡。1998年新编的《绩溪县志》汇编了29名绩溪籍抗日阵亡官兵名录，67师就占了11人，是见录总数的三分之一强。

## 第二节 党政组织

### 一、行政机构

宅坦村组织的设置和名称随着时代的变迁而不断变更。

宋初,招募村中擅长弓箭的壮丁维持村内治安。

宋熙宁三年(1070)县内推行保甲制:每10户组成1个小保,50户组成1个大保,大保长由各保长公推产生。10个大保组成1个都保,正、副都保正由各大保选举产生。村内大保每晚派5人值夜防盗,宅坦是都保常设村。

明嘉靖年间,徽州府从防守方面考虑又对宋元的都保制作了改进,规定每10甲为1约,从约中选出两个才德兼备者担任正副约正。另根据府、县要求,村中每10家置锣2面,三门(眼)铳2把。农闲时操练,一遇火险、匪警,约正持牌鸣锣召集众人营救或追捕。官府给约正冠带及印结文帖,以示宠异。

清顺治十年(1653)知县朱国杰在全县编定门牌,进一步严格了保甲制度。

清雍正四年(1726)又制订保甲新规。村内每10户立1牌头,10牌立1甲长,10甲立1保正,同时在族内设立族正,将祠首也纳入村组织范围。祠首协助村内管理本族之事。每户发给印牌,内载人丁、出生等户籍资料,以便稽查。

至民国初年,村政权组织仍沿用清末建制。村内事务由村董、联保主任、保甲长管理。

中华人民共和国成立后,村内事务先后由农会主任、村长、社长、大队长、大队革委会主任和村民委员会主任管理,村内最底层的生产兼行政组织也经历了互助组、生产小组、排班、生产小队及村民小组等变迁。

## 民国时期村组织及任职人员一览表

| | 姓名 | 任期 | 备注 |
|---|---|---|---|
| 都董村董 | 胡蕴玉 | 1914—1931 | 此期间全县设15个都 |
| 乡长 | 胡蕴玉 | 1931—1932 | 是年全县设92个乡 |
| 联保主任 | 胡文浩 | 1934—1935 | 1933年全县设52个联保，1935年冬又并为32个联保。宅坦为杨龙乡联保 |
| 联保主任 | 胡昭万 | 1936—1939 | |
| 保长 中门 | 胡品常 胡达生 胡度辉 胡华光 胡花门 胡坦兴 | 1939.3—1949.4 | 中门保胡品常任保长时间最长。1948年后石井保长兼理中门保务 |
| 保长 石井 | 胡匡时 胡观志 胡学校 胡水祥 胡棣辉 胡叙登 胡吉庵 胡源聚 | 1939.3—1949.4 | 石井保胡学校任保长时间最长 |

## 二、党团概况

### 中国共产党

20世纪40年代初，经皖南新四军路西工委王保实、汪木海和中共旌绩县委胡明组织发动，宅坦村内开始有人加入中共地下党和新四军游击队。至1947年，宅坦村有党员7名，并成立了村党支部。

至 1949 年初，宅坦共有近百人加入党组织，加入游击队，在中国共产党领导下,配合皖南新四军开展各种革命活动。

中华人民共和国成立后，村党支部的核心成员是胡洪谊、胡礼安、胡正祥、胡启贤、胡继安、胡维乾等，他们分别担任过支书、农会主任、高级社主任、大队长、村长等职。之后，党支部又吸收了胡度生、胡植田、胡余辉、胡胜玉、胡根炎等一批中青年入党，党支部战斗力大为增强。

宅坦村党支部、村委会获得的部分荣誉

"文化大革命"期间，胡洪谊、胡正祥、胡维乾等老党员、老干部受冲击，村党支部陷入瘫痪。

20 世纪 70 年代以后落实政策，老干部获平反恢复工作。20 世纪 80 年代以来，党支部成员呈老年化趋势，影响了党支部的战斗力和凝聚力，党支部开始注重从优秀青年中发展新党员。

1995 年，宅坦村又成立了离退休党支部。

20 世纪 50 年代起，宅坦村首任团支部书记为胡观奎，后任团支部书记有胡跃辉、胡焕珍等。广大团员自发养鱼、搞小秋收筹集支部活动经费。团员们定期出墙报、做灯箱，宣传党的方针、政策和农业实用科技，并经常编演文艺节目。团支部下设 3 个团小组，开展活动竞赛，共青团活动开展得有声有色，1964、1965 村团支部连续两年被团县委评为"四好团支部"。

"文化大革命"期间，团支部活动一度停止。

20 世纪 70 年代末，团支部活动恢复正常。

**中国国民党**

国民党在宅坦的活动和发展始于 1940 年前后。1940 年 3 月左右，胡宝生、胡昭万、胡越兴、胡子彬、胡子佩、胡学校、胡匡时等人加入中国国民党。胡越兴任区分部书记，胡宝生、胡昭万分别担任龙井、杨林乡长并在区里兼职。

1948 年后，国民党区分部在宅坦的活动中止。

## 宅坦村党组织任职人员一览表

| 类别 \ 名称 | 党支部书记 | 副书记 | 任职时间 | 备注 |
|---|---|---|---|---|
| 1949年前 |  | 胡洪谊 | 1947–1948 | 歙绩旌三县接合部中心支部。大会乡乡长 |
|  | 胡汝舟 |  | 1948–1949 |  |
| 1949年后 | 胡洪谊 |  |  | 党总支书记 |
|  | 章社淦 |  | 1958.10–1966.2 |  |
|  | 胡度生 |  | 1966.4–1971.4I |  |
|  | 胡植田 |  | 1971–1979.1 |  |
|  | 胡洪谊 |  | 1979.1–1981.1 |  |
|  | 胡余辉 |  | 1981.1–1989.1 |  |
|  | 胡汝安 |  | 1989.1 – 1991.1 |  |
|  | 胡永祥 |  | 1991.1–1993.12 |  |
|  | 胡汝安 |  | 1993.12–1995.8 |  |
|  | 胡加富 |  | 1997.8–2008.6 |  |
|  | 胡维平 |  | 2008.7–2011.6 |  |
|  | 胡海涌 |  | 2011.7–2015.12 | 胡笑珍主持村党支部工作 |
|  | 胡笑珍（女） |  | 2018年迄今 | （2015.12—2018.9） |

第十章　军事政治

## 新中国成立后宅坦村行政干部名录表

| 名　称 | 姓　名 | 任职时间 | 名　称 | 姓　名 | 任职时间 |
|---|---|---|---|---|---|
| 农会主任 | 胡礼安 | 1949.4-1950.3 | 革委会主任 | 胡立尧 | 1975.12-1977.2 |
| 村　长 | 胡源聚 | 1950.3-1951.10 | 革委会主任 | 胡余辉 | 1977.2-1981.3 |
| 村　长 | 胡启贤 | 1951.10-1956 | 大队长 | 胡洪谊 胡汝安 | 1981.3-1982.3 |
| 农业社主任 | 胡洪谊 | 1956-1958.10 | 管委会主任 | 胡根炎 | 1983.1-1992.2 |
| 一连连长 | 胡正样 | 1958.10 - | 村委会主任 | 胡秋乐 | 1992.2-1993.8 |
| 二连连长 | 胡正辉 | 1961.4 | 村委会主任 | 胡敬宝 | 1993.8-1995.2 |
| 大队长 | 胡启贤 | 1958.10 - | （代）主任 | 胡永光 | 1995.2（未就任） |
| 大队长 | 胡正样 | 1961.4 | 村委会主任 | 胡根炎 | 1995.2-1999.3 |
| 大队长 | 胡度生 | 1961 - 1963 | 村委会代主任 | 胡永光 | 1999.3-1999.9 |
| 大队长 | 胡根炎 | 1963-1965 | 村委会主任 | 胡维平 | 1999.9-2018.9 |
| 文革组长 | 胡道辉 | 1966,6-1967.3 | 村委会主任 | 胡笑珍 | 2018.9— |
| 文革组长 | 胡余辉 | 1967.4-1941.3 | 村委会副主任（主持村委会工作） | 胡高华 | 2018.9—迄今（主持村委工作） |
| 革委会主任 | 胡立尧 | 1971.4-1974.4 | | | |
| 革委会主任 | 胡余辉 | 1974.5-1977.6 | | | 注：1999年3月宅坦村第四届村委会首次直选，未产生主任；同年9月补选，胡维平当选村主任。 |
| 村委会主任 | 胡根炎 | 1977.6-1995.1 | | | |

## 第三节　中华人民共和国成立后历次运动纪略

### 一、土地改革

1951年10月，县里成立土改委员会，宅坦被定为全县土改试点第二区，时任县土改委员会委员的胡洪谊负责全村土改。1952年10月完成整理地籍、颁发土地证工作。在土改初期，村里成立了农民代表大会。这次土改，共没收或部分没收地主房屋30余间，没收、征收地主土地700余亩，全部分给贫雇农。

### 二、互助组

村内农户历来有换工互助的传统。实行土改后，仍然有一部分没有耕牛和农具的农户无法适时耕种。1952年冬，村里开始搞互助组试点，有临时和常年两种形式。至1955年上半年，全村共成立胡正祥、胡汝舟、胡勤贵等9个互助组。各组之间展开学习竞赛活动，通过套种玉米、萝卜、开荒和培养再生稻各种尝试，千方百计提高粮食产量。据统计，1954年互助组共开荒28.9亩，培养再生稻497亩。因再生稻产量极低，后未推广。

### 三、初级农业生产合作社

1955年下半年，宅坦村的互助组全部转为初级社。先是青苗作价入社，尔后农具、耕牛等作股入社。全村共分为7个初级社，全村全年产粮586617斤，人均555斤。共缺粮5738斤，每工工酬0.8元。

### 四、高级农业生产合作社

1956年冬，全村7个初级社转并为1个高级社，农具、耕牛等再次作价入社。土地划片，劳力重新组合成前门、中门两个队共23个作业组。高级社对作业组实行包工、包产、包费用和超产提成奖励，减产扣工分赔偿。

这一年，全村共做工114616.48工，平均每个劳力（包括半劳力）做工近300个，但大多为浪费人力的无效劳动，1958年的决算分户清册普遍出现欠款，欠款户占全村户数的89.6%，欠款总额14934元。如胡坦兴家这一年做工401.2

个，年终结账欠款 103.56 元，每工工值由 1956 年的 1.02 元下降为 0.0665 元。

## 五、人民公社

1958 年 10 月 17 日，宅坦社连同当时的宅坦乡所管辖的各村一起并入跃进人民公社，不久又改为浩寨人民公社。全村的土地、耕畜、农具等均随队合并，原高级社的固定资产和公共积累均划归公社，社员少量的自留地、开荒地也转由集体经营，实行组织军事化，行动战斗化，吃饭食堂化，思想革命化。此期共产风、浮夸风等"五风"盛行，两年中的人为折腾再加上自然灾害，导致全村严重缺粮，少数人因饥饿和严重营养不良患了浮肿病。

组织军事化：1958 年，全国大办民兵师。宅坦有两个连。一连连长胡维乾，二连连长胡正辉。连内设托儿所 9 个，幼儿园 1 个。在中门街建成高约 4 丈的钟楼及广播室，打钟统一吃饭，听广播出勤、收工。

行动战斗化：按照部队的管理方法，村内的青壮劳力被无偿征调到各地从事各种劳动：烧木炭的被派往本县校头公社，修水库的去镇头桐村、浩寨寺后，砍伐木材者分往金坑村，炼铁的在旺川张家店，造土铁路的被调到临溪公社曹渡桥。

留在村内的老弱劳力则忙于抢种抢收、参加深耕、修板车路，等等。在军事化、战斗化的口号下，造成共产风、浮夸风、强迫命令风、干部特殊化风和生产瞎指挥风盛行。其主要表现和危害是：

违背农业生产规律，想当然地认为深耕密植就能增产，导致农作物绝收。如当时就规定，小麦播种试验田每亩下种 120 斤，卫星田每亩下种 80 斤，大田每亩下种 40 斤，为正常播种量的 3 到 10 倍。农田深耕要求 1.2 尺，硬将生土翻起来，根本不适合农作物生长。

弄虚作假制造"万斤亩"。为了创造亩产万斤粮的奇迹，宅坦村将来龙山下 1.4 亩的"金裹银"稻（七成熟）连夜带土拔起运到西林桥边仅 1.3 分的水田里，稻秆密密麻麻堆放，待到收割时稻秆全部霉烂发臭，收获的全是谷壳。收割的那一天，其他大队派人来"监收"，过秤后的潮谷立即挑到粮站入库。

高指标、高征购。1959 年浩寨公社下达给宅坦大队的征购包干任务是以平均亩产 2250 斤、总产 292.5 万斤计算的。1960 年公社制订种植计划时虽然调低总产为 87.77 万斤，但实际总产仍只有 48.82 万斤，比计划总产量减少了 38.95 万斤。这 48.82 万斤粮食只有 34%分给社员，人均 143.64 斤。由于征购粮和口粮比例严重失调，到 1960 年 11 月底，全村人均粮食只剩 12.35 斤，这就导致了 1960 年冬至 1961 年春全村十分严重的粮荒。

此外，分配时扣除费用过多，也是造成村民生活极端困难的一个主要原因。

宅坦村志

早在1958年成立人民公社的当年,宅坦的决算分户清册中付方栏内就设有"代还贷款,应缴本年股金,代缴信用社股金,认购公债以及农业税、公积金、公益金"等支出项目,支出的金额是收入的两倍。

1958年全村社员收入只有7622元,人均6.59元,全村欠款14934元。

1959年,全村欠款总数为11483.85元,欠款户占80%左右。决算清册干脆不设结存栏。这一年,社员做工数仅次于1958年,达93433.3工,全村366个整半劳力人均做工255工。劳力浪费由此可见一斑。

吃饭食堂化:人民公社成立后,宅坦设前门和中门两个食堂,实行吃饭不要钱的供给制。食堂初办时,供应两饭一粥,四菜一汤,荤素均有,还发过一次工资。当时食堂贴的标语是:放开肚皮吃饭,鼓足干劲生产。才过了3个月,食堂的粮油菜供应就显紧张,四菜一汤变为吃素,两饭一粥改为两粥一饭,最后连吃粥也无法满足,就将大食堂分为7个小食堂。小食堂的伙食供应更加艰难,三餐粥变成三餐米汤(1斤米加8斤水熬成的稀粥),不久又改为"瓜菜代"。在此期间,大队还将私人隐藏的少量粮食"收购"来分给食堂。"收购"的稻谷每百斤按5.94元折成工分作为社员的收入记账。这次"摸底"(当时通行的叫法)共"收购"社员粮食8293.8斤,但这点粮食分摊到7个食堂无异于杯水车薪,许多人因而患上浮肿病。

在紧急时刻,村干部胡洪谊、胡礼安、胡正祥、胡继安、胡维乾等顶住种种压力,暗中解散食堂,让社员们上山挖蕨挖葛充饥。木工出身的胡洪谊将不适合舂葛粉、蕨粉的铁碓头全部改为便于舂葛蕨的平底木碓头。由于宅坦挖葛挖蕨比邻村抢先一步,宅坦严重的饥荒稍加缓解。1960年宅坦村除老人自然死亡人数有上升外,非正常死亡人数极少,与邻村因缺粮而造成严重后果形成明显对比。1959年全村有318户1154人,1960年户数增加5户达323户,人口略有下降,为1149人。

1961年春,宅坦村一度划归旺川公社管辖。同年4月,对1958年平调社员的物资作了退赔。全村共平调社员物资折合人民币2045.48元,当时退赔982.53元。此后不久,宅坦又改划归上庄公社管辖,按"三级所有,队为基础"管理,土地、劳力、耕牛和大型农具也随之四固定,食堂被彻底解散。是年全面推行包产到户的责任田制,全村分为13个生产队,年工分值升至0.913元,是1960年的2.61倍。

1962年4月,改正责任田,刹单干风。全村所有生产队全部恢复集体经营,实行劳动记分,按工分配。是年,全村总收入为49665.13元,每工工酬下降为0.69元,比1961年下降了24.4%。

以生产队为基本核算单位的经营形式一直持续到1980年实行大包干。

## 宅坦村（1949.4—1961）基本情况一览表

| 类别 | | 存在年份 | 人口 | 收入 | | | | 年底结欠 |
|---|---|---|---|---|---|---|---|---|
| | | | | 经济 | 工值 | 总产 | 口粮 | |
| 私人经营 | | 1949.4—1952.10 | | | | | | |
| 互助组 | | 1952.11—1956年底 | 989 | | | | | |
| 初级社 | | 1955.11—1956年底 | 1058 | 41357.8 | 1.022 | 586617 | 555 | 普遍结欠 |
| 高级社 | | 1956年底—1957、1958年底 | 1138 | | 0.80 | 554223 | 487 | |
| 跃进、浩寨人民公社 | 生产大队 | 1958年冬 | | | 0.065 | | | |
| | | 1959年底 | 1154 | | 0.365 | | | 11484 |
| | | 1960年底 | 1155 | 25304 | 0.35 | 488188 | 422.6 | 10993 |
| | | 1961年底 | | 37975 | 0.913 | | | 10250.7 |

## 六、学大寨运动

1968年开始学大寨试点。1969年3月，村革委会即具体部署农业学大寨事项：大造经济林兴植桑园，整修扩建深塘水库，全部9个生产队投工兴修水利。为了扫清障碍，对社员开垦的山地全部收归集体。1970年9月，村干部随县、社干部赴浙江临安指南大队学习种植双季稻，之后在宅坦推广双季稻，复种指数和粮食产量明显提高。为了集中劳力大搞农田基本建设，村集体专门成立手工业综合社，严控各种副业和单干。1971年，办起集体林场，修了团结水库。1975、1976两年，宅坦村大搞以改土为中心的农田基本建设，口号是：白天拼命干,小雨当晴天,大雨大雪也要干。两年中,宅坦村投入大量劳力开辟向东茶园,改造川里河,其中仅川里河就投工67704个。

由于农田基本建设投工过多,当年收益少,再加上干活大呼隆,非生产性开支加大,财务管理混乱,导致工分值下降,年终分配超支户多。但从长远来看,大包干后未连年投劳大搞农田基本建设仍能旱涝保收,主要得益于农业学大寨时期兴修的水利设施。

**宅坦(1973—1978)社员超支情况一览表**

| 年份 | 总户数 | 超支户数 | 超支金额 | 超支率% | 备注 |
|---|---|---|---|---|---|
| 1973 | 372 | 204 | 25160 | 54.8 | 均种双季稻 |
| 1974 | 377 | 213 | 24140 | 56.5 | 以下各年同 |
| 1975 | 377 | 182 | 25651 | 48.2 | |
| 1976 | 380 | 181 | 27735 | 47.6 | |
| 1977 | 387 | 200 | 29456 | 50.66 | |
| 1978 | 399 | 214 | 30941 | 53.6 | |

### 七、农村家庭联产承包生产责任制

1979年3月,宅坦有少数生产队开始联系产量划分作业组。7月15日,乡领导胡茂勤到宅坦就推行生产责任制问题召集石井生产队有关人员座谈调研,形成推行生产责任制的初步共识:

1. 土地划片,联系产量。以大队下达指标到生产队,产量每增加100斤奖工10个,减产100斤,减工6个;
2. 由组定额,记工统一;
3. 生产计划、茬口安排、收入分配均由生产队统一安排;

4.水利、粮管、育秧由生产队统一管理。

时隔不久,坎上队率先在全村实行包产到户,横街、上井接着也搞了分田到户、责任到人。

上述3个生产队的包产到户都是在1980年中央关于进一步加强和完善农业生产责任制的75号文件下达之前。75号文件下达后,村领导认为包产到户过火了,曾做工作要求这3个生产队均改为包产到组。稍后,县委终于决定将田承包到人。此后,全村另外8个生产队推行了家庭承包联产责任制。原本由生产队负担的民办教师、赤脚医生费用均改为收费维持,林场也由生产队负担改为自负盈亏。

为了保证退伍军人、独生子女的口粮田,各队根据本队实际情况,采取留机动田、不留机动田但"生增死减"或者"生不增死不减"这3种方式之一来应对。

1982年3月,全村各农户均签订了联产承包责任制合同。在此期间,宅坦又进行了林业三定,颁发了林权证书。至此,宅坦的农村家庭承包生产责任制完满结束。

1981年实行家庭承包责任制后,宅坦村的农业生产迅猛发展。由于普遍推广杂交水稻良种和配套实施化学除草,1981年全村1100多亩水稻总产61.6万公斤,产油菜籽14.4万公斤。此后20多年间,粮油产量一直比较稳定并略有增长。

2011年后,旱作西瓜、荷兰豆、贡菊花、茶叶及玉米种植面积增加,水稻种植面积相应减少,平均下来,每亩地收入比单种水稻时的不足1700元增加了1300多元。

随着农机化率的提高,村中不少富余劳动力外出打工,每个农户的务工收入明显超过务农收入,2019年底,平均每户务工收入4万元左右,适龄且有专技特长的农民工夫妇年打工收入可高达20万元左右。

伴随宅坦村民经济收入增加,教育事业逐年发展。宅坦学子就读本科者逐年增加,2009年至2019年共有78人就读本科和大专(不含职业学校),还有18人攻读研究生。据2019年初步统计,近40年来,全村累计新增本科以上学历65人,其中80后博士生有8人,女博士3人。

## 八、改革开放后宅坦村巨大变化综述

自20世纪80年代初实行联产承包责任制后,宅坦村全面实行改革开放。1981年到2019年这39年间,宅坦村的经济社会面貌发生了翻天覆地的变化。

一,农业不再局限于单一的粮油为主的种植业和猪牛兔为主的养殖业,种植业增加了白菊花、荷兰豆、出口蔬菜、油茶、茶叶等,经济效益明显提高。养殖业以规模养牛和人工养殖甲鱼等特种养殖为主,可比经济效益成倍增加。

二,宅坦村的年轻一代通过认真读书取得较高学历和技能后,从事技术含量较高工种者越来越多,如在各地做厨师,到苏州开设模具厂,到北京、杭州开设电商公司、徽雕公司及从事高档玉器生产,等等,年收入数十万元、上千万元者亦有之。

三,作为村民生活显著变化的重要佐证是,截至2019年底,全村三分之一农户拥有小汽车,全村有高中低档各类小轿车186辆;在县城购房定居者(以年轻人为主)32户;在黄山市屯溪区购房的有6户;在苏州、上海和杭州购房定居者共有11户,名列全镇前茅。截至2019年底,宅坦村人均收入1.3万元,居全县前列。

进入新世纪以来,宅坦村在新农村建设方面的成绩也同样可圈可点:

2006年,宅坦被安徽省委、省政府列为首批省级新农村建设示范村之一。同年8月,同济大学专家为宅坦村编制规划,在保持村庄徽州古村落文化历史脉络之外,突出绩溪地域特色鲜明的徽派建筑风格,突出人工水系风貌。

以此为契机,宅坦村两委发动群众,从改善生产生活环境入手,大力开展清塘泥,清坦场,清理废弃物,清理柴垛等,结合推广沼气改厕,全面展开村庄环境卫生整治。村集体每年筹资聘用7名保洁员,实现垃圾"户集、村收、镇处理"一体化管理。

2007年至2009年,结合村慕前塘和坝下塘的清淤和塘坝建路,改善了村中这两口大塘的水质和外观;2008年,新建旺川江塘冲至宅坦村并延伸至瑞川前头村路基均宽5米左右的公路2.6公里,2009年至2010年对道路实施柏油摊铺和水泥硬化。同时,修筑了宅坦经白屋亭至民乐亭全长1.6公里、路基均宽2.7米的机耕路;2010年,对中门街为主的过水渠清淤整砌,对石板路重修铺筑;2011年修通宅坦通山脚自然村的全长860米、路基均宽2.6米机动车路一条,对坝下塘及村卫生室周边加以绿化,又对竹峰山、大蛇降、石门坎等地5000亩山场实行封山育林。

2012年,在村中门街和后屋坦建成农民健身广场和阅报栏;2013年,村两委率先在全县启动"文化乐园"建设,结合村情,设"一廊"(即葫芦岭至宅坦村后屋坦公路段的文化长廊)、"一室"(中门街村桂枝学堂)、"一墙"(文化墙)、"一站"(志愿者服务站)、"一馆"(村文化综合展览馆),以全面展示村落特色文化、名人及乡风民俗。

2013年,改造自来水管1200米。2014年夏,宅坦村博物馆建成开放,新增路灯 26 盏。

宅坦村扶贫建档立卡始于 2014 年春，成立了村党支部书记胡笑珍（女）为组长（宅坦村扶贫工作队队长由联村镇干部兼）的村扶贫工作领导小组，2018 年 5 月又配备王枫芳（女）为扶贫专干，以党建促扶贫，经认真摸排，共确定本村贫困户 47 户 112 人。通过健康扶贫、产业扶贫、社保兜底、教育扶贫、小额信贷扶贫等"因户施策"综合扶贫措施，2015 年脱贫 37 户共 89 人，2016 年脱贫 9 户共 30 人，2017 年脱贫 1 户 1 人。至 2017 年，宅坦村的贫困户全部脱贫。

宅坦村 2018 年低保户有 32 人，享受政府低保补助资金 82373 元；2019 年低保户有 18 人，享受政府低保补助资金 73728 元。至 2019 年，宅坦村另有 6 户五保户享受国家集中供养或居家供养的政策。

## 2013 年宅坦外出创业（打工）人员省市分布统计表

| 省市区名称 | 分布区市县 | 人数 | 备注 |
| --- | --- | --- | --- |
| 上海市 | 14 个区县，含浦东新区 | 148 | |
| 浙江省 | 11 个市区县 | 96 | 杭州市 54 人 |
| 江苏省 | 8 个市区县 | 54 | 苏州市最多为 22 人 |
| 广东省 | 4 个市 | 40 | 深圳最多为 15 人 |
| 安徽省 | 6 个市县 | 27 | 芜湖最多有 10 人 |
| 山东省 | 4 个市 | 8 | 潍坊最多有 3 人 |
| 湖南省 | 2 个市 | 5 | |
| 北京市 | | 5 | |
| 湖北省 | 2 个市 | 4 | |
| 江西省 | 2 个市 | 4 | |
| 辽宁省 | 大连市 | 4 | |
| 天津市 | | 2 | |
| 广西 | 南宁市 | 1 | |
| 贵州省 | 贵阳市 | 1 | |
| 重庆市 | 丰都县 | 1 | |
| 合　计 | | 402 | |

# 第十一章　徽派建筑

## 第一节　祠　宇

### 一、路亭庙宇

宅坦路亭众多，现存路亭仍居上庄镇各村前列，其建筑也各具特色。

路亭：分砌圆门和上门枋两种。一般前后开门，屋顶以脊桁为中线，呈等腰三角形，门用青砖卷砌，如风平亭、踵息亭、曹家亭等。或用条石作门枋，承载门顶墙体压力，如白屋亭、翼然亭。一般亭内都砌条石坐凳，墙上多有题字或对联。从上下结构来看，路亭可分为一层、二层两种，二层的路亭铺楼板，如八角墩亭、远震阁。还有的路亭建于三岔路口上，门设三扇，俗称三门亭。

庙宇：庙宇建筑大多较路亭低，庙门一般只开一扇，庙顶从侧面看呈箭弓形，内砌拜台，供人进香。建筑讲究的庙宇建有梁柱，铺两道栓，上层为直栓，下层为弯弓栓，墙体彩绘动物图案，侧墙上还开有小圆门，方便行人烧香，如五猖庙。

### 二、宗　祠

宅坦宗祠，又称亲逊祠或亲逊堂，规模和建筑精美程度名列全县第三。据宅坦村胡正辉家谱记载，宗祠始建于明天启壬戌年（1622），由宅坦五个支祠共推选三十六班头领负责施工。农闲营造，农忙停工。

为保证工效，规定每天日出必须赶到工地，迟到者罚钱三分，积累的罚金用于购买祠田。当时胡伯宪由于未及时赶到工地，结果被罚钱三分。明朝始建的是宗祠的中进，于明天启丁卯年（1627）竣工，前后建了6年。

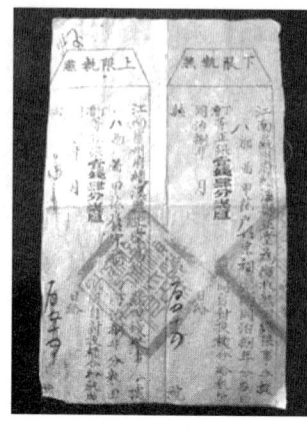 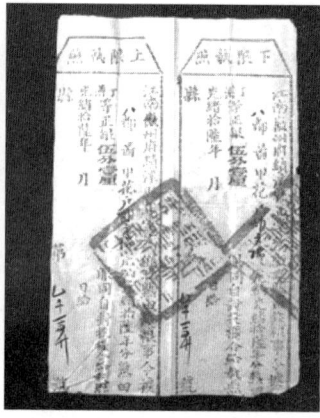 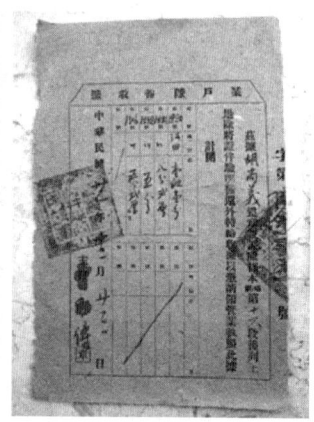

清代同治、光绪及民国时期宅坦胡氏宗祠完税票据

亲逊祠的扩建和配套是在清道光癸未年（1823）由宅坦前门胡士杰、胡志諟夫妇及儿子胡倬、胡佑等捐资完成的。这次新建了宗祠的后进即享堂，五屏风楼，两侧廊庑及祠侧的文会等。对中进也同时进行了大修。咸丰辛酉年（1861）宗祠因战乱毁坏，祠内财物、谱牒等损失严重，至同治辛未年（1871）才修竣。除了清末民初又新建了三屏风楼外，还在1933年、1937年、1946年屡次维修。每次维修均成立专门机构，下设总务、经济、工程、募捐、监察五股。维修经费由征收丁口捐、特别捐解决。

祠堂建筑面积1722平方米，长宽比例为3：1。若包括桂枝文社和坦场在内，总占地面积7451平方米。祠堂坐西北朝东南，四进七间式。祠前空坦栽有紫荆树和罗汉松等。宗祠前进由三屏风楼、五屏风楼构成。三屏风楼为重檐歇山式，戗角6只，栅栏门，门高2.5米。门前有成对石鼓、石狮；五屏风楼也为重檐歇山式，戗角8只，门高2.7米，门板上彩绘尉迟恭、秦琼二门神，威风凛凛。东西廊庑共有14根方石柱和14根贴墙木柱，8根月梁和6块额枋横跨两柱之间。

从五屏风通中进除廊庑有两条过道外，另经天井中间有一条石板路通向中进大厅。中进正前两侧有石雕护栏，护栏上雕有龙凤、麒麟、雄狮、花草、武士等图案，雕技精湛。中进中间为祭奠中心，两侧厅分别设立"土地"祠和"能干"祠。木柱上有许多出自名家之手的抱柱楹联。

16根围粗1.6米和1.8米的银杏柱和大小14根冬瓜梁构成中进主体。东西侧厅各有12扇高近4米的落地隔扇门，门上雕有花草及二十四孝图等，部分落地隔扇门现存于县三雕博物馆。中进有边门通向中进后堂。从后堂登享堂（寝室），既可以从中间登九级台阶直上，也可以从两侧登五级、四级两个层次台阶步入享堂，享堂分上下两层，下层两侧分别建有钟楼和鼓楼。每逢祠堂举行重大祭事敲钟擂鼓，肃穆庄重。享堂上堂为陈放祖宗牌位的寝室，台阶式的排位放置许多牌位。排位之下是砖圹，专门存放"越主"后收进来的祖宗牌位，下一次"越主"时，再将入圹的牌位拿出来烧掉。享堂的两侧分别设有"酬劳"、配享专祠，享堂的正前面及台阶两侧，也有许多精美的石雕护栏。

祠内的大梁由莲花形木柱和斗拱承顶。石柱上端拼接短木柱支撑两侧廊庑上部。祠顶的建筑也颇具特色：两顶端嵌砌两条翻腾的鳄鱼，脊顶有许多哈巴狗。中进正厅上方原挂有一块匾额，上书"亲逊堂"三个大字，落款为前门派祖的亲家凌世迢。这块匾额现仍存宅坦小学，已残破。

此外，祠内还高悬有胡宝铎"钦点主事"及"五世同堂"等匾额多块，这些匾额在"文化大革命"中及拆祠建校前被人卸去。中华人民共和国成立后，亲逊祠也修缮了四五次，后来由于资金问题一直未能彻底整修。

20世纪70年代至90年代，宗祠前进、中进和后进先后被拆，改作村小学校舍。有些木雕精品被县文物部门收藏，成为县"三雕博物馆"的展品。经历了350年沧桑后，亲逊祠终于消失了。

亲逊祠融砖雕、木雕和石雕于一体，尤以木雕、石雕精美而著称。雕刻采用了浅浮、镂空、深浮、浮镂等多种技法，凡曾目睹亲逊祠雄姿者，莫不为它的消失而扼腕叹息。

亲逊祠建筑的最大特点是：

前进分为三屏风楼、五屏风楼两个层次；

一百根柱落地，九十九根为明柱，还有一根暗柱砌在夹墙中，形制接近宫殿；

从中进登享堂，既可从中间登九级台阶直上，又可以从两侧先登五级再跨四级台阶步入享堂，这种暗含"九五"之尊意思的独特设计为其他宗祠所罕见，现"九五"式台阶仍以原状保存于宅坦村博物馆内。

中进配建倒堂，将中进分为大小不等的两部分。2012年秋，结合建宅坦村博物馆"巧妙"地复建了宗祠的五凤楼和两廊。

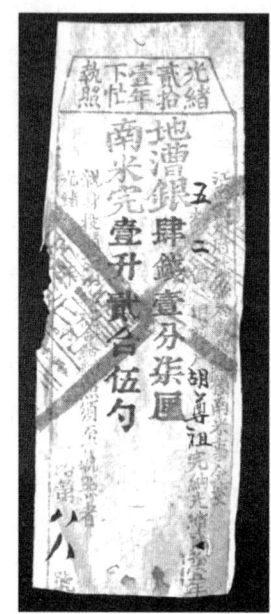 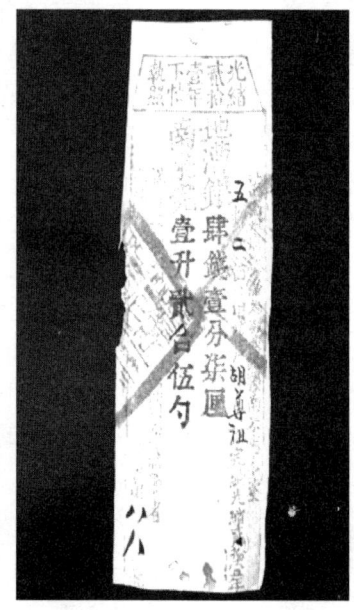 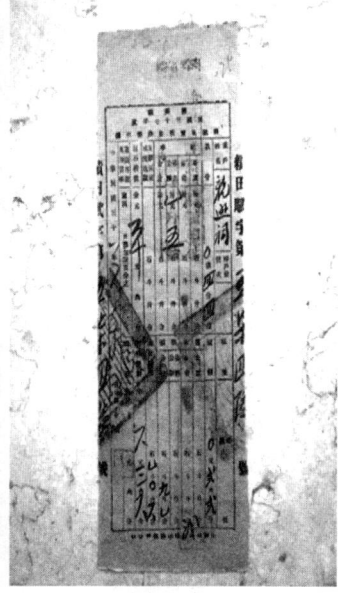

清光绪及抗战时期宅坦胡氏宗祠缴纳钱粮票据

## 三、路楼

路楼是宅坦村颇具特色的一种附属建筑，它建于街巷两侧房屋的上方，不占用土地，通风采光条件好，是主人消闲和夏季纳凉小酌的好去处。

从结构上看，路楼可分为以下两种：

木制路楼：用木制桁枋横穿街巷两边房屋的墙体，桁枋上铺楼板，正面两侧安装木格窗。另一种建法是用竖柱支撑路楼，不用桁枋横穿墙体，这种路楼无边门通正屋，只能歇息乘凉，无法住宿。

砖石路楼：用条石作桁枋横穿砖墙，支撑路楼上部，前正面墙用砖砌筑，中间开一小圆门，后墙装木格门窗，这种形式的路楼有边门通正屋，建筑面积10平方米左右。

## 第二节　民　居

### 一、明代民居

村内明代中期以前的民居构造失考。

宅坦现存最古老的民居建于明代后期，全村共有 4 幢，现户主为胡养源、胡应培、胡加富等人。

胡养源的老屋坐落在慕前塘边，建筑面积 165 平方米。大门的两根石柱直接置于门槛上，门罩无砖雕，中间题"狮峰拱秀"字样。从大门步入堂前，需经过过厢，过厢装有井字格木条的隔扇门。堂前正上方有一天井，楼下有双梁但无雕刻精美的柱托。前梁梁托刻有游龙，后梁梁托雕刻各种花卉。照壁上方各有一根冬瓜梁。照壁两侧有边门进入后堂。后堂的天井与前堂不同，两个小天井建于两侧。这种呈现三角形的天井设置在同类民居中极为罕见。正屋左右门窗栏板雕刻得十分粗犷，刻有"福禄寿喜"字样，字的四周是线条粗简的花纹。房间、过厢全部装有半阁楼。二楼与一楼同，也有两道屋梁，正梁之上还有脊桁，楼上墙壁全部用芦苇泥灰砌成。

胡应培祖屋的梁柱结构与胡养源家相同，楼上楼下均有两道梁。不同的是柱梁接点有丁头拱，窗棂木雕相当精美，系清代重修。厅堂前柱有太平军留下的砍削痕迹。堂前东边窗雕刻有农夫出耕、学子读书对弈等图案，两边窗雕刻有朝官研究八卦、部署军事图案，再配以山水、房舍、树木和桥梁。窗雕镂空、深浮等刻法并用，画面逼真，历经战乱动乱，现只有耕牛像还比较完整。

村内最古老的明代建筑是胡尊周、胡成义两家，均为一厅两厢、厅前置天井的民居，20 世纪 80 年代前后拆除改建，今不存。胡加富古屋除楼上两厢用芦苇秆糊墙外，还有水平弯月形梁眉和方木格门，是典型的明代民居。

### 二、清代民居

宅坦古民居中建筑规模最大、雕刻最精美的当数清代民居。据统计，宅坦十几幢通转楼有 90%是前门相公裔孙建造的。他们学优而仕，仕而后商，在江浙等地经商，将赚来的钱用于在故里建筑房屋。胡应春、胡梦华、胡越兴、胡焕玉、胡来花等人的祖屋均是六部或八部通转楼。

与明代民居相比，清代房屋的最大特点是门柱不直接置于门槛上而是置于石础上，楼上屋顶无梁无门罩，木雕精美。

宅坦徽商大户胡深甲的祖居及窗栏板

现存胡昭美、胡匡载、胡匡法家的老屋就是典型的清代民居。胡昭美、胡念海共有的房屋，内外建筑均比较考究。

先说门罩。门罩共有五层。顶层嵌砌两条腾跃姿态的鳌鱼；二层的飞檐有戗角两只，飞檐上盖瓦；三层从上往下看为逐层向内缩进的五层雨棚式砖墙；第四层是门楼中心外围的装饰性砖雕，雕有莲花、兰花、月季花等花草图案；第五层雕有福、禄、寿、喜字样及亭阁楼台、戏曲人物图案等，是门楼的核心。门罩中心两侧还嵌砌有两只麒麟。此门罩是宅坦目前唯一幸存的，其他更精美的门罩未能保存下来。

跨进大门迎面就见屏风，过屏风即到下堂。下堂有厢房、过厢各两间，上下堂之间有"金巷"直通两边厨房。上堂三大间，前梁后枋，有狮雕四对。楼下的落地隔扇门和窗门雕有香炉、花瓶、灵芝等图案，刀法细腻。

胡来花家的清代民居除结构布局与胡昭美家基本一样外，以窗雕、狮雕精细见长。

窗雕外围四周与木雕核心部分刻有两道长方形竹节边框，框与框之间刻有各种花纹，东边一块窗屏雕有农夫耕作、孩童读书的图案。

西边一块刻有妇人缫丝织锦、文人吟咏唱和以及山水楼阁、古树修竹等。

三层镂空，立体感强。人物、亭楼等均十分逼真。梁柱接点处镂空雕有形象各异、活泼生动的狮子一大四小共五只。

## 三、民国时期的民居

民国年间的民居建筑风格，前后期有明显不同。

20世纪20年代前后，民居仍沿袭清末格局，砖雕粗简，但木雕仍较精细，这一时期的民宅特点是规模较清代小，一般为上堂三大间，下堂两过厢，上下堂之间设"金巷"通厨房和屋外，这种格局俗称走马楼或"三桁"。

胡万里、胡为高家的房屋就是这种结构。

规模较大、比较突出的是胡荣生的民居。

胡荣生家民居的门罩几乎没有雕刻，仅在门罩中间刻有"竹岳钟灵"字样。屋外南北两则各有仪门，内外分别有"弯环""路转""礼门""义路"等，行书体，正屋大门照壁上书"鸿禧"，隶书体。

正屋有上下后三进，下堂和后堂均有天井。下堂东西各有厢房、过厢，上堂有三间，照壁后是后堂，后堂东西两侧各有卧室一间。

这幢民居属于六部通转楼，但楼上无过廊，这与前面介绍的两幢民居稍有不同。

正屋有柱托四对，上堂前部左右柱子上的狮雕，均为一大四小五只狮子：大狮子扑地抢食，四只小狮子或翻滚，或跳跃，或舞球，形象逼真，栩栩如生。

下堂、后堂和过厢的三对柱托木雕均为古装戏形象，多为招财进宝一类吉祥寓意。

窗栏和隔扇门雕有《空城计》《借东风》等戏曲故事以及竹木花草、吉禽祥兽等。

胡蕴玉的住宅建于20世纪30年代，建筑风格与胡荣生的住宅有很大差异，最突出的是改天井为天窗，室内极少木雕。照壁两侧上方分别刻有"左规""右矩"，东西隔扇门分别刻有"书蔬鱼猪、早扫考宝""孝悌忠信、礼义廉耻"以及"一身之计在于勤，一家之计在于和"之类优秀家风寄语。正屋的结构为三间两厅。门楼无雕饰，门匾为何绍基书体刻字"吾爱吾庐"。

民国时期优秀家风文化窗栏板：（上）一身之计在于勤　（下）一家之计在于和

建于20世纪30年代的胡梦秋屋除无木雕、不置天井这一点与胡蕴玉住宅设计相同外，还有材料上的独特之处：首先在宅坦使用钢筋水泥，安装玻璃钢窗，围墙内营造小花园，这些变化与房主久居上海有关，但房屋仍沿用三间两厢式的清末建筑形制。

## 四、中华人民共和国成立后的民居

中华人民共和国成立后，村内民居在规格、档次方面有了较大的变化。

中华人民共和国成立初期所造房屋，格局接近于20世纪三四十年代，一般为三间两厢无雕饰的砖木结构，利用旧房改造的民居也为数不少，多为四壁木板式。

20世纪50年代末至60年代初，受"共产风""浮夸风"影响，村民生活极端困难，民建一度停顿。

20世纪60年代中期至70年代中期，经济恢复低速增长，人口急剧增加，宅坦掀起建房高潮，房屋仍以三间两厢、木制梁柱结构为主。

20世纪70年代后，民房特征是明窑红砖（一种遇水即化的质量低劣的土砖）砌墙，结构为四室一厅或两室一厅，门窗顶用墨汁、颜料绘制充满时代色彩的装饰画，如样板戏、"忠"字向日葵、万年青等。

20世纪70年代末尤其是进入80年代以后，随着乡村经济的发展活跃，建材的品种越来越多，二楼、三楼普遍采用钢筋水泥现浇或预制板铺设。但民居的平面布局仍然依循传统的三间式形制,少数民居采用三间两厢款式。室外建有走廊和晒场(阳台),窗户大部分改为三开或四开大窗,外墙嵌贴白石筋或马赛克。

20世纪90年代以来,除仍用钢筋水泥作主结构外,外墙多贴瓷砖、大理石,门窗多使用铝合金,大门用钢材焊制已成主流。室内装饰多用仿大理石地砖铺地,以石膏板吊顶或者三合板吊顶,两层半及三层的楼房也开始出现,胡合乎、胡必强和胡红亮的新建民居,材料采用钢筋水泥、大理石和琉璃瓦等,豪华气派。80年代后期,民宅开始建解手、洗漱、淋浴三合一式的卫生间,安装太阳能热水器的新居也为数不少。2000年以后,民居建材更加新型美观。

## 第三节　门楼亭阁文化

历尽沧桑的风乎亭

宅坦村志

## 一、民居门楼

作为一个崇文重教的古村，宅坦村的建筑处处洋溢着浓浓的文化气息。

宅坦的明代古民宅现存不过四五幢，门楼题字更加少见。能使今人一睹明末门楼文化风韵的仅有胡应培、胡养源两家。胡养源家的门楼题字"狮峰拱秀"，笔迹遒劲。胡应培家大门门楼无题字，仅画有一幅阴阳八卦图；二道门楣题字"祥瑞重门"，祈愿瑞气盈庭。

清代建造的房屋大多豪华气派，通转楼较多见。尤其是木雕、砖雕，相当精美，门楼题字也比较讲究。

宅坦枕山抱水，竹峰山及其余脉狮山东迤，故民居门楼题字以礼赞山水者居多，如"竹岳钟灵""秀聚狮山""南峰毓秀""清池映月""庐水交辉"，等等。有的题字还将主人名字巧妙地以成语和佳句的形式体现出来，更值得玩味。如胡家源家旧屋题字为"家学渊源"，胡正祥屋题字为"正气致祥"，就是这类。清代古民居的题字楷书、隶书、篆书、行书皆有，书法都具有一定功底。

与清代直书墙上不同，民国年间的题字多写好雕刻在砖块上，内容比较抽象浪漫。如胡梦秋屋正门题字"堆云卷雪"，朝东的侧门写"迎月"二字，月泻银辉与正门的题字意境十分相近。同样建于民国年间的胡蕴玉屋的题字则别具一格。面北的墙围题写"北辰众拱"，由"众星拱月"演绎而来，隐指主人具有族长和村董身份，地位显赫。朝东的正门题"吾爱吾庐"。

中华人民共和国成立后，随着社会环境和价值观念的变化，门楼文化的内涵也随之发生转变。

二十世纪五六十年代，受经济制约，新建的房屋并不多，一般都是利用老屋改建，门楼题字不外乎"推陈出新""安居陋巷""焕然一新"一类。60年代后期，"文化大革命"风暴席卷全国，门楼题字也充满了时代特色，如"万山红遍""东风浩荡""破旧立新""灭资兴无"，等等。也有人干脆将门楼原题字覆盖，喷印"毛主席万岁""忠"字样，是特定历史时期留下的深深烙印。总的来说，"文化大革命"时门楼题字均为主人或工匠的随意之作，无论从内涵还是从书法角度来看都远不如清代。进入20世纪80年代，门楼题字政治意味淡化，内容偏重于讴歌祖国壮丽山河和展望未来，以"前程似锦""春色满园""层峦耸翠""呈瑞焕彩"等居多。

90年代以后的民居由于大量使用钢筋水泥、瓷砖、大理石等建材，门楼题字直接雕刻在大理石门罩里，内容多讴歌城乡壮丽景色、居址瑞气盈庭一类，房屋现代豪华，文化气息上与时俱进。

## 宅坦历代民居一览表

| 项目\朝代 | 格局 内 | 格局 外 | 特点 | 幢数 |
|---|---|---|---|---|
| 明 | 前厅后楼或楼房，三间两厢居多 | 门罩少有粗简雕刻 | 楼下有双梁，楼上也有梁，木雕粗犷，门柱直置门槛。梁眉平展 | 4 |
| 清 | 六部、八部通转楼，或三间两厢，多"金巷" | 门楼砖雕三层镂空，有题字书法 | 楼下梁枋均有，楼上无梁，木雕精美，有狮雕、窗雕。多马头墙 | 31 |
| 民国 | 两厢三间式居多，通转楼少。前期天井后改天窗 | 门罩简单，少马头墙、封火墙。 | 前期木雕尚精细，置天井。后期无雕饰，门楼题字刻在砖块上 | 35 |
| 中华人民共和国 50、60年代 | 三间两厢，面积较民国小，木板壁 | 门楼无雕刻，无马头墙。 | 砖木结构、石灰沙石地面，青砖。有柱有梁。 | 35 |
| 中华人民共和国 70、80年代 | 三间两厢，四间一厅均有 | 无砖砌门楼，开天窗，"玻璃"瓦 | 明窑红砖，砖墙代替木板壁，70年代末改水泥现浇 | 112 |
| 中华人民共和国 80年代迄今 | 三间两厢或四室一厅，楼上一样 | 砌防雨棚、贴瓷砖 | 二、三楼钢筋水泥现浇，铺大理石，铝合金门窗 | 160 |

## 二、亭 阁

以取名和题字见长的亭阁文化从一个侧面反映出宅坦古村的风貌。

在宅坦通往上庄的半路上，有一座"风乎亭"，后人据谐音理解为"分胡亭"，由此而引发不同解释，如以亭为界，宅坦、上庄都曾称对方为假明经胡。

其实经查对两村宗谱，证实两村均属明经胡长房胡忠的后裔，只不过宅坦建村历史更长，上庄发展较快罢了。而意蕴深厚的风乎亭作为亭名的经典之作，永远向后人昭示着宅坦先人的文化功底。

从风乎亭南行 300 米，原还有一座"踵息亭"，亭名题字书法遒劲端正。顾名思义，此亭是行人歇脚的好去处。据谱牒记载，此亭为宅坦人胡挺于清乾隆年间所建，"农业学大寨"时拆除。

宅坦村志

　　宅坦通往旺川上路的路亭还有"永丰亭"、"继丰亭"等，明显是为了祈求风调雨顺，五谷丰登；而通往旺川下路的路亭取名则偏重于礼仪，如建在葫芦岭坡上的那卒"可止亭"，表明主人送客至此可以留步了。亭内原有一联：送君千里，终有一别；步止心贴，期时可待。对联字迹俊逸，1958年拆除。

　　宅坦通往瑞川的路上，建有"翼然亭"，此亭为村人胡贞瓒建于清乾隆年间。亭内的对联别具一格：道迎四方往来客；堤避八面之吹劫。因为翼然亭正好建在十字路口上，亭南又筑有两道河堤，对联意思与亭址十分贴切。

　　此外，在通往择里村的半路上原曹家村旁还建有"三百丘亭"（又名曹家亭），今旧亭仍在，与村外路亭相映成趣，亟待修缮。

　　宅坦村四周还有八角亭、三门亭、五猖庙、远震阁、文昌阁、关帝庙等一批公益或宗教建筑，它们与村内众多的文化设施一起，构成了宅坦亮丽的亭阁风景线。

# 第十二章 传略选辑

## 第一节 近世先贤

**胡谅（1796.10—1860.8）**

行名志谅，乳名爱基，字实中，又字爱棠。早年在金陵方家巷经营胡正泰缎号，喜结交文人硕儒，与大儒汪梅村结为好友。因子含耀早殁，晚年辍商课孙自娱，后聘汪梅村至家课孙，又出巨资支持修祠、建路、铺桥、平粜等公益事业，清咸丰十年因组织民团抵御太平军战死。曾国藩亲为奏明请恤，恩赐世袭云骑尉职。

**胡倬（1799.8—1865.8）**

又名双林，字宏毅，排行名士任。与弟胡佑遵父母命，出巨资在清道光三年（1823）重建宅坦胡氏宗祠中进及寝室，亲自督理数年，咸同战乱又施粥救饥，邑侯（县令）王峻赠"希琮楚尹"匾。

**胡道升（1832.10—1931.9）**

行名成棨，乳名宇华，字正衡。在江西铅山经商有成后，慷慨解囊修祠。每逢饥年，购米平粜。咸同战乱后，又出资掩埋暴骸，领修同治版龙井胡氏宗谱。年寿百龄，亲见五代，江西省省长赠"年高德劭"匾。

**胡宝铎（1841—1896）**

行名成钜，乳名大问，字虎巨，又字浒晴，号昆圃。幼时与弟中铎、宣铎受业于汪梅村、胡筱亭诸大家。九岁应试，人号神童。咸丰九年（1859）以第一名入郡庠，其时曾国藩督师安徽祁门，宝铎入戎幕。不久，以祖母年老辞归。同治四年（1865）补廪、同治六年（1867）中举，同治七年（1868）登进士第。

同治十年（1871）任兵部主事，历任员外郎、郎中，即选道员兼袭云骑尉世职、军机章京、总理各国事务衙门行走等职，特赏三品衔，诰授资政大夫。光绪七年（1881）宝铎亲书荐信两封，使胡适父亲铁花得以步入仕途。同治十三年（1874）发起编修明经胡龙井派宗谱（未付梓），清光绪七年（1881）又赞助恩师汪梅村刊布《汪梅村先生集》。

服官兵部时，为夏侍郎同善器重；任议功所坐办期间，温树不言（保密），在省府纂修方略长达十年。在京为官期间，宝铎公曾多次欲假归故里完辑宗谱，终因官职在身未能遂愿。但他力促成立积谷会，设积谷仓，办学校，以惠村人。

宝铎公秉性谦和，品端学粹，博通经史，著作宏丽，著有《浒晴丛稿》（未付梓），被邵大宗师亨豫誉为"一郡冠"。生子六女一。

### 胡宣铎（1843—1924）

行名成鉴，字昭圃，乳名三问。幼时受业于江宁学者汪梅村和县人胡肇昕。在从肇昕学习期间，宣铎完成了业师胡肇昕的未完稿《仪礼正义正误》并予以刊布。光绪六年（1880）岁贡，光绪八年（1882）中副榜，选授安庆府教谕。甲午战争前应胡铁花之邀赴台湾辅佐理政、治军，同时教胡适大哥胡绍之及胡适读书识字，是胡适兄弟启蒙教师之一，对胡适一生产生了巨大的影响。1914年，宣铎任旺川萃升小学首任校长，胡适的侄儿胡思永和亲戚石原皋均出其门下。1917年2月，宣铎又任宅坦资政小学校长直至辞世。

1917年底，胡适从北京大学返乡与江冬秀完婚，宣铎为证婚人。胡宣铎贺胡适婚礼的对联是：寰海归来恰符风卜；高堂欢洽更兆熊占。宣铎同治年间协助宝铎辑纂明经胡龙井派宗谱，后主修民国县志（未完稿）。1920年主编龙井派宗谱。

### 胡文骐（1867.2—?）

行名天显，乳名元甲，字筱晴，宝铎公长子，承袭云骑尉世职，议叙知县，分发江苏，历任赈捐、厘捐、膏捐、盐局发审等职，选授湖北通城县知县，后改补江苏高淳县知县。民国后，接任高淳县知事，历任关长、科长、局长，后分发福建任用。

### 胡蕴玉（1868.3—1945）

行名士炼，乳名振铎，又名钟毓，字蕴玉，号静轩。民国时期宅坦的资深村董兼族长。宣统己酉（1909）恩贡。清末废科举办学堂，胡蕴玉与宅坦秀才胡幼甫、胡润道一起创办了宅坦第一所新式学堂即桂枝小学校，蕴玉亲任校长，先后担任资政、桂枝小学校长近二十年。民国初年改任绩溪县第一任财政局局长，卸任后仍以课徒为生。

课徒之余，蕴玉公还积极支持宝铎公儿辈发起的积谷、平粜公益事业，在中门街设积谷仓，每逢歉年，开仓平粜，济困扶贫，村人称善。其间，还参与编修县志和民国版龙井派宗谱。

此外，蕴玉公凭其名望、口才和处事的果断，全力调解本村及邻乡的邻里纠纷，纷争双方对蕴玉的处理均心悦诚服，颇得岭北各村乡民的好评。

## 胡文骐（1872.11—1927.11）

行名天选，乳名亨甲，字幼晴。附贡生。宝铎公之次子。宝铎公以诸子中应有一子经理家业，以期守成，并效劳乡梓，遂为之捐官安徽蒙城县教谕。文骐痛恨清政府腐败，终未赴任，转而经商营生，兼课子自娱。家居宅坦期间，秉父兴学积谷之志，与热心于公益事业的其他族人一起，设立亲逊堂积谷会，置积谷仓于中门街，每逢青黄不接，主持平粜，扶危济困，乡里称善。同时与宝铎公长子胡文骃、三子胡文骠一起出资千元创办资政小学。又整顿祖业，厘定章法，移居芜湖前交由胞侄胡昭度承办，俾其萧规曹随。宝铎家业得以相传，文骐之功，实不可没。文骐先娶章氏，不幸章氏积劳成疾，中年早逝。继娶章氏，为原配胞妹，共生七子一女，类似尧帝二女、湘水之神同嫁舜帝故事，传为佳话。1933年，章氏亲扶亡夫灵柩由芜湖返宅坦安葬，数百里跋涉，备极艰辛。时国民党军队在皖南"清乡"，交通不时梗阻，每逢军队，章氏辄亲燃香帛，执立于灵柩前，且泣且行，以免军队借机敲诈。抵里，村董蕴玉公及族众赞之，以为即须眉亦未必能为此也。

## 胡文骠 （1873.12—1925）

行名天冕，乳名周甲，号愿逸。宝铎公第三子。光绪癸卯（1903）科中乡试，任刑部主事，历任云南司主稿、跸路工程监修、钦工处监督、江西知府，赏戴花翎。

受命查办江西陆军，清理江西省财政并兼任省财政局第一科长。后淡出政坛，举家迁往芜湖经商。娶程氏，诰封恭人。继娶程氏，为前妻妹，诰封恭人，七子一女均为妹所出。1937年11月，续弦程氏在宣城遇日机轰炸，不幸遇难。

## 胡昭钿（1882.8—1940.11）

乳名五祺，字铁生。幼时跟随兄长习武，练得一身轻功，被伍廷芳选为保镖，足迹遍历上海、镇江、金华、兰溪、云南昆明。

中年与兄长家祺在汉口从事帽业，除创办鞋帽名店马敦和外，五祺又自设制帽作坊，生意最兴盛时雇技工60余人，多为族人。日军占领武汉后，昭钿作坊的制帽原料布匹、绸缎均被日军掳走，店、坊收歇。1939年偕妻儿离开武汉拟去四川大竹县岳家暂避，途中妻子冯达媛被日机炸死，昭钿随身财物被土匪洗劫一空。昭钿携两幼子于1940年初逃回宅坦，砍柴换米度日，1945年11月跌伤头部不治身亡。

### 胡昭度（1889.8—1943）

又名昭明，字彬笙，幼读私塾，早年在本县寺后八亩丘经营杂货店，同时参与本村资政小学的管理及主持平粜，是宝铎公兴粜谷善举的组织和实施者之一。

### 胡昭令（1893.1—1957.7）

字鸾生，南京模范学校毕业，奖叙增生，后入江宁法律学校。毕业后历任录士、承审员、科员、科长和上海纸业公司经理，又任浙江长兴煤矿局局长秘书、上海川沙县政府科长、上海光华附中总务科长等职。

### 胡昭会（1894.7.6—1971）

先父武笙公，讳昭会，乳名百鹏。江南模范高等小学毕业，被评为该校最优等生，奖叙廪生。在芜湖圣雅各中学以最优等成绩毕业，就读于交通部铁路学校（现北京交通大学前身），主攻铁路管理，1920年以优异成绩毕业，官费留学日本，归国后在北洋政府交通部任职。

时值军阀混战，公务员薪水无着，先父不得已于1927年远赴东北，任职于吉（林）敦（化）长（春）铁路局，生活稍得安定。九一八事变后，东北三省沦陷，武笙公间道返回关内，就职于安徽省公路局，任安（庆）合（肥）段长之职。不久，应老上级之邀复归铁路，任江南铁路有限公司计核课主任，全家定居于芜湖。

1937年日军逼近（南）京、芜（湖），武笙公携全家避难皖南，1938年初返归故里宅坦。旋为生计所迫，复举家南下，在湘桂铁路局觅得一职，定居于湖南衡阳，艰难度日。1944年，日军大举进犯衡、桂，国民党军队放弃抵抗，一路溃退至贵阳，武笙公于危难之中受命担任湘桂铁路局靖江县办事处总务课长兼靖江办事处主任，率铁路员工及家属千余人由桂林北上抵达靖县。一路辗转，武笙公独当一面，肩负千余人众之生计安危，内抚外联，安顿饮食起居，夙兴夜寐，辛苦备尝，幸无陨越。1945年夏，奉命由贵州三穗、镇远经贵阳入川，在綦江办理靖县办事处结束事宜。

抗战胜利后，武笙公在交通部路政司任专员之职。中华人民共和国成立后，由人民政府留用，任职于铁道部及兰州铁路局，1954 年退休，先后定居于上海、成都，1971 年在成都去世，享年七十七岁。

先母于氏夫人（1892.6—1976），讳稚兰，字保定，民国初年以最优等成绩毕业于安徽省立第二女子师范，旋即任教于女师附小。以教师薪水资助先父求学，数十年相夫教子，与先父患难与共，相濡以沫。享年八十四岁。

子 匡琛 匡璋　恭记 2000 年 6 月

## 胡昭德（1895.7—1938）

字蔚笙，南京模范学校毕业，奖叙附生，后考入安庆法政大学，毕业后在国民党安庆市党部任职多年。

## 胡梦华（1903—1983）　　（胡匡敏根据胡昭仰文章整理）

胡梦华又名昭佐，字圃荪，上庄宅坦人，生于 1903 年农历闰五月初五日。梦华兄弟共三人，兄昭会，弟昭仰，梦华居中。

梦华出身书香门第，且是端阳佳节诞生，故从小自负，立志效法屈原，以身许国。梦华十岁丧母，家境贫寒，但聪颖过人，勤奋苦读，成绩优秀，1920 年考入南京高等师范（南高）英文科。1922 年，该校扩展为东南大学（后改名中央大学），梦华转入该校西洋文学系。1924 年夏毕业，文学士。

大学时代，梦华才华出众，有江南才子之称。毕业后留校任教，再转任商务印书馆编辑职。20 年代之初，梦华不过十八九岁，已在沪上各大报刊发表文章。如邵力子主编的《民国日报》副刊《觉悟》，张东荪、李石岑主编的时事新报副刊《学灯》，钱智修主编的《东方杂志》，沈雁冰、郑振铎主编的《小说月报》，凌梦痕主编的《绿湖》以及绩溪人士程本海主编的《微音》等。梦华对文学、社会、教育、哲学等方面均有独创之见解，为当时文坛所重视。

梦华当时少年气盛，敢与人笔战，其中，与鲁迅先生笔仗之文章，后被收录在《鲁迅全集·热风》。梦华以文会友，与当时有北方才子美称的梁实秋成为好友，梁在清华大学读书。两人书信往还，甚为相得（见梁实秋为《表现的鉴赏》重印版所写之序文）。梦华在东南高等师范结识同班同学吴淑贞女士，结为连理。吴女士出身名门，其父吴星亭将军为清末潮、梅（广东潮州梅州）镇守使，老同盟会员，官至一品，淑贞为其次女，幼年在香港受到良好教育，是五四运动后进入南高的第一批八名女生之一，南高则在"五四"后首开全国男女同校风气。吴天生丽质，有"东南一枝花"美誉。梦华以聪慧及才华获吴垂爱，梦华之名由此而来：一方面有梦笔生花笔耕为乐之意，另一方面则表示梦寐以求伊人之决心。为此良缘，梦华曾进行过一场生死相搏的反封建退婚斗争。

梦华与淑贞同学期间，课余互相研讨，共同创作，他们从文稿中选编了一辑《异域文苑》准备出版，可惜宝贵的文稿遭洪水冲没。1928年3月再从已发表之文稿中选辑25篇文艺理论及文艺批评文章，定名《表现的鉴赏》由上海现代书局出版发行。此书现以微型胶卷版存放于上海图书馆。该书文章论及鲁迅、郁达夫、汪静之及吴芳吉诸名家，折射20年代文坛人事，有一定的史料价值，亦可见梦华夫妇当年的文采风流。梦华次子匡琦1980年前后在上海图书馆找到已绝版之该书微型胶卷，重印分赠海内外诸亲友及各大图书馆。当年为该书出版而邀请名画家刘开渠绘制封面的梁实秋先生，获悉该书重印，再次为之作序。

工作后，梦华任安徽省第一师范学校校长。1929年后，因子女增多家室之累，弃文从政，任国民党安徽指导委员会训练部秘书，河北省监察委员。抗日战争前夕，梦华在北平从事抗日活动，屡遭日军追缉，被迫躲入旅馆，后南迁任国民党中央党部党员训练处处长。抗日军兴，任军委政治部战地服务团中将主任，率团赴抗日前线宣传慰问。在此期间，他致函弟弟昭仰，有"此去生死难卜，好男儿以身许国，不成功，便成仁"之语，可见其抗日保国的决心。又致函上级，拜托必要时对继母弱弟"优予照拂"，同时抄寄昭仰，以便他们必要时求助。

40年代初，梦华仟河北省政府秘书长，省政府设在洛阳。后省政府主席（某集团军司令）投敌，梦华遂愤而辞职。

1948年1月，石原皋在上海被捕。石为中共地下党员，梦华的表弟。石家派人找到梦华托他设法营救。梦华通过胡适之、吴铸人（时任国民党北平市党部主委）等营救，吴打电话给南京中央党部的青年部长陈雪屏，称石为梦华表弟，营救成功。

1948年下半年，天津解放前数日，中共天津地下党负责人之一黎智同志（1979年任中共武汉市委副书记）通过天津社会局所属天津市社会救济院院长刘绛文，对梦华讲解政策，指明形势，要梦华接受中共地下党的指示，帮助地下党做工作。梦华在人生重大转折期做出了正确的选择，为党和人民做了不少好事。

天津解放前夕，气氛紧张，戒备森严。梦华以社会局局长地位设法弄到通行证，用自己的专用小轿车掩护地下党同志开展活动，运送宣传品及其他物品，并以社会局局长名义给地下党的同志开具证件，帮助他们以合法身份公开活动。同时，按照地下党指示，梦华妥善保护社会局及民食调配委员会档案，安插地下党同志监管，并派人砌墙封死全部档案，确保万无一失，直到天津解放后，梦华顺利完成移交任务。

1950年，中共天津市委送梦华到华北人民革命大学学习。1951年，肃反运动在全国展开，梦华在华北人民革命大学被捕拘押。1975年获特赦后，梦华本人及子女申请复查"历史问题"，1979年12月，经最高人民法院批准，撤销1975年的特赦通知书，落实政策，恢复名誉，认定梦华为"爱国人士"。复查结论摘要如下：

因本人申请，经过复查，证实在解放前夕接受地下党交给的任务，在保存敌伪档案、掩护地下工作同志方面，为人民做了好事，经最高人民法院批准，胡梦华先生属于爱国人士，撤销1975年XX号特赦通知书。

同时，并通知"有关亲属所在单位，对有关亲属清除有关此问题的旧档案不实之词，以及消除影响，并将新结论装入档案"，等等。

落实政策，恢复名誉，肯定为爱国人士，这对梦华是莫大的激励和鼓舞，梦华的报国意愿因之更加坚定。

1975年至1979年，梦华任天津市政协委员和文史专员等职，精神愉快，生活幸福。除组织安排的学习参观外，他主要工作是撰写文史资料。他常说："国家的统战政策是爱国不分先后，我的奋斗指针是：爱国不甘后人！"

1948年10月，梦华送淑贞及儿女去上海暂避战火。淑贞及儿女自沪又转赴台湾，以为一水之隔，往返容易，不料生离竟成永别。淑贞携儿女赴台后，艰辛备尝，长子匡瑞年方十九，以摆地摊卖香烟挣钱供养母亲及诸弟妹。淑贞复出至中学教英文，后糖尿病复发，无钱医治，不得不出卖首饰，1964年4月12日在美国病逝。梦华为重印《表观的鉴赏》所写前言《青春文艺姻缘忆南东》，文章结尾说："1948年初冬，在天津张各庄机场，我送别淑贞及儿女赴沪，哪知生离竟成死别。"悲痛之情，泪透纸背。

1979年5月，梦华应在美儿女之邀，赴美团聚。在美期间，梦华以古稀之年，乐观进取，主动宣传爱国思想，坚持锻炼身体。他还遍访过去国民党中各位老友如陈立夫、谷正纲、李璜、吴俊升等，晓以大义，力劝他们回归。梦华遍览国外报刊，广泛收集资料，并在美国的中文报纸上发表文章。梦华谆谆教导孙辈学中文，讲中文，为子孙入籍美国叹息。1983年，梦华思乡返京，因闻孙儿宇鹏探亲，携许多雨花石返美，赠送其台湾同学，美国同学，梦华感慨："吾家有后，吾道不孤。"

1983年9月13日，梦华因心脏病猝发逝世。临终前，其弟昭仰前往探视，梦华仍不忘嘱咐弟弟，教书应以爱国主义为重。

1983年9月23日下午，在北京八宝山革命烈士公墓举行了胡梦华遗体告别仪式，全国人大常委会副委员长朱学范和全国政协常委、政协委员、天津市政协负责人及天津市党政有关部门负责人参加。送花圈的有全国人大常委会副委员长朱学范、严济慈，全国政协副主席周叔弢、中共中央统战部副部长李定，民革中央副主席吴茂荪以及中共天津市委、天津市人大常委会、天津市政府、天津市政协等单位。27日上午，在天津海口路殡仪馆举行了追悼会，悼词中说："胡梦华先生在解放前夕，为国家做过一些有益的工作，是一位知名的爱国人士。解放后他热爱祖国，拥护中国共产党，赞成社会主义制度，特别是党的十一届三中全会以后，他积极拥护党的路线、方针、政策。他十分关心祖国的统一大业，为祖国统一做了不少力所能及的工作。胡梦华先生的不幸逝世，使我们失去了一位老朋友。"

追悼会后，胡梦华骨灰盒永久安放在八宝山革命烈士公墓二室，这是党和国家给予梦华的殊荣。新华社和中国新闻社为胡梦华逝世及追悼会发了新闻稿，人民日报及天津日报均予刊载，评价颇高。

梦华一生勤奋好学，不断进取，有才华，有胆识，热爱祖国，老而弥坚。他所走过的人生道路是曲折的，但晚节可风，不负此生。

梦华、淑贞共有四子二女。长子胡匡瑞，1928年生，北平朝阳法学院肄业，台湾行政干校毕业。在台历任财税职务，退休前任台湾省财政副厅长，妻常绍绮殁后续娶林蔼莉，有二子四女：长子应昌、次子应培。女应沽、应慧、应绮、应丽。

次子胡匡琦，1929年出生。清华大学电机工程系毕业，美国南加州大学计算机工程硕士，曾任一机部第八设计院主任工程师，天津发电设备厂主办工程师，美国半导体设备有限公司高级软件工程师。妻魏启凤，育二子，长子宇鹏，次子宇耘。

三子胡匡冀，1933年生，台湾大学电机系毕业，美国明尼苏达大学电机硕士，美国商用机器公司（IBM）高级工程师。妻童茵芝殁后续娶施家暄，育一子一女，子应虎，女应心。

四子胡匡九，1935年生。台湾大学政治系肄业，美国加州长堤（滩）大学企业管理硕士，历任施乐（XEROX）复印机公司工程师、经理及地区副总裁，美国金士顿（KINGSTON）公司欧洲总裁。妻蒋明秋，育有一子二女，子应全，女应美、应欣。

长女胡匡敏，1924年生，南京中央大学（现南京大学）外国文学系毕业，美国西东大学双语硕士。历任《天津青年报》副总编，《中国青年报》编辑秘书，《湖北青年报》副社长。离休时为湖北省副厅级干部，中共党员。夫婿王守一

（殁）离休前为武汉市局级干部，育有三子王永年、永强、永乐。

次女胡匡政，1931年生，台湾大学医学院毕业。历任美国纽约市小儿科医生及小儿科专家，美国加州少儿科医生等。夫婿钱煦博士，为世界著名科学家，荣任美国科学院工程及医学两个学科院士、台湾中央科学院院士等。育有长女钱美仪，次女美恩。

梦华常以自幼丧母、家境贫寒而同情天下情况类似之贫苦学子。他经常教导子女，在校发现类似之同学，必邀至家中，赠以学费、文具、衣帽鞋袜等。同时也常念及徽州地处大山之中，交通不便，"徽州骆驼"出外不易，极思在家乡办学，培育家乡子弟，但终因力不从心未了心愿。子女深知梦华、淑贞双亲眷眷之意，1992年在梦华、淑贞母校建校八十周年大庆之际，以梦华、淑贞子女名义捐赠（胡梦华、吴淑贞奖学金）计两届，对象为该校大学生及研究生。安徽籍学生则在同等条件下优先。1995年，又返宅坦给小学捐建梦华楼一座。

## 胡昭望（1904.9.23—1959.9.16）

乳名荣颢，字宁生。1922年夏毕业于芜湖圣雅各中学，为该校汉语最优等毕业生，后考入上海圣约翰大学化学系，被评为优等生。1926年5月，昭望参加抗议五卅惨案游行并转入刚成立的光华大学，成为该校第一届毕业生，留校任教。几年后，受聘任芜湖工业专科学校校长。1934年夏，昭望赴美国密歇根大学化学系留学并获硕士学位，学成归国后任上海光华大学、上海暨南大学化学系教授，著有《军用火药》（商务书馆出版）等书。

## 胡昭圣（1909.9—1993.11）

乳名景颢，字赣生，1909年9月20日生，教授，博士生导师，中国民主同盟成员。1931年与黄礼兰女士结婚，生育两男四女，子女均培养成高级人才：工程师、高级工程师和教授。胡昭圣1931年毕业于上海光华大学化学系，任教于上海光华大学理学院、江西南昌大学理学院、国立湖南师范学院化学系、上海华东师范大学化学系等，历任讲师、副教授、教授，担任过教导主任、教研室主任、系主任、上海化学学会理事和国家科学基金评委等职。胡昭圣才学过人，专业基础理论精湛，精通英文、德文、法文和日文，31岁时即升任正教授。著有《用镉试剂－Tritont－100分光光度法测定工业废水中微量镉》《用氟化钠－苹果酸作掩蔽剂、通过萃取分离、间硝基偶氮氯膦分光光度测定球磨铸铁中钇组稀土元素》等论文。主编《分析化学》《化学分析法》等高等学校教材。胡昭圣严谨求实的科学作风，在做事上表现出极端认真，实验和教学计划深思熟虑、谨慎周详，数据记录一丝不苟。文章和学术论著写好后，字斟句酌，反复修改。晚辈请他修改文稿，他十分认真、诚恳提出修改意见，决不勉强苟同。胡昭圣从事教育和科学事业60余年，他培养的学生和研究生遍布全国，桃李满天下。胡昭圣是一位正直的教育专家，他品德高尚，认真做事，清白做人，追求真理，淡泊名利，谦虚谨慎，平易近人，德高望重，深得师生们的敬重。他律己严，待人宽，经常给予他人以物质和精神上无私帮助，十分注重发现、爱护和培养青年人才，是教育工作者的良师益友和楷模。

胡应杰　胡应雄<br/>二〇〇〇年二月七日　北京

## 胡昭呈（1911.8.19—1978.10.18）

乳名崇颢，字南生。1933年毕业于上海光华大学数理系，受聘任杭州弘道中学、上海大公职校教师。1938年夏任重庆大公职校教务主任，国立中央专科学校高等数学副教授。1945年夏任天津度量衡检验所所长，天津河北工学院副教授。1949年冬起历任南京军事学院数学系副教授、北京空军学院教授、保定航校高等数学教授职。著有《微分方程》《最小二次方程》等。

## 胡昭全（1913.7.20—1988.11.9）

乳名恭颢，字皖生。1931年夏考入上海光华大学数理系。在校期间发表论文多篇，被推选为校科学会总编辑。1935年夏毕业，旋即被聘为湖南桃源中学、湘东中学数理教师。1939年任湖南蓝田师范学校高等数学讲师、副教授，发表《齐次偏微分方程式新解法》等论文。1942年夏起被聘为贵州大学数学系教授、之江大学教授，发表多篇英文论文，荣获高教部论文奖。由于教学和研究工作成绩显著，胡昭全32岁即升任教授。

1945年参加高教部留学考试，获世界数学研究中心、美国普林斯顿高级研究院公费进修名额，与陈建功、华罗庚一同赴美深造，胡昭全主攻希尔伯特空间理论，并于1964年完成有关专著。在普林斯顿高级研究院进修期间，胡昭全共发表数学论文十几篇，还参加1947年2月20日在英国举行的世界数学大会并宣读论文。

1949年6月进修期满，昭全没有留恋国外优厚的报酬及良好的研究、生活环境，经香港返回祖国，36岁被山东大学聘为一级教授，后又被北京交通大学聘请筹建应用数学系，任教授兼系主任。1952年全国院校调整，昭全又调回山东大学数学系任教。

昭全掌握英、法、德、俄、日多国语言，数学知识渊博。在1954年至1956

年，又写成《线性积分方程》等论文数十篇。昭全所教过的学生，有不少成为数学界知名权威，如夏道行教授等。还有许多学生后来成为本校数学系电子计算机系教授、副教授，为山东大学的数学研究做出了很大贡献。不幸的是，1957年昭全被错划为右派，离校三年，紧接着在"文化大革命"中被打成反动学术权威身陷囹圄十载，身心受到极大伤害。1996年山东大学建校五十周年编写了《山东大学英才录》，共入选111人，胡昭全名列其中。

## 胡道辉（1915.2—1961.2）

行名昭德，早年毕业于本村桂枝小学、资政小学，后又通过刻苦自学成才。1950年先在石家小学任教，1953年起在本村小学教书，担任毕业班班主任直至1958年。1958年被错划为右派，先留校察看，后送劳教，1961年2月因病去世。1979年获平反昭雪，遗孀的生活得到妥善照顾。

胡道辉学识丰富，教学一丝不苟又深入浅出，他培养的学生不乏出类拔萃者。个人学养上，他以文史见长，书法亦颇具功底。

## 胡昭玺（1915.7.29—1997.11.5）

乳名贵颢，字赭生。1937年夏毕业于光华大学商学院，历任成都银行会计师、重庆川康银行营业部主任、川康银行支行经理等职。1945年秋任天津社会局会计专员，1950年任南京军区空军附属南京大建公司会计科长、财务处长，后调任宁波、西安等公司修建军用机场，担任财务处长等职。

## 胡正祥（1916—1979）

出生于浙江遂昌，幼年随父到绩溪宅坦，精于各种农活。1947年参加新四军游击队，任基干民兵。中华人民共和国成立后历任村农会、农业社和生产大队领导职务。

1971年受命出任大队林场场长，带领大家开始绿化宅坦荒山。为盖林场房舍，他风餐露宿几十天。在胡正祥的带领下，经过五六年的连续造林和发展副业以副养林，宅坦林场面积达到700亩（人工林），经济效益和生态效益十分显著。1979年秋，胡正祥再次出任林场场长，在巡视途中不幸坠崖去世。

## 胡匡莘（1941.11—1999.8）

乳名永庚，幼年丧父，就读于绩溪县卫校，毕业后分配在旌德县乔亭公社卫生院。"文化大革命"时期回乡务农，1981年落实政策在上庄乡卫生院工作。1999年8月因病去世。

## 第二节 改革先驱

### 一、胡士勇与龙井轩画裱社

在旺川江塘村的和尚岭边，有一处充满文化气息的建筑群，它就是胡士勇创办的龙井轩画裱社，也即旭龙山庄有限责任公司。作为改革开放后宅坦村也是绩溪县个体经营的先行者，胡士勇的人生充满坎坷和曲折。

14岁那年，为了生存他不得不上山种玉米，不幸被剧毒的祁蛇咬伤，生命垂危。在草医和西医的配合下，胡士勇奇迹般痊愈。胡士勇闯得过蛇毒关却抵御不了家庭经济的巨大压力，16岁那年，胡士勇因父亲病重不得不辍学。虽然那一年他体检合格被北京一军校录取，但最终还是放弃了这一能改变他一生命运的机会，因为他要赡养寡母，还要挣钱还父亲治病所欠的债。他贩卖过冰棒，做过木材生意，承包过伐木工程，在那到处狠刹手工业副业单干歪风的极"左"年代，他就以头脑灵活挣钱多成了方圆十里颇有名气的能人。

1979年改革春风劲吹，胡士勇成了宅坦村第一个弄潮儿，他创办了以生产对联字画为主的龙井轩裱画社，厂址设在葫芦岭村。两年后，由于生产规模扩大，裱画社迁到旺川村。不久，又与省美术出版社合作，裱制对联字画面向全国发行。这一时期，从业工人达到140多名。1984年，胡士勇又创办了徽墨厂，并在全国首创用PAS胶印法仿制古书画，宣纸仿古书画一度风靡市场。他还大胆地将名人画像印在徽墨上，拓宽了徽墨的销售渠道。

1995年，改名后的龙井轩画裱社迁往交通通信更便捷的和尚岭。这一年，胡士勇又根据市场需求开发了手绘精品书画，画裱社设创作室、产品陈列室、休闲室和仓库等，画、裱、销售一条龙。由科班出身的儿子媳妇牵头的书画创作又上升了一个艺术档次，全家人专事书画产销，手绘书画俏销省内外市场。

### 二、胡嘉明和鉴真和尚巨墨

1993年7月，绩溪县上庄老胡开文墨厂制成一块全国仅有世界无双的鉴真和尚巨墨。这块巨墨高70厘米，重24公斤，正面描金，背面刻有用中日两国文字写成的400多字的经文。《新民晚报》《人民日报》海外版、安徽电视台、《安徽日报》等媒体相继报道了此事。

这块巨墨1993年11月由北京一家公司购藏。发起制作这块巨墨的是宅坦的胡嘉明厂长。

1981年胡嘉明、程锦福等11户农民联合创办了安徽第一家股份制墨厂。1988年股东改为7个，胡嘉明出任厂长。1991年胡嘉明持有墨厂全部股份，并再次连任厂长。1993年4月，墨厂与广东进出口公司签订了制作鉴真巨墨的合同。为了创制巨墨，胡嘉明调集全厂技术高手联合攻关，光刻制近1米高的巨大墨模就花去人工材料费5000元。由于墨块巨大，内外干燥时间长短不一，制成的墨坯无论实心还是空心，都极易龟裂。经历多次失败，最后胡嘉明在配方中大胆加入一种辅助材料，巨墨才终于制成。

除了鉴真和尚巨墨，上庄老胡开文墨厂还开发了市场适销的黄山十景、八仙过海、五老图等拳头产品。全国人大常委会副委员长许德珩为该厂题词"艺苑墨宝"，时任安徽省省长傅锡寿到厂参观并与胡嘉明合影留念。

### 三、胡跃辉：实业助残的典范

胡跃辉是绩溪县龙井福利纸箱厂的主要创办人。

胡跃辉出生在一个多子女家庭，1961年他在旌德县读中学时，饱尝饥饿滋味，更亲睹了许多残疾人在三年困难时期的艰辛，对他们产生了深深的同情。中学毕业走上社会后，胡跃辉干遍了拉板车、砌石塝等粗重体力活，但在那个年代，再拼死拼活干也只能勉强维持个人温饱，对残疾人的扶持，根本就是有心无力。

1983年4月，机遇终于到来。胡跃辉与胡天永合股50万元办起了龙井纸箱厂，厂址设在村慕前塘边。但由于当时村公路路况不好，原料和产品运输不便，尤其是联系销售更加不便。为此，胡跃辉于1986年4月果断决定，将纸箱厂迁到交通方便的镇开发区，新建厂房1900平方米。当时全镇有"四残"人员60人，胡跃辉的纸箱厂就安置了40多人，厂名也因之改为龙井福利纸箱厂。胡跃辉将这些残疾人分类安排上岗，由技术过硬的师傅帮带；个别实在不能干活的，工厂就让他们回家歇着，每月上门发给生活费。15年间，福利纸箱厂累计给残疾人发放工资百万余元，残疾职工年收入超过3500元。福利纸箱厂扶贫助残的善举，受到广大残疾人及社会的交口称赞，也得到政府部门的充分肯定。1992年，省政府授予福利纸箱厂"福利企业优秀单位"光荣匾。令人欣慰的是，胡跃辉的儿子胡素文后来接过了父亲交给的助残接力棒，扶贫助残事业又有新起色。

### 四、黄山玩具总厂厂长胡正海

上庄镇开发路边，有几幢建筑考究的厂房。厂门口是"黄山玩具总厂"五个金光闪闪的大字,它就是胡正海领头创办的上庄镇唯一获外贸部颁发"进出口企业资格"证书的玩具加工企业。

1991年创办之初,玩具总厂只有十几台工人自备的缝纫机,靠租借原镇电磁线厂和私宅生产,生产条件实在简陋。两年间,默默拼搏的胡正海和合作伙伴胡合平、胡满金就用辉煌的业绩消除了人们的怀疑。

1993年5月,玩具总厂搬进了投资180万元、占地面积2800平方米的新厂房,年产值由初创时的20万元猛增到580万元,玩具远销日本、美国、德国及中国香港、台湾地区。事业做大,员工年工资总额也随之增加到248万元。全镇有500多富余劳动力在黄山玩具总厂得到妥善安置,有8个分厂分布在本县与邻县。玩具厂安排了宅坦村富余劳动力120人(固定工50人,临时工70人),每年工资性收入超过50万元。

黄山玩具总厂热心公益事业,群众口碑极佳。多年来,企业累计捐款数万元用于架桥、修路、兴学和维护社会治安,企业社会形象进一步得到提升。

黄山玩具总厂及所属8个分厂的1000余名职工中,育龄妇女占到95%。为此,胡正海又支持镇政府在厂内设立计生协会,对加入协会的会员经常进行优生快富基本国策教育,并运用福利补贴的经济杠杆,促使会员自觉实行计划生育,优生优育。

自古英雄多磨难。胡正海从一个泥腿子脱颖而出成为宅坦村改革创业的开拓者,他的人生也充满了酸楚。胡正海兄弟姐妹五个,父亲是一个从上海回乡支农的工人,生活并不富裕。胡正海15岁刚毕业就不得不辍学务农,一次上山砍柴时,不慎跌入陡峭的悬崖,锁骨骨折,幸亏悬崖中间突出一块石头,胡正海才免遭坠亡厄运。死里逃生后,胡正海先后从事过铁路建筑、三线厂建设、镇电磁线厂供销等工作,丰富的阅历为他创办黄山玩具总厂奠定了坚实的基础。黄山玩具总厂能发展到而今的相当规模,出口份额不断增加,一是因为胡正海与时俱进,永不懈怠,立足上海狠抓营销,广延触角,二是真正从教训中认识到产品质量的极端重要性,全面扎实地落实了产品质量管理。

1998年,外经贸部为黄山玩具总厂颁发了进出口企业资格证书,这让企业步入高速发展的快车道。2013年以后,黄山玩具厂调整主营产品,胡正海之子在皖北转营苗木业,玩具生产规模逐年缩小,2019年,玩具厂厂房租赁他人开办了私立学校。

五、在江西投资办厂的胡天永

1995年7月,胡天永投资创办的新隆纸箱厂在江西浮梁新平乡建成投产,产品就近销往景德镇等地,第一年产值即达100多万元,获利20多万元。

胡天永成了改革开放后宅坦第一个在外省投资办厂的能人。

胡天永幼年丧父，备尝生活艰辛。小学一毕业，他就去学木匠手艺，挑起全家生活的重担。1983年，胡天永果断抓住改革开放的机遇，与胡跃辉合股创办了龙井福利纸箱厂，他自己则从木工转行，常驻景德镇市负责纸箱销售。凭着精明和干练，胡天永很快成为独当一面的销售员。

通过算账他清醒地认识到，绩溪（生产地）与景德镇（消费地）间300公里的路程，一年光产品运费就得十几万元，正好是纸箱厂当时一年的利润。如果能在产品消费地设厂就地销售，那该有多好！胡天永萌发了在江西办厂的念头。1995年初，龙井福利纸箱厂实行并股改制，胡天永毅然用股金在江西浮梁开办新厂，依托既往的销售渠道，当年办厂就产销两旺。

胡天永在外省办厂过程中，始终重视聘用出自宅坦的技术骨干和工人，即便为此要多付出一些员工薪金。"舍近求远"的胡天永想的是，办厂不能仅考虑自己的经济效益，更重要的是要乡亲们一起受益，让家乡尽快富裕起来。抱着同样的想法，胡天永2000年在景德镇市区又办了一个纸箱厂，进一步拓展了市场，降低了生产成本。

## 六、玩具业女企业家郑玉娇

在上庄镇的玩具业中，宅坦媳妇郑玉娇以创办新星玩具厂成为后起之秀，自己当之无愧地成为一名女企业家。

1982年，初中毕业的郑玉娇从校头村到宅坦学习缝纫技术，从此与宅坦结下了不解之缘。几年后，她在宅坦成了家。凭着一身好手艺，她先后在黄山玩具总厂、金汇玩具厂从事技术设计工作，主要抓玩具新产品的设计和制样，常年住在上海。生性要强的郑玉娇，眼看一些玩具厂产销两旺，利润稳步增长，也萌发了自己办厂当老板的念头。她的这一想法得到丈夫胡德高的全力支持。通过多方筹措资金近10万元，新星玩具厂终于在1997年8月于县城开工生产。

万事开头难。头两年玩具厂发展得并不顺，从产品质量到原料采购及生产管理，新星玩具厂都交了不少学费。1999年玩具厂主车间迁至县面粉厂闲置车间，这一年生产销售终于出现了转机。2000年总产值达600万元。上缴利税40多万元，全厂现有职工近500人，设分厂13个，分布在黄山市的歙县、屯溪及旌德。值得一提的是，共有70多名县城下岗职工在新星玩具厂重新得到了安置，为政府分了忧。为了就近安排宅坦富余劳力就业，1999年新星玩具厂还特在村内设立分厂，本村和邻村共有80名妇女在分厂上班，年工资平均4000元左右。2000年宅坦分厂共发放工资40万元，经济效益和社会效益显著。

## 七、在上海外滩创办饭店的宅坦青年胡永红、胡合格

上海历来是宅坦人外出经商做工的最主要商埠。自实行改革开放村人外出经商做工的渠道恢复畅通以来，上海仍是村人外出创业的首选目标。把餐馆开到上海外滩的胡永红、胡合格无疑是众多外出创业宅坦人的佼佼者。

胡永红和胡合格的餐馆坐落在外滩中山东路的黄金地段，对面是浦东的东方明珠大厦。每当夜幕降临，华灯齐放，这两家餐馆更显得玲珑剔透。

这两家餐馆都是租用上海外滩渡轮公司的房子开办的。西侧是装潢考究豪华气派的肯德基专卖店。因此竞争十分激烈。这两家饭店的营业面积均不足15平方米，但每年的房租税金及人工费都在20万元以上，要想获利并非易事。

餐馆根据外滩客流量大外地游客多的特点，主要经营快餐盒饭、袋装食品、烟酒冷饮以及照相器材。虽然店面不大，但布局还是十分紧凑的。

为了支付高昂的房租税金，两家餐馆除了延长工作时间外，还通过增加经营品种来尽可能地增收，工作的劳累是可想而知的。

胡永红和胡合格开设餐馆，是与他们善于经营又能吃苦耐劳的妻子分不开的。从经营品种的搭配，招呼食客就餐，这两个精干的女人都使出了浑身解数。每逢节假日的生意旺期，她们都忙碌得嗓子嘶哑。一分辛勤带来了一分收获。前后经营不过三年，他们已积攒起一定的收入。

## 八、南下广东创业的胡振旺、胡月德

在广东省有一座新兴的城市，它就是闻名国内外的四会市及其玉器市场。这个市场有两万多人经营用玉石雕刻玉佩、玉手镯等工艺品的生意，成交额达数亿元，玉器远销日本、东南亚及港台等地区。

1994年，年仅24岁的胡振旺凭着在绩溪县珠宝公司学的玉器雕刻技艺只身南下四会玉器市场创业，靠打工积累资金，于1996年春在玉器市场自设门面，创办"信达玉器商行"，凭着自己识别玉石优劣的慧眼和精湛的玉器加工技术，他多次前往云南和缅甸，购买优质玉石，从而为加工精品玉器奠定基础。"信达"玉器远销国外，获利丰厚。后胡月德也远赴四会设点加工玉器，生意红火。胡振旺、胡月德二人成了宅坦村改革开放后南下广东创业的领头雁。

## 九、胡德平与甲鱼人工养殖

绩溪是山村，交通不便，销路难畅，受这些因素制约，种养业都带着浓重的传统特点。农田大多种植粮食作物，或种植少量的桑树。甲鱼人工养殖，那

是宅坦人想都不敢想的事。1997年春,28岁的青年农民胡德平在父亲大力支持下,投资10多万元创办了甲鱼人工养殖场,填补了宅坦特种养殖的空白。

为了搞好甲鱼人工养殖,1996年冬胡德平去上海、南京考察销售市场,学习养殖技术,掌握了不少第一手资料。

胡德平的养殖场坐落在村南长岭脚下,占地面积1000多平方米,养殖场设有种鳖、稚鳖、幼鳖和成鳖4个养殖池。创办初期,由于缺乏经验,购入了带病鳖种,再加上缺少诊治技术,导致种鳖死亡,当年就亏损两万多元。胡德平不气馁,买来许多养鳖专著认真学习,全面分析致病原因,终于掌握了治疗甲鱼腮腺炎等疑难杂症的技术。在商品鳖未养成的两年多里,胡德平又利用闲置的水池饲养草鱼和鳝鱼,以提高经济效益。1999年10月开始出售商品鳖,由于养殖场的设计模拟野生鳖的生存环境,品质提升,商品鳖一投入市场就十分畅销,前来购买者络绎不绝。

降低成本、优化品质是提高甲鱼市场竞争力的必要前提,但二者不免矛盾。为此,胡德平又利用当地水塘丰富的河蚌、小鱼等鲜活蛋白质饲料饲喂甲鱼,逐步减少价格昂贵的甲鱼专用配合饲料用量,使养殖成本下降了10%以上,其商品鳖在江苏、浙江的销售市场也因之打开。

## 十、胡观义畜鱼综合种养效益好

宅坦鱼塘星罗棋布,养鱼历史悠久。但利用猪粪养鱼、利用塘泥培养果树的种养模式在宅坦尚无先例。胡观义就是率先吃这只螃蟹的人。1996年,胡观义在广东东莞搞建筑,他看到当地立体养殖综合开发效益不错,遂萌发了在老家建综合种养场的念头。

目标已定,胡观义父子仨并雇人利用1997年秋冬闲投工100多个,开挖了大、中、小鱼池3口,并投资3万元在池塘盖起了可养百头肉猪的栏舍。至此,一个占地面积1300平方米的综合养殖场终于建成。

天有不测风云,行情瞬息多变,1997年猪肉售价和毛猪价格每斤分别高达7元和4.5元,但到了1998年猪肉价格却大幅度滑落,毛猪收购价每斤只有2.4元,而购进的颗粒饲料每斤将近1元,这一年养殖场亏损了一万多元。为了从疲软的猪肉销售市场杀出一条生路,胡观义从降低饲养成本入手,逐步用自制的配方饲料取代外购的颗粒饲料,主要原料就地取材,这样一来饲料的成本下降了30%左右。同时增加以猪粪为饵料的鲤鱼、白鲢和鲫鱼等饲养量,从综合养殖中获取效益,此外,又调整了养猪结构,增加母猪的饲养量,以出售仔猪为主。正是凭着灵活的经营思路,胡观义的养殖场顺利走出低谷。

为了进一步提高经济效益,胡观义又将肥沃的塘泥挑堆在塘坝上,在塘坝上栽了许多果树和葡萄。1998年秋，桃树和葡萄已开始挂果，综合种养场由此又增加了一项可观的收入。

这几年，猪肉价格一直偏低，走自产自销之路势在必行，为此，胡观义又让儿子开设商店，兼售猪肉，仅此一项，胡观义可多收入近万元。

胡观义不愧为宅坦农业由小农生产向综合开发转变的开拓者。

编者按：以下诸篇现代人士的简历（传）多转引自子女或本人所写，原收入2000年版《龙井春秋》，文责自负。20年后出版本村志，多数传主已谢世，由编者补足传主卒年，以求资料完整。

## 第三节　现代人士

### 胡洪谊（1912.11—2001.8 ）

行名成沂。出身贫寒，木匠技艺精湛，年轻时参与旌德江村江氏宗祠修建。中华人民共和国成立前后，多次主持宅坦宗祠的维修。1947年参加革命，稍后任旌（德）绩（溪）歙（县）三县接合部中心党支部副书记兼组织委员，发展党员10余人。中华人民共和国成立后，任绩溪县土改委员会委员，负责宅坦土改。历任宅坦农会主任、高级农业社社长、宅坦大队大队长、党支部书记等职。

三年困难时期，顶住压力，倡议提前解散公社食堂，让村民上山挖蕨挖葛解决严重缺粮问题。"文化大革命"初期冒着极大风险保存了宅坦珍贵的宗祠档案资料，后遭揪斗。1979年复任村党支部书记后，又发动村民筹集资金修通旺川至宅坦全长2公里的乡村公路，宅坦村从此通车。

### 我们的父亲胡昭璧（1916.9.22—2007.4 ）

我们的父亲胡昭璧已是一位白发苍苍、步履蹒跚的耄耋老人了。他的心脏有力地跳动着，跳动的是时代的脉搏。他已经看到中国在20世纪尤其是实行改革开放以来发生的巨大变化，他还要看一看21世纪中国希望的曙光和良好的开端。孩提时代我们七个兄弟姐妹，平时很少见到父亲，也更难得父亲在节假日带我们去玩耍。他总是早早上班，迟迟下班，日复一日，年复一年，风雨无阻，雷打不动。父亲对革命事业兢兢业业、执着认真的精神，严谨细致的科学作风，正直善良的高尚品质，爽朗豁达、风趣幽默的性格，我们成人时才有认识，并随着年龄的增长认识得更深刻。

父亲从小聪明顽皮,爱好运动,读中学时成绩名列前茅。父亲 1939 年夏毕业于上海复旦大学化学系,先后在学校任教师、讲师,在工厂担任工程师,之后参军,投身革命。1949 年夏,任南京华东军政大学和军事学院教员组长,主任教师、讲师、副教授,其间多次荣获刘伯承院长、政委等颁发的文化教学奖。1959 年冬,调入南京军事学院防化系领导教学培训工作,兼任战剂组组长。1960 年冬被借调军委防化兵部主编军事文化教材。1964 年 5 月转业到江苏省轻化工业厅科研所(后改为化工所),担任技术所长(高级工程师),另任中国化学化工学会理事、江苏省技术委员会副主任等职。在此期间,曾领导高分子、精细化工等新材料的研制,均获成功并投入生产,为此荣获国家三等奖和省、部多次奖励。1980 年又荣获化工部国防化工科学技术管理成绩显著奖。1990 年春被化工部授予化工科研老专家荣誉称号。现为厅级离休干部。

父亲作为一名老共产党员,他严以律己,无私奉公,是人民的好公仆。他对子女一向严格要求,既是我们的慈父,又是我们的严师,更是我们的益友。他作风开明,谈吐风趣幽默,对子女的成长、做人产生了重大的影响。

父亲取得的每一成就,都是与母亲的支持分不开的。先母刘承学是一位教师,在父亲忙于事业时,她相夫教子,料理家务,赡养老人,七个孩子中有六个学历在大专以上,都在各自岗位上为祖国建设尽职尽责。母亲抚育孩子的艰辛,是我们难以用语言和文字来表达的。

半个多世纪以来,无论是"平湖泛舟",还是"惊涛拍岸",母亲总是与父亲同舟共济,相濡以沫。父母热爱祖国的大好河山,他们走遍了大江南北,长城内外,每到一处都合影留念。

父亲是一位健康老人,生活极有规律。他运用学到的健身知识,自创一套保健操,每天早晚坚持锻炼。父亲晚年双眼近乎失明,但他思路清晰,反应敏捷,坚持阅读报刊,收看电视,聆听广播,关心国家大事。

2000 年 5 月初,八十五岁高龄的父亲饱含对故乡的深深眷念和对父老乡亲的一片深情,携长子胡匡庆、次子胡匡进(胡军)等乘火车返回故里,访亲寻根,走访村民,与村干部开会座谈,为了建设家乡献计献策;他率先发起编印村志家谱,多方筹捐资金,并亲自编改,用村志和家谱这一精神文明产品教育启迪后人永远爱国爱乡,激励人们走有中国特色的社会主义道路。

从父亲身上我们看到,老了也是美丽,一种成熟、深沉、朴实的美丽。父亲坚信:祖国的明天更加美好,家乡的未来充满希望。

匡华、匡美、匡丽、匡玲、匡萍<br>
匡进座谈拟稿　匡庆整理定稿<br>
2000 年 7 月 17 日

### 胡鹤龄（1918—2008.4）

行名匡北，1918年生于北京。幼年随父母奔赴云南、上海、杭州、武汉等地读书。抗日战争期间回到四川进国立二中。高中毕业后考取云南大学农学院农艺系，1944年大学毕业，获学士学位，专攻遗传育种。1950年于苏南行署（署所设无锡市）筹建苏南种子公司，1953年苏南、苏北种子公司合并成立江苏省种子公司，一直在省种子公司从事农作物育种和推广工作，在农垦农场获先进工作者。1957年参加农工民主党。1980年任江苏省种子学会秘书长，为中国农学会会员。多次参加国内种子培育研究学术讨论会，获江苏省科技学会奖状。1987年退休，被评为高级农艺师，享受正处级待遇。

### 胡为美（1921.9—2009.3）

行名天里，上海军医大学进修班毕业，历任皖南军区军政干校医生，皖南军区直属门诊部主治军医，后升任主治医师及六安军分区卫生所所长。1979年离休，正团级。

### 八秩抒怀 胡匡琛（1922.9—2006.5）

我于1922年9月出生在芜湖，当时父亲奉交通部派遣赴日本深造。母亲任小学教师，子女5人（后来又添了5个弟弟，此是后话），上有高堂，仰事俯畜，辛苦备尝。直到父亲学成归国，在北京交通部任职才全家北上，暂居北京。那时我才4岁，因为军阀混战，北洋政府经费支绌，公务员薪水无着，父亲谋食关外，全家又远去东北，定居在长春。1931年"九一八"事变，我已9岁，虽然年幼无知，但恐惧之心还是有的。在日军铁蹄之下，只听得日夜枪声不绝，我们住的那个大杂院今天王家明天李家，天天有人被日本鬼子拉出去不知下落，家家户户闭门不出，噤若寒蝉，人命危浅朝不虑夕。小孩不敢上学，大人不敢上班。父亲37岁，正当壮年，目标太大，连夜化装由大连渡海入关，母亲随后带领子女返回关内。

1937年抗日军兴，我在芜湖开始读初一，才上两个星期课，又不得不逃难流亡。那时候有钱人家沿江西上，去的是武汉、重庆，我们一大家人无此财力，只能沿青弋江南下投亲靠友。1938年春节过后，回到老家绩溪宅坦。家乡虽好，只是坐吃山空终非了局，父亲天天写信，四处求职，也没让我们小孩闲着，命我们弟兄跟族叔品辉公（昭德）读古文，这也算是逃难途中的一个额外收获。

1938年初夏，全家告别故乡，辗转去湖南衡阳。父亲在湘桂铁路局谋得一职，但养家糊口又谈何容易！当时父母姐弟8口之家，又有亲戚避难来投，12口人，米珠薪桂，侨居异乡，凭父亲微薄薪水如何维持？当时我年方16岁，不得不替父分忧，在湘桂铁路当上一份车僮。车僮干的活和今日列车员相同，但身份地位与列车员不可同日而语。倒霉的是没干几天又丢了一床卧铺车里的毯子，正是屋漏偏逢连夜雨。再加上当时衡阳也非善地，敌机天天轰炸，家毁人亡时有所闻，我们全家又迁居到湘桂线上一个名叫冷水滩的车站。父亲一人在衡阳坚守岗位，他命我和大姐束装入川，自谋生路，从此开始了我告别父母、流亡求学的途程。

当时国民政府为收容沦陷区的流亡青年，在后方各省办了十几所国立中学。位于四川江津的国立九中，前身是国立安徽二中，是我唯一的选择。九中创校初期条件十分艰苦，只有校址没有校舍，没有课堂，我报到的初中部设在名叫云庄祠的老百姓祠堂里。分班时我被分在初中二分校，分校校部设在五桂祠里，也是老百姓家的祠堂，因祠堂大门前平坝上有五棵桂花树而得名。祠堂陈旧，东倒西歪，当中还供奉着老祖宗的牌位，上课在祠堂侧屋，夜晚睡在祠堂大殿。当时我们都是享受公费读书，吃饭是不花钱的。我因家在湖南衡阳，经济来源经常断绝，身无分文，赤脚草鞋在所难免。学校经费有限，加上物价飞涨，管事者中饱私囊，这就苦了我们这些穷学生，吃的是带有砂石稗子的"百宝饭"，并由二干一稀改为二稀一干，天天是萝卜片盐水煮胡豆，有天早餐不知什么原因，饭桌上常见的菜碗不见了，代之以一小碟子咸盐，生活之艰苦可见一斑。晚上上自修课时没有电灯，点的是土油灯，先用菜油，后改为烧桐油，内置一根灯草，燃之取亮，在半明不灭的油灯下切磋学业，虽然如此艰苦，我们这些学生心系抗战，以赶走日军为己任，仍是勤奋读书学习。虽然我跳了三学期，初中毕业时成绩仍在全班前十名之内，得以被保送直升入高一分校。高中三年仍十分艰苦，再加上疾病缠身（恶性疟疾），但仍发奋学习，希望在九中高中毕业后能考上大学。皇天不负苦心人，1943年暑假被三所大学录取，思之再三决定进同济大学学习。

在同济学的是工学院机械系，学制6年。1949年毕业，是上海解放当年第一届毕业生。毕业后首先在华东人民革命大学学习，供给制。不久即被分配到山东青岛四方机车车辆厂工作，历任实习生、技术员、工程师。

1954年铁道部根据苏联专家的建议，将铁路工厂从事蒸汽机车技术工作的工程技术人员由有关单位集中到大连机车车辆工厂，从事新型蒸汽机车的设计工作。大连厂比四方厂建厂早，工人技术骨干多，为集中一大批技术人员使机车的设计制造能更快更好上马，我成为被集中人员之一。在大连厂后被分在产品设计科，该科有9个组，组员约160人。我分在机械组，全组约25人，我为工程师，不久升为组长。从1954年至1958年4年间我在大连工厂参加了4种型号的蒸汽机车设计，其中为和平型蒸汽机车施工设计编制总进度表受到单位奖励。在这4年间，我还代表人民型机车主任设计师到四方厂参加按大连厂（设计主导厂）供的图纸进行试制。完工后经试运修改部分设计，我又因人民型蒸汽机车设计主导厂的变更调回四方厂。

1958年6月，长辛店工厂制成600马力内燃机车，掀起有关厂试制试验内燃机车的高潮。四方厂不甘后人，亦组织有工厂学校、科研机构参加的设计班子，设计试制单节2000马力液力传动内燃机车。1958年9月设计完工，10月投入试制，1959年5月底完工，机车命名为卫星型。工厂指定我为该车主任设计师。1959年3月16日至21日，铁道部在戚墅堰工厂召开第一次全国性内燃机车技术会议，我与另一位工程师代表四方厂参加了会议。会议组织者还安排我在会上发言，汇报了卫星机车设计试制情况及存在的问题。1959年6月5日，四方工厂召开内燃机车设计试制试验会议，部、局领导和苏联专家及其他有关单位代表多人参加。为介绍卫星机车，我赶写了一份资料，有图表、照片多页。这份资料后经有关设计师补充又经我全面校对，定名《卫星型液力传动内燃机车》，正式出版。

1965年四川成都机车车辆工厂需要技术骨干充实，我服从分配又调到成都工作，历任副科长、设计组长，直到1979年。十年浩劫中，批斗、下放劳动在所难免，无须赘言。刚好大连热力机车研究所需要力量充实，前来商调，我也乐于离开成都厂，这样在大连又待了近一年。1980年应邀去安徽铜陵工厂，担任副总工程师，1982年晋升高级工程师，1988年批准离休，享受局级待遇。

于今我虚度七十有九，望八之年。一生回顾，童年身受亡国之苦，少年时日军侵略，被迫流亡失所，皆因国民党腐败无能，国力不济，受人欺凌。如今国家强盛，人民安居乐业，有顺口溜曰："八十不算老，九十年尚小，人生一百岁，正是春光好。"愿台湾早日回归，国家和平统一，腐败贪污无立锥之地，则人民幸甚，国家幸甚！

### 胡昭仰（1923.3.26—2005.1）

1923年3月26日生，字涤生。四龄丧父，由母章氏以慈母而兼严父抚育成人。学习勤奋，小、中、大学成绩均名列前茅。抗日战争期间在母氏带领下，由芜湖避难皖北，于1938年春节返宅坦。适胡适夫人江冬秀亦由沪避居上庄，两家时相来往。先是铁花、胡适二公与宝铎、文骐（昭仰之祖、父）二公均莫逆之交，两代世谊。胡适曾对昭仰之父及兄说过："只要是你们家托我办的事，如我办得到，我是没有不办的。"关系之密，可以想见。以是冬秀初识昭仰，即青睐有加。曾随其返旌德江村探亲，并作伐以族妹冬妹（又名丽贞）妻之，亲自主持在江村举行订婚典礼，两家关系益加亲密矣。丽贞1925年11月8日生。

里居期间，昭仰尝与炳祺等人代表宅坦村村民参加龙井乡乡民大会。时苛捐杂税，民不堪负，昭仰主动登台慷慨陈词，以抒民愤，台下掌声如雷。乡人闻之，无不称快。

抗日战争胜利不久，昭仰大学毕业，以成绩优异留校，先后任助教、讲师。上海解放（1949年5月）前夕，在校地下党领导下为护厂护校维护治安尽力。1949年12月，由组织调往华东贸易部等财贸单位工作。1954年调北京，任商业部秘书。后因社会关系影响，下放北京市任中学教师。曾被评为北京市朝阳区先进教师，并经市职称评审机构评定为语文专业高级教师。昭仰承父、祖家风，爱好文史，退休前后，笔耕为乐。曾奉邵夫人傅学文之命，协助编撰《和平老人邵力子》等书。投稿并参加社会各界征文活动，屡获报载或电台播出。1999年为国际老人年，昭仰的作品入选《国际老人年中华老人诗文书画大赛作品集》，参加了1999年11月22日在北京人民大会堂举办的大型笔会暨颁奖会。

昭仰与丽贞中学同学，结婚后生一子匡大二女匡玲、匡园。丽贞先后在芜湖、上海、北京等地小学任教，"文化大革命"中受严重冲击，恢复工作后一如既往地认真教学，资助困难学生。因教学成绩突出，被评为西城区先进教师。

### 胡匡炳（1923.11.1—2006.4）

少时毕业于芜湖芜关中学。1948年任天津证券交易所会计，后考入中国人民银行，分配在天津市和平区营业所任出纳组长。1956年调天津国营登瀛楼饭庄为公方代表、经理，1966年又调到天津市和平区饮食公司任科长等。

### 胡子榴（1954.12—  ）

胡子榴，行名胡天寿，本科学历。年幼家贫，拜师习艺，均学有所成。1973年应征入伍，历任第50军公务员，军首长警卫员。因勤快好学，深得首长赏识，旋即升任一四九师排长、连副指导员、指导员、营教导员。服役期间，参加对越自卫反击战，两次荣立三等功。1986年转业地方后，担任中国人民保险公司旌德县支公司经理，后升任宣城市保险公司副总经理、总经理，省人保公司督导员，总公司高级政工师，长期担任宣城市保险行业协会会长。退休后自主经营船舶营运和船舶制造。在任和退休期间，热心桑梓公益事业，慷慨捐款建路、修亭，又大力支持翻印和续修明经胡龙井派宗谱，担任荣誉总编审，殊堪嘉许。工作之余，酷爱书画。

### 胡匡敏（1924—  ）

梦华长女，南京中央大学（现南京大学）外国文学系毕业，美国西东大学双语硕士。历任天津青年报副总编,中国青年报编辑秘书,湖北青年报副社长。副厅长级干部,适王守一,育有三子。

**胡匡祥**(1925.3—2005.6)

昭望长子,上海大学毕业后先后在哈尔滨中学、江苏镇江铁路局工作,著有数学论文两篇。

**我的自述 胡匡璋**(1927.2—  )

我于1927年2月生于北京,不久就举家出关,家居长春。1931年"九一八"事变,我才4岁,幼稚无知,此后怎样间道潜行入关都记不得了。回到关内先后定居于安庆、芜湖,过了几年太平日子。1937年抗日战争爆发,我正在读小学五年级,又被日军赶得逃难流亡,这是我第一次辍学。1938年春节过后回到故乡宅坦,奉父亲严命,追随昭仰叔和匡琛五哥,就学于品辉叔,启蒙读物为孟子,虽然为时甚暂,然而毕生受益,师恩难忘。

抗战时基本是在湖南度过的。抗战期间以父亲一个人的薪俸维持全家生活实在难以为继。这期间大姐、五哥西去四川,自谋出路。父亲勉强维持我读到高二上,我只得弃学就业,在湘桂铁路衡西站做一个小职员,这是我第二次辍学。然而,"堤外损失堤内补",这两次辍学耽误的时间都被我跳班跳过去了,不影响我于1945年以同等学力考入同济大学,学制五年,1950年毕业。

我学的是土木,主攻桥梁,毕业后留校当助教,师从李国豪教授。1954年初提升为讲师,1956年加入中国民主同盟,在业务上和政治上都处于"欣欣向荣"的境地。不料风云突变,1958年在反右"补课"阶段被划为右派,从此经历"右派—摘帽右派"的坎坷路,凡20年。幸而我没有自甘沉沦,在逆境中政治上仍力求上进,业务上不敢懈怠,暗合了"莫问收获,但务耕耘"。

1973年我因院系调整调到上海铁道学院。1979年获得改正,恢复讲师职称,工作条件也有所改善,1980年提升为副教授。1979年以后多次获得上海铁道学院先进工作者称号和优秀教学奖。主持科学研究,主编教材获得上海市优秀产学研工程项目二等奖,科技进步三等奖;铁道部优秀教材二等奖、科技成果三等奖及科技进步三等奖;中国铁道学会优秀论文一等奖。发表论文40多篇,培养硕士研究生13名。主编有《槽形梁》《桥梁》及《上海市标准预应力混凝土结构设计规程》,参加编写或主审的有《中国土木建筑百科辞典》等六七部。

我早在50年代就已申请入党,经过数十年不懈努力,终于在1985年6月成为一名光荣的共产党员。1986年升为正教授,1987年获上海市先进教育工作者称号,中国民主同盟上海市委授予社会主义建设积极分子称号。1991年获铁道部授予的全国铁路优秀知识分子称号。1992年起,享受政府特殊津贴。1992年、1993年获上海铁道学院优秀党员称号。

80年代以来,中国桥梁建设蓬勃发展,我在桥梁建设的实践中也尽其所能,贡献了自己的力量。曾在广东高明大桥、上海南浦大桥、杨浦大桥、广东汕头海湾大桥、虎门大桥、浙江建德新安江大桥、江苏江阴长江公路大桥担任技术顾问,常年奔波于粤、浙、苏各地。主持设计的大桥有青岛四流中支路立交桥、青岛瑞昌路立交桥、江西景德镇瓷都大桥等,其他中小跨度桥梁难以一一列举。在学术工作中,曾任中国土木工程学会桥梁及结构工程学会理事,桥梁钢结构协会理事,上海土木工程学会桥梁学术委员会委员。1994年退休,仍担任上海徐浦大桥主桥安装总监。徐浦大桥1997年建成通车,获上海市政工程金杯奖。我已届古稀之年,如今七十有四,虽退居蜗室,仍有咨询、顾问、评审任务纷至沓来,生命不息,贡献不已,此之谓乎?!

### 胡匡瑞(1928—2014.1)

梦华长子,北平朝阳法学院肄业,台湾行政干校毕业。在台历任财税职务,退休前任台湾省财政厅副厅长。育有二子四女。

### 胡匡琦(1929—  )

梦华次子,清华大学电机工程系毕业,美国南加州大学计算机工程硕士,曾任一机部第八设计院主任工程师,天津发电厂设备厂主办工程师,美国半导体设备有限公司高级软件工程师。育有二子。

### 胡匡政(1931—  )

梦华次女。台湾大学医学院毕业,历任美国纽约市小儿科医生及小儿科专家,美国加州少儿科医生等。其夫婿钱煦博士为世界著名科学家。育有二女。长女钱美仪,次女钱美恩。

### 胡焕新(1932.4—2013.1)

又名焕兴。中专学历,高级经济师。曾任中国农业银行总行副主任。

在职期间,在力所能及的范围内对绩溪的经济发展做出了较大贡献。业余喜欢研究金融理论,编写的著作有:《商业承兑汇票与贴现》《供销社财务会计》《信贷资产风险与管理》;参与编写的有:《中国金融实务大全》(任该书第五篇《农村信贷》分主编)《农业银行经营管理学》等。下附个人大事记:

1956年7月参加全国农村金融先进工作者代表会议,受到毛泽东、刘少奇、邓小平等领导的接见并合影留念。1992—1993年在国务院清理"三角债"办公室工作期间，由于工作成绩优异，获得朱总理（当时是副总理）亲笔签名的奖状。1993年两次随朱总理到湖北、河南开会和视察工作。为《人民日报》《经济日报》《中国金融报》等报刊撰写稿件十几万字。

### 胡匡冀（1933—  ）

梦华三子。台湾大学电机硕士，美国明尼苏达州大学电机硕士，任美国商用机器公司（IBM）高级工程师至退休。育有一子一女。

### 胡锡光（1933.9.6—  ）

行名匡炽，后改为匡志。1933年9月6日出生于宅坦。桂枝小学毕业后，在上海一家针织内衣厂当学徒三年，中华人民共和国成立后，自学初中全部课程，考入常州戚墅堰铁路技校铸造专业，毕业后一直从事火车机车技术研究，历任车间主任、工程师。主要技术革新的成果有：

1.解决因火车轮辐与轮网连接处"起夹子"造成报废率高达60%-70%的技术难题，大大提高了冷铸车轮的正品率；2.针对冷铸车轮需要大量面粉的缺陷，发明用原砂和陶土取代面粉的新工艺，为国家节约了大量工业用粮；3.攻克合金铸铁件内在缩松导致泵压泄漏的技术难题，采用一种耐高温的玻璃纤维织物捆绑主油道泥芯，取消铸入钢管，成功实现油道内光洁无粘砂、受压不泄漏的目标，这一工艺后来成为国家专利。著有专著《铸造工艺学》，同时为《人民日报》《新华日报》《中国青年报》撰稿，共有150多篇文章见报，有的文章被多家报刊转载。

### 胡匡禾（1934.5.18—  ）

又名喜雨。小学和中学分别毕业于本村桂枝小学和休宁中学，1958年毕业于南京工学院（现东南大学）。大学毕业后分配到四川农业大学、西南农学院从事教育工作38年，1995年退休。历任农业机械学副教授，院教工党支部书记，兼任四川省农机学会加工机械委员会委员。

1978年出版了《耕整地机械使用维护》一书（四川人民出版社出版），发表论文多篇，培养硕士研究生多名。1992年享受国务院专家津贴。

结合教学致力于农业机械研究工作。研制的ILS-240A型螺旋水耕机、STD-45（60）脱粒机、STD-55型立轴式脱粒机等机具都获使用推广。其中螺旋式水耕机获得重庆市推广奖并获专利，专利号912271167。1996入选《中国当代发明家大辞典》。妻孙俊辉，毕业于北京农业机械化学院，任教于西南农大，副教授。子应联、女应希均为工程师。

**胡天毅**（1934年12月—　　）

1958年毕业于苏联莫斯科斯大林矿业学院，同年获硕士学位。1956年在苏联加入中国共产党，1958年学成归国后，先后在抚顺煤炭研究所、燃料部、化学工业部工作。历任副处长、处长、局总工程师、世行贷款办公室副主任等职，多次受到中央领导接见。职称为教授级高级工程师，享受国务院特殊津贴。

多次参与编写煤炭科技发展十年规划及化学矿山科技发展十年规划；参与并负责我国三个磷肥基地的建设。编译并参与编写的著作有：《露天煤矿边坡稳定》（1963），《煤矿露天采矿手册》（1980），《英俄中矿业辞典》《中国矿山采矿手册》（任编委、1985）在煤炭、化工专业技术杂志发表论文多篇，其中与美国一家公司合作的论文在国际化肥会议上宣读。

儿子胡昭楠1985年毕业于上海医科大学，上海华山医院主任医师，1998年获医学博士学位，儿媳刘立新1989年获儿童心理学硕士学位。

**胡匡九**（1935—　　）

梦华四子。台湾大学政治系肄业，得到胡适先生的资助赴美留学深造，获美国加州长堤大学企业管理硕士。历任施乐复印机公司工程师、经理及地区副总裁，美国金士顿公司驻欧洲总裁。育有一子二女。

**胡昭庚**（1935.10—2012.3）

30年代末在桂枝小学就读，1942年离开宅坦去浙江兰溪新安小学就读。1956年入杭州大学生物系学习，毕业后先后在金华师范学院和淳安中学任教。"文化大革命"后从事微生物研究工作，高级工程师。曾任浙江省淳安县微生物研究所所长，浙江省食用菌协会常务理事等职，出版著作4部：农业出版社1999年出版3部《食用菌菌种分离制作与贮藏》《十七种药用真菌栽培》《食用菌制作技术》。浙江科技出版社1997年出版《菇农手册》。合编的著作有《中国食用菌百科》《中国实用科技成果大辞典》等，另发表论文90多篇，编写食用菌培训资料20种。

**胡天伦**（1935.12—　　）

1935年12月出生于宅坦一个贫困家庭，父亲被抓壮丁后下落不明，家里全靠母亲，幸得村中一位德高望重老者资助读完小学。中华人民共和国成立后，靠人民助学金完成初中到大学学业，以优异成绩毕业于合肥师范学院，就业于安徽师范大学。副教授。担任世界近代史、美国史、领导学等课程教学工作。发表《略论门罗主义》《林肯的外交策略在内战中的作用》等论文，撰写《领导学》等教材，合著有《国际关系史》《世界近代史》《世界近代史词典》《简明国际人物词典》《世界文化之谜》等。

### 胡成业（1936.7— ）

高小毕业随父做裁缝。1955年入伍，高级经济师。中国索引学会会员、历任安徽大学胡适研究中心副研究员、徽州师范专科学校徽州文化研究所研究员，绩溪徽学会会长。

从1980年2月始收藏胡适研究资料，现藏胡适研究专著120多本，各类资料照片3000余件（篇）。所编辑的《1979—1990年胡适资料索引》在1991年全国首届胡适学术讨论会上受到专家好评，并被选入《胡适学术文集》。另编有《1992—1996年胡适资料索引》，多次出席全国胡适研讨会和"胡适与中国新文化"国际学术研讨会，发表胡适研究文章30多篇，结集成书《胡适外传》。此外，还收集烟标、门券，自办《始信峰集藏》。入编《中国收藏界名人辞典》《中国大百科专家人物传集》。

先后供职于县委办公室、档案局、丝厂、县委宣传部、县党史办公室等部门，1996年任县人大常委会农工委主任。

### 胡天德（1936.12— ）

乳名黑炭，1936年12月生。1954年旌德中学毕业后被选到河北唐山工作，后为照顾双亲弃职务农。1956年考取黄山林校，毕业后分到南陵国有林场和县森防检疫站，1982年评定为林业工程师，1993年评定为高级工程师。

获得的荣誉和发表的论文主要有：1978年在华东六省市代表参加的安徽省森林病虫防治学术报告会上宣读论文《双条杉天牛生态调查与防治》，受到好评。1978年参加全国第二次科学大会。1981年至1983年3次出席全省科技先代会和先进集体劳模会，万里、张劲夫亲自授奖。发表《杉木苗期管理》《毛竹长尾蚜生态调查与防治》等论文十几篇。

育有三子一女。第三子胡昭志与妻子杨姗均为硕士生。胡昭志1996年被选调到中国航天工业集团属下的江河化工厂，担任厂党委办公室主任兼组织部部长，其妻杨姗在该厂科技处任主管。该厂属国防科工委及集团双层领导。

### 胡匡民（1937.2.1— ）

1960年毕业于皖南大学化学系，历任宿州师范专科学校化学教师、讲师、副教授兼系主任。著有论文《谈谈防止化学药品在储存中的变化问题》，与儿子胡冰合著有论文《配位化合物的颜色》。

### 胡昭绥（1937.11— ）

又名福祺，1937年农历十月初六生于宅坦，1956年毕业于上海城市建设工程学校，1956—1957年进修于上海同济大学。参加工作后主要从事道路与桥梁专业的教学、设计和施工。历任大专教师、中专校长、设计研究院副院长、沈阳高等级公路建设总公司总工程师。高级工程师。参加、主持市政建设工程数十项，较大的重点工程有沈阳至大连高速公路，沈阳绕城高速，济南至青岛高速公路以及杭州至宁波高速公路等。妻齐文美、儿胡宇翔均为高级工程师。

### 胡匡国（1938.1.23— ）

1962年毕业于南京工学院土木工程系，分配到总参某部任中尉技术员，1978年转业到广电部设计院土建室。历任工程师、副教授、高级工程师、教授。著有建筑方面论文4篇。优秀共产党员。妻米逸颖任北京医院主任医师、全国政协委员。

### 胡匡祐（1939.7.6— ）

1962年毕业于南京大学物理系，分配至中科院生物物理研究所工作。历任助理研究员、副研究员、研究员、博士生导师、研究室主任，中国生物物理学会专业委员会主任、学报编委等职。主要从事人工智能与模式识别研究，共有50多篇论文发表在国内外学术刊物上，并多次参加国际学术会议，主持多项国家自然科学基金项目研究。共获得中国科学院和部级重大成果奖4项，国家科技进步二等奖1项。享受国务院有突出贡献专家津贴。被评为"中科院先进工作者""中央和国家机关优秀共产党员"。妻子苏万芳也是中科院生物物理研究所高级工程师。

### 王化荣（1940.4— ）

又名王瑞彬。1965年7月毕业于安徽水利电力学院水利系河川枢纽与水电站建筑专业（五年制），分配到旌德县水利电力局从事水利水电专业技术工作28年。1982年7月晋升为工程师，任设计主任、水电局副局长。1995年12月晋升高级工程师。发表的论文、著作主要有：《浅论县城的防洪问题》；《农用水利开发规划（书）》；《PCC-84新型材料在里塘水库的应用》；《套井回填技术在里塘水库应用》；《甲戌旌德大旱浅析》。

**胡匡中**（1943.3— ）

又名国光。1957年宅坦小学毕业，1960年至1964年在安徽水利电力学校学习。1964年8月迄今在宿松县供电局（宿松县电厂）工作，主任工程师，县供电局副局长。

主要业绩有：主持设计和施工太湖至宿松35千伏输电工程、花凉亭至宿松110千伏送电线路工程、宿松110千伏变电所配套工程等。

主编、参编《宿松县农村电气化发展规划》《宿松县电网九五规划及2010年设想》。主要论文有《宿松县电力发展述详》。

1988年11月入编《安庆科技人物志》；2000年4月经《中华人物丛书》编委会审定，入列《政协委员风采录》安徽卷。

**胡纪良**（1944.11— ）

生于上海。高级工程师。1968年毕业于东南大学（原南京工学院）土木工程系公路与桥梁专业，分配到安徽省公路局工作，任省公路局三处副处长。1984年调任省公路桥梁工程公司副经理，兼任省公路学会常务理事。1988年调任绩溪县交通局副局长，主任工程师，318国道宣广段总工程师。主持修建凤台淮河大桥（斜拉桥）及宣州市东溪大桥、双桥、铜陵黄浒大桥等20多座桥梁，凤台淮河大桥被交通部评为优良工程，并有两项施工成果在全国推广。在全国和省级公路桥梁杂志上发表论文5篇。

在担任绩溪县交通局领导期间，曾尽力为村公路大修争取资金数万元，对此，村人有口皆碑。

**胡应仁**（1945.4.19— ）

天津工学院毕业后历任河北省望都县机械厂技术员、河北省保定市电力学校教师。因成绩突出被评为优秀教师、先进工作者、模范教师。高级讲师。

**胡匡庆**（1945.5.14— ）

1963年南京第十中学毕业后入空军导弹部队服役，参与击落美制U2飞机战斗，荣获中央军委嘉奖，1964年7月23日所在部队受到毛泽东等党和国家领导人接见并合影。1969年转入南京煤炭指挥部、江苏进口合成氨化肥厂工作。1979年调江苏省委统战部工作。经省委机关大学学习毕业后，任统战部科长、副处长。1993年起在江苏省总工会历任工运学会秘书长、副会长、工运研究所所长，省工会干部学校校长等职，正处级干部。

## 第十二章　传略选辑

**胡匡大（1947.9—　　）**

昭仰子。插队 8 年后保送大学学习，毕业后先后在吉林通辽市、天津市及北京市任中学教师。数学高级教师。著有《中国教坛名师力作·龙门题典·初中数学》及《学必优·同课辅导·练测考·初三数学》等书。妻崔丽红，大学毕业后先后任通辽市、天津市及北京市中学教师。英语高级教师。生子应斌。

**胡应礼（1950.11.12—　　）**

1968 年在黑龙江生产建设兵团任副班长、班长，1977 年毕业于南开大学生物系。1977—1984 年任天津医科大学医学基础部教师，1988 年在天津师范大学获硕士研究生学位，1989 年至 1991 年在天津医科大学任神经研究所研究员。1991 年 7 月，美国加州大学圣地戈分校生物工程系访问学者，后正式聘为助理研究员。妻戴惠屏 1976 年毕业于天津医科大学，任医科大学第三医院妇产科主治医师。出国后任美国加州圣地戈市西布隆生物公司研究员。

**胡应南（1951—　　）　退休前的我**

48 岁那年，天赐良机，让我有机会选择了另一种生活。1998 年末，人民银行机构改革，允许工龄满 30 年者提前退休。次年元月下旬刚满 30 年工龄的我离开人行岗位，帮助定居美国的两个弟弟胡应和、胡应在国内发展基因工程制药事业。

我们的父亲在铁路工厂工作，调动频繁，全家也随之多次搬迁。我 1951 年出生于青岛，6 岁半在大连上学，1958 年秋全家搬回青岛，1965 年 10 月全家又迁到四川成都，从此在成都生活安家。

1963 年夏季我考入青岛铁中，在成都 21 中完成初中学业。1969 年元月 22 日赴四川眉山将军公社插队当知青。1971 年 10 月招工为成都百货公司营业员，1978 年 7 月有幸参加高考，被四川财经学院录取。

我们这一代经历了"三年自然灾害"和"文化大革命"两个特殊时期。"食物""知识"两种饥渴伴随了整个青少年时代，身体文化都很吃亏。1977 年恢复高考，老三届有了上大学的机会。1978 年四川省 24 万文科考生仅录取 3000 人，我榜上有名。回忆起来，是小学和初中认真地学了点文化，有点基础。在当知青和营业员期间，凡是能够找到的书，我都找来读。所以，尽管只复习了半年，仍能考上大学。

1982 年 8 月获经济学学士学位，被分配到人民银行四川分行工作。从统计员做起，1985 年任计划处货币流通科科长，1986 年 10 月改任计划处副处长，不久调到调研室主持工作。1990 年春，由省委组织部安排赴宜宾县帮助工作，当选副县长。任职期间，为该县拓展农村商品流通市场、促销乡镇企业产品、改造中小学危房等做了一些实事。1992年，又受省分行的委托，牵头组建省分行营业部，业务正常开展后，担任营业部主任。1995年被中国人民银行总行确认为高级经济师。

在人行工作期间，连年被评为先进工作者。1985年6月参加中国共产党。曾担任两届党支部书记，一届机关党委委员。

2000年9月于成都

### 曹诚木（1951.9—　　）

又名曹秋富。出生于宅坦村葫芦岭自然村。1973年毕业于安徽医科大学医疗系，同年分配到绩溪县人民医院外科工作。1982年调入黄山市人民医院。

在黄山市人民医院任职期间，历任医务科长、外科副主任、大外科党支部书记、市抗癌协会副理事长等职。副主任医师。

专业特长：精通外科常见病、多发病的诊治与处理，熟练掌握外科疑难病的诊断与危重病的急救医术，擅长肝、胆、胃等脏器的肿瘤诊治手术。

### 胡匡俊（1952.8.1—　　）

1983年毕业于南开大学历史系世界史专业。1986年至1989年在南开大学攻读历史研究所美国史专业研究生并获硕士学位。1989年至1992年在深圳经商，任两家大酒店经理，1993年至1995年被聘为中国环渤海经济发展总公司总协调。1996年后被聘为国务院发展研究中心下属的中国城镇开发投资委员会主任助理，兼《世界华商经济年鉴》编委会副主任、法国舒特公司常驻代表、中国电子计算机软件与技术服务总公司中软同天信息系统有限公司副总经理，国家计委产业经济研究所特邀研究员，南开大学北京校友会秘书长。

### 胡应和（1952.8.11—　　）自述

我1952年8月11日出生于山东省青岛市。1955年，全家随父工作调动搬家到大连。1958年，全家又搬回青岛。1959年，我在青岛铁路中学附属小学直接跳到四年级读书。1964年，我考上了青岛铁中，在青岛读了一年中学。1965年，全家搬到成都。1966年"文化大革命"开始，停课闹革命。1968年底，中央命令复课闹革命。我们回学校不久，毛主席发表最高指示："知识青年到农村去，接受贫下中农的再教育，很有必要。"1969年3月8日，我到了四川省眉山将军公社红英大队第五生产队。

1973年夏天，全国各大专院校招收工农兵学员，方式是群众推荐、领导批准、文化考核、择优录取,我全力以赴备考,被重庆师范专科学校生物系录取。第一学期是补课,共读了三年半。1976年底毕业,分配到眉山师范学校。邓小平复出后,恢复高考,我连续考了两年科学院的遗传所研究生。

1979年8月底,我入读科学院遗传研究所细胞遗传学硕士研究生。我的论文题目是《研究细胞内微核仁的形成机制》。其时美国加州尔湾分校的教授到遗传所讲学,对我做硕士论文给予很大帮助。我的研究成果在全国遗传学大会上宣读,在《遗传学报》上发表了两篇论文,又在美国的《细胞生物物理学报》上发表了一篇论文。

1982年毕业后我留在遗传所工作。1984年夏天,美国十几所大学和中国教育部联合在中国招收学生到美国攻读博士学位。所里推荐并考试后,1985年7月30日,我离开北京到艾奥瓦大学报到。第一年是非常紧张的一年。通过资格考试后,我选了在CONWAY教授实验室做博士论文,研究干扰素抗病毒的作用机制。5年的博士生生活也是奋斗的5年。5年里,除了做自己的论文,我对神经分子生物学产生了浓厚的兴趣。1990年8月,我完成了博士论文答辩,获得艾奥瓦大学生物化学博士学位。毕业后,我选择了哥伦比亚大学的KANDEL教授实验室。从1990年8月到1993年11月,3年时间里我在KANDEL实验室做记忆的分子生物学研究,同时重点研究神经介质传递中某些特殊基因的作用。研究成果发表在英国的《自然》杂志、《美国科学院院刊》及《神经元》等重要杂志。1993年11月,我应聘到拜耳制药公司任研究员,研究神经调节食欲和能量代谢,重点是研制减肥药。从1993年11月到1998年3月,我领导的研究小组共为拜耳公司提供了多个基因药靶和筛选药物的方法,1995年获得拜耳公司的科学和研究奖。我们首次克隆了正确DNA序列的大鼠和人的调节食欲的NPY受体,获得美国和欧洲的专利权。这一科研成果发表在生物化学学报上。NPY受体成为世界各大制药公司的重要基因药靶。1998年5月,KAN-DEL教授新成立了一个专门研究增强记忆的生物工程公司,他聘请我去负责基因药靶研究部门。在一年的时间里,我领导一个科研组在公司建立了完整的分子生物学研究系统,发现了一个重要的关于记忆的基因药靶,为公司申请了第一个专利。1999年7月,NOVAR-TIS在加州的圣地亚哥成立了一个专门研究基因功能的研究所,所长是世界著名的SCHULTZ教授。受SCHULIZ教授诚恳邀请,我于1999年7月到这个新研究所,研究老年性记忆衰退的分子机制。我们研究组的目标是发现关键的和记忆有关的基因,建立药物筛选方法,筛选出能够增强记忆的药物,研究成果发表在美国科学院院刊上。

我现在的最大愿望就是:用我在制药公司和生物工程公司工作多年所积累的知识和经验,为中国的新药发展做些贡献。

**胡匡玲（1954.9.29—    ）**

昭仰长女，插队6年后保送大学学习，毕业后先后在长治市工厂及石家庄市粮油科研所工作。曾被评为厂（所）先进工作者。1988年赴美国，在加州洛杉矶大学工作。

**胡维平（1955.9.24—    ）**

行名昭煌，出生于上海。1963年响应政府号召随母回故乡宅坦"支农"，同年入宅坦小学。1975年高中毕业于浩寨中学，随后种田、做工、养蜂、教学。业余爱好读写，有40多篇文章发表在《人民日报》（海外版）、《新民晚报》《安徽日报》等报刊上。

1999年3月和9月，通过直接选举当选宅坦村委会委员和村委会主任。上任后，面对村委会经济困难局面，动员村委会一班人多渠道筹集资金，抢修了路况很差的村公路和濒临倒塌的风乎亭、翼然亭及深塘水库，同时组织村民投劳600多挖低长岭高坡，以方便宅坦与邻村人车通行。1999年12月，在村内外族人尤其是宝铎公后人的支持下编修志、谱结合的《龙井春秋》，任主笔。2000年4月，争取用电专项资金彻底改造全村电网，新增变压器两台，改善了村民的用电。2000年11月，向县有关部门争取项目资金5万多元浇筑宅坦通上庄的水泥机动车路，这条全长1100米、路面均宽近3米共需投资10余万元，当年底完成一半多路程，其余路面于2001年底完成通车。2005年写成《胡雪岩胡适家世家乡》。2008年5月被选为第29届北京奥运会火炬手。2014年夏，牵头建成安徽唯一的村级博物馆宅坦村博物馆，2015年成立绩溪县胡雪岩研究会，2017年秋被安徽大学农村发展和改革研究院聘为研究员。2019年底主编完成《龙井胡氏宗谱》的重印和续修。

**胡 应（1956.1—    ）自述**

我1956年1月6日出生于辽宁省大连市。1963年9月在山东青岛平安二小上小学，语文、数学及体育成绩优秀，一年级入少先队。1965年10月在四川成都机车厂子弟小学上学，任班学习委员，第二批红小兵。1970年9月在成都机车厂子弟中学高中部上学，任班学习委员、宣传委员。1974年6月加入中国共产主义青年团，学校足球队、宣传队成员，爱好绘画、摄影及音乐。

1974年7月知识青年上山下乡，我插队于四川省旺苍县白龙乡柏林村第五村民小组，在公社知识青年宣传队任编剧、导演及演员。1978年3月参加高考，进入重庆师范学院生物系，连任四年班长，该班每年均被评为学院三好班，本人是学院足球队主力队员。1982年1月毕业，获得学士学位。因学习成绩优秀，毕业分配于成都中医药大学，在教务处及生物教研室工作，任助教并当班主任。

1985年9月考入华西医科大学医学遗传专业攻读硕士研究生学位，其间参加"四川省遗传病流行病学调查研究"课题，为主要研究人员之一。1988年7月获医学硕士学位，考入同一研究室的博士研究生，经申请得到多项国家自然科学基金、四川省计划生育委员会及中华、纽约基金会的资助。分别在四川大学及成都科技大学主修数理统计、群体遗传及计算机的研究生课程。博士论文是《复杂人类疾病及性状的遗传学分析研究》，该课题在10年后仍然为世界生命科学的研究热点。1991年7月获理学博士学位。

博士毕业后分配到上海医科大学流行病教研室任讲师。1992年1月进该校公共卫生学院博士后流动站，从事肝癌的分子及群体研究，申请并获得多项国家自然科学基金资助，为"全国少数民族人口素质调查研究"主要研究成员，该科研项目受国务院及卫生部、国家统计局、国家民委的领导及资助。任上海市肿瘤所、国家重点开放肿瘤分子生物学实验室客座研究员。1990年获四川省科学技术进步二等奖；1991年获国家计划生育委员会科学技术进步二等奖；1991年获国家优秀青年博士的博士后科学技术基金；1992年获国家科学技术进步三等奖；1994年获四川省科学技术进步二等奖。1993年12月评为副教授。为遗传流行病学博士生、硕士生导师指导小组成员。1994年1月至1998年4月在美国费城追狐癌症中心群体遗传学实验室做博士后研究。

现任美国国立卫生研究院（NIH）、国立癌症研究院（NCI）、马里兰州群体遗传学实验室高级研究员。从事生物信息学、人类遗传学及瘤的遗传学问题研究，在这些领域的国内外学术期刊发表论文、论著40余篇。

### 胡 文（1956.3—　　）回顾与展望

我出生于1956年3月，次年父亲就背上了沉重的右派包袱，工资减去三分之一，生活艰难。1963年入学，1969年小学毕业，初中从1969年读到1973年毕业。根据上海市的政策以及家里的实际情况，1973年10月我被分派到新丰印染厂技校读书，两年后毕业，留在本厂机保科工作10年。这期间，党的十一届三中全会拨乱反正，父亲的右派问题于1979年得到改正，被株连的一代也稍稍松了口气。我补习了高中课程，1979年9月考进上海市虹口区业余大学机械系读书。白天工作，夜晚上课，工余复习做作业，辛苦自不必说，学业时间也拖得很长，1985年才毕业。

1985年上海铁道学院工厂招聘，我参加考试进入上海铁道学院工作，后再调入上海铁道学院土木系。1993年被聘为助理工程师，1994年由于工作需要进修工程监理课程，成为一名监事工程师，参加了上海市徐浦大桥和上海市轨道交通明珠线监理工作。1997年晋升工程师,担任了部分教学和班主任工作。这些年来,配合铁道部、上海市的科研、生产多次进行现场测试,发表的论文有《徐浦大桥主桥安装监理》(《桥梁建设》1998年第1期)《徐浦大桥高强螺栓连接质量保证》(《钢结构》1999年第3期)。

年逾不惑,回顾过往,过去的岁月可一分为二:前22年饱受株连,国家动荡不安,人民困惑;后22年拨乱反正,改革开放强大,安居乐业。

### 胡匡园（1957.9.8—　　）

昭仰次女,大学毕业。在北京市煤气用具厂工作时,曾被评为优秀团干部,厂级先进工作者、新长征突击手。1980年在全市青年职工中开展"热爱首都、建设首都、为落实中央建议争立第一功"活动中成绩优异,被授予三等功。1988年选调进煤气用具厂上级主管单位北京市公用局工作。在公用局工作期间,1994、1995、1996年连续被评为优秀公务员。

### 胡祥培（1962.7—　　）

1979年7月在绩溪县浩寨中学毕业。1983年毕业于哈尔滨工业大学,先后获工学学士、工学硕士学位。1995年12月至1997年12月在大连理工大学系统工程研究所从事博士后科研工作,在此之前,于1995年在哈工大完成管理工程学习,获工学博士学位。博士后出站后,从1998年起留在大连理工大学系统工程研究所从事计算机人工智能与知识工程的教学科研工作。

1997年8月破格晋升为教授。2000年4月被确定为博士生导师。多次获省科技进步奖、国家教委优秀教材奖、省自然科学论文一、二等奖。主持承担国家自然科学基金面上项目、重点项目多项,发表学术论文60多篇,有10篇论文被国防检索机构EI、ISIPSA收录。

现担任中国软件行业协会工程分会理事,中国航天科研管理研究会理事,中国系统工程学会教育系统工程委员会委员等。同时还兼任浙江大学、哈尔滨工业大学教授。

### 胡应跃（1980.7.2—　　）

上庄中学毕业后升入绩溪职业高中就读。毕业后一直在深圳宝安工作,现在苏州创办模具公司,倾力支持家乡族谱续修和关爱老年人事业。

# 第十三章 乡风村俗

## 第一节 文明新风

### 一、舍己救人的好少年胡应林

1975年秋，年仅6岁手脚勤快的胡应林陪姐姐胡凤花一起去葫芦岭山坡上拾柴草。姐姐不慎扰动毒性极大、攻击性很强的大胡蜂巢穴，受到惊扰的大胡蜂倾巢而出，姐姐被蜇后伤口立刻黑肿。在两人有可能同时被蜂蜇死的危急时刻，懂事而又聪明的胡应林一边喊"姐姐快躺下"一边冲上前去用自己的身体保护姐姐，自己被蜇得全身青肿，中毒身亡。胡应林舍己救人的故事，为乡亲们广为传颂。

### 二、柯助珠十年如一日照料智残孙儿

在宅坦及周边村，勤劳善良的柯助珠十年如一日精心照料智残孙子胡仲元的感人事迹传为佳话。

1982年4月，柯助珠1岁多的孙子胡仲元不幸患了脑膜炎，因延误治疗，大脑严重受损导致痴呆、从此病人饮食不知饿饱，认人难分生熟，生活更谈不上自理。病情严重时，浑身抽搐，两眼发直，不省人事。

柯助珠非常体贴儿媳。考虑到儿媳要带孩子，农活又忙，柯助珠便主动承揽护理病孙的重担。柯助珠背着孙子四处求医，西医、中医、草医、土方、单方、验方，该找的医生她都找了，该用的药也都给孙子服了，均未见效。

一日三餐，柯助珠用汤匙一口一口地喂小仲元，晚上还要陪他睡。由于仲元大脑功能丧失，大小便失禁，不管白天夜里，柯助珠毫无怨言为孙子换尿布，清洗衣服，夜难安眠是常事。尤其是高温酷暑天，每天得洗涤尿布和衣服四五次，其辛苦更是可想而知。面对呆若木鸡、对奶奶悉心照料毫无反应的孙子，

柯助珠常常黯然泪下。就这样，日复一日，年复一年，柯助株不知喂了多少餐，也不知洗了多少件脏衣物，直至小仲元11岁去世。小仲元的人生虽然短暂，但他从慈爱的老祖母处享受到了远胜同龄人的温暖。

## 三、义务修路的好村民胡桂鸿

十几年前，村民们常常可以看到一个头发花白的老汉在不停地挥锄挖山，他就是被一些人称为"傻瓜"的胡桂鸿。

说起胡桂鸿，人们都知道他是宅坦村最早参加皖南新四军的老革命。80年代初，政府给予他适当的生活补助，那时他已年过古稀。对于政府的关怀，他十分感激，于是萌生修路回报社会的念头。

从宅坦村到海拔1000多米的竹峰山顶的路上，岩石嶙峋，杂草丛生，山路既陡又滑，挑柴的人经常跌倒。为了方便村民行走，1983年春，胡桂鸿就腰别镰刀，肩扛锄头，早出晚归，风雨无阻，每天坚持挖山开路，挖得满手老茧脱了一层又一层，特别是寒风凛冽的隆冬，铁锄头对硬岩石，震得皮肤开裂，鲜血直流。经过一年多的开挖，一条全长2000多米的山路终于挖成。随后，他又修整了宅坦通往邻村的几条道路。许多村民被他这种无私奉献的精神所感动，纷纷参加修路，中门村民组还买了锄头、镰刀送给他。

## 四、修建路亭

宅坦村现有路亭名列上庄镇各村前茅，村人素有修建路亭的优良传统。50年代初，胡武周捐款修建民乐亭一座。其后，村人又多次对村内路亭加以维修。

1999年4月，胡昭全、曹助其、胡应佑、胡维平、胡一本等热心公益的人士率先捐款对风乎亭加以彻底整修，缺口资金由程振华、程锦福等乡贤支持解决。为避免小瓦盖顶的路亭屡修屡毁，风乎亭顶特用钢筋水泥现浇，同时对五猖庙也做了添瓦加桁条等维修。

2000年5月，又筹款500元重修了翼然亭（又名新亭），使原本濒临倒塌的路亭又焕然一新。

## 五、慕前塘的清洁工胡生茂

能与列入世界文化遗产的黟县宏村大塘相媲美的宅坦慕前塘，历史上就以造型独特、水质清澈而闻名遐迩。

20世纪80年代以来，由于村民生活水平不断提高，塑料袋、玻璃瓶、易拉罐等生活垃圾逐年增多，一部分流入慕前塘。每逢伏旱枯水季节，充斥塘中的漂浮物散发出阵阵刺鼻气味，严重污染塘内水质，影响观瞻也影响村民健康。

老共产党员胡生茂看在眼里，急在心里。在老伴的支持下，他自制网兜，无论赤日炎炎，还是寒风凛冽，都定期在塘边清捞漂浮杂物，风雨无阻，十几年如一日，对捞起来的杂物他全部晒干烧掉，避免出现新的污染。

## 六、捐资办学

改革开放后，与本村旅外人士的交往开始恢复，本村村民所办企业也得到快速发展，在这些旅外同乡和企业家的共同努力下，捐款办学蔚成风气，办学条件明显改善，村民众口称赞。

1995年4月，宅坦籍知名爱国人士胡梦华先生捐款12万元建教学楼1座。之后，梦华子女又捐款3万元建电教室1间，添置电教设备1套。

在此前后，黄山玩具总厂、龙井福利纸箱厂、新隆纸箱厂等宅坦企业也慷慨解囊，捐款购置办公桌、音响、鼓号、台球桌等设备，大大改善了办学条件。

## 七、善待养母的典范胡连海、胡武卫

胡连海原为上海人，孩提时代由其任海员的父亲胡贤安带回绩溪县宅坦村老家随养母董德香生活，并由养母一手带大。2002年秋，年逾古稀的董德香突患中风，半身不遂。胡连海喂饭、浆洗，床前侍候15年，待养母胜过亲生。

胡武卫两岁时由宅坦村胡匡游家抱养。2004年，养母汪玉秀患脑出血，生活不能自理。胡武卫辞掉工厂工作，专职护理养母15年。为此，宅坦村委会和宅坦村老年协会特在2014年重阳节隆重表彰胡连海、胡武卫，授予二人"孝顺典范 侍亲楷模"荣誉证书，并各奖励400元。二人的孝亲事迹，成为村民口口相传的佳话。

附 历代善举录（宋迄清末）

1. 胡东池（1514.7—1580.8）施药救人，不取分文。
2. 胡伯育捐资造继丰亭，又采石铺葫芦岭村口路。
3. 胡世育在村北造远震阁，供行人休歇。
4. 胡希古为明遗臣采薇子敛葬。
5. 胡希满捐山近百亩修建义冢。

6．胡希增出资修大溪桥，铺宅坦通西村石板路。

7．胡光代出钱给无钱成家的男子娶亲，资助贫寒弟子读书，又出资修桥建路，名载县志。

8．胡挺（1696.6—1744.8）一生施药济众，铺宅坦通上庄杨林桥路，建踵息亭、翚西文社，捐田十几亩用田租资助学子深造，乾隆甲戌年又发起修辑宗谱。

9．胡大绵在村南建惹云书屋，以惠学人。又建石桥两座，路亭一座。

10．胡贞瓒出资修翼然亭（即今新亭），又铺宅坦通瑞川石板路，并常置斗笠、蜡烛于路亭庙宇，以惠行人。

11．胡贞宋捐产倡办桂枝文会，铺左右村口石板路。每逢歉年他都出米平粜、施粥以惠村中贫者。

12．胡志宪在村东上坦建魁星楼。

13．胡志諟妻石氏捐赈稻米3000石（45万斤）救济咸丰末年遭饥荒的村人，并又修桥施粥，名载省志。

14．胡志高在咸丰同治发生战乱期间，丢弃家产背负宗谱逃难，为宅坦保存了极其珍贵的乾隆版《考川明经胡统宗谱》。

15．胡士奎精通医术，对贫穷病人均免费诊治配药。

16．胡士作妻程氏在晚清战乱结束后，在舒家山修义冢，掩埋野外遗骸，入省志。

17．胡道升每逢灾年均出米平粜，还购买棺木收埋无主遗骨。

18．胡天赐在江西铅山经商时建育婴堂，收养弃婴。

## 第二节　婚丧习俗

一、婚　俗

（一）娶亲

清代至民国年间，宅坦一带婚娶仍盛行父母之命、媒妁之言，不与胡、李二姓通婚。

男孩年满15岁以上，即由父母托人到女方家开姑娘的生辰八字，然后将女方的八字放到男方灶君座上。若三天内男方家一切平安，没有器物损毁，就说明女方八字好，男方宜娶。反之，就说明女方八字不好，将八字退回，这门亲

## 第十三章 乡风村俗

事也就告吹了。

女方与男方八字相合,男方就托媒人到女方"下定",付聘金,俗称订婚。在下定至成婚这段时间内,男方每年还要送女方"年茶",即礼银。女方则每年给男方做两三双布鞋,将对未来夫婿的深情融入一针一线。有些擅长针线活的姑娘还要绣"鸳鸯戏水""双鲤翻腾"等图案的鞋垫,以表示对意中人的爱慕。

男女年龄达到十七八岁,男方向女方提出完婚,还必须给女方"妻和食",即下大定。男方给女方挑去米、蛋、肉、酒等,女方当日回送男方五样红即脚盆、脸盆、浴盆、便桶、美孚灯。家境中等的岳家会回送七样红,即在五样红基础上再加洗衣盆和灯盏盘。还有的富裕岳家回送十三样红——上述七样红以外另加两大两小四只木箱及锡器等。嫁妆主要是被条、枕头、梳妆台等,还有的人家会给女儿"嫁妆田"、棺木。

次日傍晚,男方抬轿到女方接新娘。迎亲队伍由媒人、领亲先生和面容姣好的童男童女等组成。轿到女方门前,岳家将门关上。经连吹喇叭三次、鸣锣擂鼓三通,男方从门缝塞进红包,女方才打开门让轿进屋(也有男方送两三次红包女方才将大门打开的)。当晚男方的迎亲人员在女方家吃晚饭。发轿一般在当晚半夜或凌晨,具体时间视路途远近而定。在此期间,男方还要派人来催岳家发轿。新娘上轿也很讲究,新娘是不宜自行上轿的,必须由"利市人"抱上花轿。成婚那天新娘头戴盔帽,身着大红裙,脚穿红绣花鞋;新郎头戴礼帽,身穿长褂马甲。花轿出门后,路上官轿民轿均须让行。花轿进入男方家门,立即鸣炮迎接。女利市人手执点燃的麻秸火把围轿底绕圈除邪、利市。花轿停放在置于堂前的蚕匾上,新娘由童男童女搀扶下轿,踩着铺地长袋入新房。

第二天早晨,宾客前来贺喜。新娘新郎侍立礼堂两旁回礼。近午时,新郎新娘开始拜天地,拜高堂,拜支祠和宗祠及亲戚、长辈,亲戚、长辈则给新人"拜钱"。中午设宴款待新娘,女客作陪,女利市人把酒,婆婆到席敬酒。当晚宴请众客,以男客为主,新娘新郎到席敬酒,宴毕鼓乐送新人入洞房。为活跃婚礼气氛,还要"闹新娘"。几张八仙桌一拼,新娘立于堂前中间,众人围坐,要新娘猜谜语,或复述一段情话(不乏内容粗俗的)或演小节目。若新娘猜不出或复述出错,就罚喝酒或演节目,也有逗新人喝交杯酒,乘机将捧酒杯的手抽出,让新娘新郎嘴贴嘴咬住酒杯。总之主客熟不拘礼,尽情逗趣取乐,意在"吵发"。次日上午,岳家派儿子接新人。新娘回门也称接三朝。第三天接岳父母到女婿家做客,俗称接亲家公、亲家母。但通常只有岳父一人应邀赴宴。岳母大多要到女儿分娩送"窝脸"(婴儿衣服、尿布等)和鸡蛋时再去女婿家。

中华人民共和国成立后,乡村婚礼有明显改进简化。取女方"八字""抬轿"和父母指婚的习俗已经摈弃,迎亲改在上午出发,中午新娘进门。1966年前后,出现过婚宴吃忆苦思甜饭，嫁妆送《毛泽东选集》、锄头、镰刀的革命化婚礼。

近年来时兴用轿车运嫁妆和接新娘。旅行结婚和酒店婚宴也开始风行。

**（二）抢亲**

清迄民国，绩溪抢婚并不鲜见，宅坦也不例外。据老辈人回忆，全村通过抢亲成婚的有五六对，如胡道辉娶叶又琴就是采用这种方式完婚的。那时宅坦有一班身强力壮的年轻人，乐意替家境贫寒的男子抢亲，胡礼安、胡继安、胡正祥等人都是抢亲高手。

抢亲一般是在贫苦人家向女方家付过"小定"定亲后无力再给女方付大定礼金的情况下发生的。抢亲时间均选在晚上进行，年轻力壮的抢婚者，腰系大腰带以便捆缚新娘，同时携带一些爆竹，趁着夜色潜入岳家村庄。为骗取女方家开门，抢亲者无所不用其极：有事先与女方亲戚串通骗取开门的，有大喊下大雨快出来收东西然后乘虚而入的，也有装扮成国民党"模范队"上门查户口到各房间找寻的……一旦认出姑娘，抢亲汉就将姑娘反背起（反背可以避免姑娘捶打抢亲者），再用腰带把姑娘和抢亲汉绑缚在一起，大步流星往村外跑。另外几个抢亲者负责阻挡女方亲友来追。新娘一旦被背出村口、鸣爆竹三响，女方亲友就不能再追赶了。也有的姑娘连惊带吓，尿得抢亲汉一身湿，抢亲汉只能自认倒霉。姑娘一进男方家，即有众妇人前来劝慰，陪侍新人。当日或翌日告知亲友参加婚礼，拜堂成亲。

被抢亲的岳父母既烦又恼，新婚夫妇不便在婚后三天回门。待托人带些礼物到岳丈家解释劝慰，取得岳父母谅解后，再择日回门。回门时，新郎顺便向岳丈岳母赔礼道歉。不过，面对生米做成熟饭的现实，岳父母也就不再计较什么了。

**（三）婚娶特点及通婚半径**

通婚圈大小与婚姻质量和人口素质密切相关，通过分析一个村落通婚圈的变化，可以了解这个村的经济发展水平以及社会开放程度。

1. 婚娶特点：

（1）不与胡姓和李姓通婚：从宋代建村至民国末年这940多年里，村人依循一条不成文的规定，即不与胡姓（包括安定胡）通婚，也不与李姓通婚，原因是宅坦的胡姓属于"李改胡"的明经胡，这一戒律一直延续至20世纪40年代末。中华人民共和国成立后，随着宗族观念的淡化和提倡婚姻自由，同村同姓通婚开始出现，如胡汝辉与胡顺香、胡正文与胡杏香、胡余辉与胡丽珍等就是中华人民共和国成立后第一批同姓成亲者。与李姓通婚直至60年代末才有一例，胡安吉娶妻李品仙，这与明经胡均是李唐后裔的说法有一定的关系，乾隆以前曾出现过的宅坦旅外人士娶李姓女子为妻者例外。与外村同宗同姓结亲始于 50 年代初，如胡匡甲与胡品珍。

（2）为生子一妻多妾者较多。明迄清末，村人重男轻女思想根深蒂固，为了保证本房不缺嗣失传，能进宗祠参加祭祀，常有一些有女无子或无子女的村人，不惜花大钱一妻三妾或一妻四妾，直至生出亲子。如胡大恒、胡志諰、胡志达等均是一妻三妾，直至儿孙满堂。胡大逵与胡志海是一妻四妾，创下了宅坦人娶妻室的最高纪录。胡大逵娶江氏、汪氏、高氏及汪氏均未得子，于是就再娶一房，直至叶氏生出儿子。为生子一妻两妾者，比比皆是。有的妻子因为未给夫家添子，内心愧疚，主动拿出嫁妆为丈夫娶妾，如胡贞瑜妻程氏等。但有些妻妾成群的男子由于本身存在生理缺陷，使不少女子成了他们传继香火的牺牲品。为了鼓励族人娶妻妾多生子，作为侧室牌位不得进大祠堂的变通，宅坦还建了"小旁祠"，用来安放侧室的木主（牌位）。

（3）成婚年龄呈村南小、村北大的态势。中门街将宅坦分为南北两半，北半村（以上门、后门、中门为主）人口稀疏，房屋低矮，原因是北半村的人世代以务农为主，家境相对贫寒，结婚年龄偏大，再加上生女户又缺钱娶侧室，长此以往，北半村的人口繁衍较慢。如上门在分门建支祠时是长房，但由于以上的原因到 1920 年续谱时上门派仅有 12 人续传。上、中、后三门人口的总和仍比前门一派人数少，南半村（以前门为主）由于世代外出经商，重视读书，经济实力较强，男子一般十五六岁就成婚，如果正室无出或均生女儿，娶侧室以生亲子者为数不少。这一点，连清咸丰年间在宅坦坐馆的学者汪梅村也看得十分清楚。他在《乙丙日记》中写道："绩溪某十二年授室，十三生子，其人名曰胡义瑞，长岭下人（即村南长岭），年三十年而抱孙。"正是由于前门成婚早，人丁发展快，其人口如今已占宅坦胡姓村民的 60% 左右。在南半村的前门九派（如今只有六派）中，要数相公和构公两支人丁发展最快，在 1920 年续谱时全村只有这两支已发展到第四十代，而上门和下门两派的人丁只发展到第三十六代和三十七代。

（2）通婚半径。宅坦人的通婚圈一直受社会环境和经济水平的制约，通婚半径呈现长短交替变化的规律。

宋迄明代，宅坦人以居家务农为主，通婚局限在本都 10 公里范围内，最远不过 80 公里内的宁国、歙县和旌德等邻近各县，而以本都的余川、瑞川和旺川为最多，与宅坦人通婚的姓氏有 31 个。清代以来，随着宅坦旅外经商族人的增多，在外埠娶妻妾者比较普遍，通婚半径一下子延长至 800 公里，宅坦人娶外埠妻室的省市包括上海、江苏、江西、浙江以及福建、湖北等，其中以上海、浙江、江苏为最多。嫁宅坦的外地女子的姓氏有 90 个之多（姓氏列详附后），为全县各村所罕见，其中以曹姓与汪姓最多，分别占 16.8% 和 14.4%、程姓、王姓和冯姓名列三至五位，分别占 11.6%、10.1%和 6.5%，其他 80 多个姓氏占 42.6%，随着外地女子大量入嫁宅坦，改善了村民的素质，促进了宅坦的繁荣和发展。

民国年间，村人旅外经商做工仍呈旺势。通婚半径较清代又有延伸，通婚半径延长至 1500 公里，村人娶四川、湖南、湖北女子并不鲜见。如胡资生、胡高济的妻子均是四川人，胡正辉的母亲、妻子分别是湖南人和湖北武汉人，至于娶江苏、上海、浙江女子为妻更是举不胜举。

中华人民共和国成立后，由于实行严格的户籍制度，控制人口外流，村人外出经商做工的门路堵塞，宅坦人的通婚半径又缩短为方圆不足 10 公里，通婚范围局限在方圆不足一里的与本村女子成婚的占总数的三分之一。20 世纪 80 年代起，村人外出打工经商者渐多，在外工作或出国创业者渐多，族人婚娶范围扩大，通婚圈也随之扩大到 1000 公里以上。胡梦华、胡勤辉的孙子有的娶辽宁沈阳人，有的赴日旅美创业娶东洋和美国女子为妻。通婚半径以万里计矣。

附　清代与宅坦人通婚女子姓氏

曹、汪、程、王、冯、叶、鲍、柯、石、张、江、洪、周、章、朱、高、陈、唐、宋、黄、吴、潘、方、舒、凌、杨、许、葛、刘、季、戴、徐、顾、余、焦、郑、尤、谢、吕、费、孙、任、陶、薛、史、俞、郭、诸葛、曲、孔、雷、项、戚、姜、闻、仇、萧、蒋、梁、严、毕、赵、陆、傅、庐、邓、钟、董、钱、彭、时、富、祝、屠、沈、庄、路、苗、韦、聂、阳、查、罗、梅、倪、詹、金、白。

## 二、葬　俗

### （一）丧　仪

"生在苏州，死在徽州"，徽州人讲究厚葬有口皆碑。绩溪民间尤其是宅坦、旺川、上庄一带丧事操办之隆重，营造墓茔之讲究更是闻名遐迩。

明迄民国，村人一过世，就抽枕头，谓之"落枕"。同时用红纸包上茶叶塞入亡者的口中，谓之"做饱鬼"。负责治丧的本家遵循丧事不请自到的惯例，主动上门料理：报丧、布置灵堂、安排伙食、劝慰遗属等，有条不紊，儿女们跪在死者面前烧金银纸。另有专人点灯，给死者穿上白寿衣，颜面用纸遮盖。

下棺时，由儿子捧头脚将死者抬放到棺盖上，每一件寿衣均由儿子套穿好再穿到死者身上。贫苦人家死者上身穿五层绫衣，下身穿三层绫裤，简称上五下三，家境小康的穿上七下五，富户穿上十下八。清迄民国，曾盛行给死者浑身上下兜丝绵，丝绵兜好，将包住脸面的丝绵剪开，俗称"开脸"。死者的四肢全部用红丝线系好，以便穿外面的寿衣。兜绵是为了遗骨不散落，方便移葬。

灵柩内部撒一层石灰，石灰层上盖一条白布做成的垫被，垫被上放一枚铜钱，称靠背钱。遗体放入棺内头部再放石灰枕头（一种用纸包的石灰）。双手交叉放于胸前。左手拿"金元宝"，右手捏"银元宝"（均为一般金属制），口中衔一口钱。为使遗体端端正正安卧于灵柩，还要用系有铜钱的一根青白线对准棺木中线，调整死者头部直至端正为止，最后盖上布被。

入殓后，亲朋好友依年龄、亲疏顺序向死者敬酒献果品，敬酒完毕燃放鞭炮，整个敬酒过程吹喇叭奏哀乐，最后盖棺。若有旅外嫡子仍在归途中，会酌情推迟盖棺。棺盖好，在灵柩前放一小桌，两侧对联一般是：日落西山常见面，水流东海不回头。横批：一片白云。

遗体停放的时间，没有定规。贫寒人家一两天即出殡安葬，家境好的人家要"开暗灵"。所谓"开暗灵"就是在门口站两个小孩迎接来人进香，凡进门进香均免费供饭，乞丐也不例外。"开暗灵"一般停棺七天。最富有的人家则"开明灵"。所谓"开明灵"，就是在村子显眼的高处插一根顶端扎有银针的竹竿，以明示于路人。凡看见银针到死者家中进香者均予接待，儿媳们则跪地回拜。"开明灵"要停棺七七四十九天，并请和尚念经为亡灵超度。

出殡日期的选择也很讲究，传统的忌日不宜出殡，另外还有"七不出、八不归"的说法，否则于活人不利。正式出殡前，先将棺木移放于大门口或附近场坦，要做"坐家祭"和"拦路祭"。棺木绑上雄鸡，儿子披麻戴孝扶棺，八人抬行。

出殡时，燃烧的火把在前，引魂幡随后，幡带上写"远送还通达，逍遥近道边"十个带走字旁的字，细细品味，内涵十分丰富。幡带背面写逝者的牌位，如今改由孙辈捧遗像。摇钱树、素幛高高举起，纸钱边走边撒，鞭炮声、喇叭声此起彼伏。男人们要一直送到坟地，女人们则送到村口即原路返回。灵柩在墓前放好后，三四个人配合抛接内装孝衣的青布袋，抛袋者喊："一袋（代）高一袋（代）"，接袋者回应："袋袋（代代）高"，如此重复多次，一次比一次抛得更高。灵柩由竹片滑入墓穴后，亲属们一起揖拜，原路返回。出殡的当天，由嫡子捧牌位去支祠、宗祠给亡灵上祖宗牌位，以便以后越主收族，现改为在堂屋放置遗像。安葬毕祭山神土地，沿"龙脉"插各色彩旗，同时鸣锣放炮。

（二）墓葬

土葬棺椁分靠材椁和龙门椁等数种，也有明厝暗葬，即在土葬的坟上再建厝基坟。还有一种是直接建厝基屋存放棺木待日后择地再土葬。厝基屋在农业学大寨时被全部改为土葬。如今又时兴生前营坟。每逢大年吉月，生前造墓者不少，坟面尤其讲究，贴瓷砖甚至砌大理石者也不少见。墓碑用红字书写，或者写上生宫二字。一棺墓穴耗资四五千元者甚至逾两三万元，土地被墓穴占用的现象日趋严重。

### （三）回舍

所谓"回舍"，是指亡灵在入墓后的第十一、十二天阴魂不散，复回生前住所周游一遍。这两个晚上，家中木椅披盖逝者衣帽、鞋袜如健在状，八仙桌点油灯并陈贡品，所有有空隙的地方都贴上佛字。傍晚，逝者家属在门口烧金银纸（门神纸）祭祀门神，求门神放亡灵回家。为使亡灵在家多停留，家属特在桌上放一个量米的空官升，内放一根筷和一颗鸡蛋，另备苦瓜菜一盘，让名叫来四的小鬼拨着慢慢吃。一根筷夹不住鸡蛋，亡灵可因此在生前住所多待一会儿。

这一晚，亲子就睡在逝者床上，"回舍"结束，将缟帽、白帛等烧掉，如今已改往新坟烧香祭拜。

## 第三节 庙 会

### 一、七月会

七月会是八都一带规模最大的庙会，又称太子会，是为纪念越国公汪华而举办的。"七月会"由五村（民国时期又称五朋）的首村宅坦首先承办，然后依次是上庄、余川、瑞川和择里。

七月会每年农历七月十八日开始，至七月二十六日结束，前后9天。从十八日至二十三日，太子菩萨在每一个村"坐朋"一天，这5天是七月会的正式会期。

太子庙，又称杨林祖殿，坐落在现上庄镇林桥畔，建筑面积两百多平方米。庙内供奉有三尊太子菩萨及其他大小菩萨十几尊。太子菩萨朱漆描金、闪光发亮，头戴盔帽，身穿绣金长袍，模样十分威严。轮到宅坦举办七月会，七月十八日一大早，宅坦的男人们就撑起锡制方天戟、大刀等全套銮驾，彩旗引路，敲锣打鼓，去杨林桥畔的太子庙抬菩萨。4人抬大香炉，12人用3台轿抬庙内的3尊菩萨，菩萨抬到宅坦后，由具体承办庙会的支祠放在厅屋内，供人们敬香祭拜。菩萨前面放置鱼肉等贡品和香炉，由新娘用染色米做成的花亭、花朵也摆放于香炉边。菩萨在宅坦"坐朋"一天，第二天就由外村用轿抬走在另一个村"坐朋"，宅坦派人敲锣打鼓护送出村。最后由择里村将菩萨送回宅坦。"坐朋"结束后，七月二十三日晚演戏一场，以后三天日夜连演两场。邻近各村的村民纷纷来观戏，演出的徽剧戏目有《打金枝》《郭子仪拜寿》《武家坡》等，十分热闹。

七月二十五日是七月会的最高潮。除演戏照常外，还要抬菩萨游"五朋"。游行队伍由三门铳、锣鼓在前引导，中间是小孩们装扮成传统剧目里的人物，最后是轿子上的菩萨。游行队伍浩浩荡荡，一路锣鼓喧天，三门铳齐响。游行路线从宅坦出发，经上庄、余川、瑞川至择里结束。太子菩萨由下一年承办庙会的村派人用轿送回太子庙。至此，太子会活动全部结束。

## 二、五猖庙会

五猖庙位于宅坦村长岭南部，建于清初。"五猖"原是五个强盗，后改邪归正，仗义行善，族人因而建庙祀之。

五猖庙建筑面积有40多平方米，庙内供有五尊木制菩萨：有射箭的，有舞刀的，也有左手托鸟右手持棍的，形态各异，栩栩如生。菩萨后面的墙上有麒麟、山鹿等祥兽。菩萨正前是一张石供桌，上有安插蜡烛的木架和大香炉。菩萨左右分别是土地公、土地婆。庙里张挂有许多夸赞菩萨灵验的匾额，上书"有求必应"等文字。

庙会前，要给五猖菩萨"开光"，其日期一般择在十月初九前的某一天，开光工作由和尚负责。农历十月初九一大早，村民们纷纷拿着鸡抬着猪到五猖庙宰杀，以求吉利。邻县旌德、歙县、泾县甚至江西浮梁都有人来送匾还愿。

初九上午先做礼生祭，祭祀由庙祝和14名礼生共同主持。是日庙内打扫一新，张灯结彩。下午1点开始演戏。戏台搭在庙前稻田里，台口朝北，观众如潮。演戏期间，做各种生意的人蜂拥而来，卖小吃的搭一个布棚，摆一两张桌子，生意火红。

## 三、明经会

明经会是为纪念明经胡始祖昌翼公于乾隆二十三年（1758）成立的，是乾隆二十年（1755）明经胡各派纂修宗谱的产物（乾隆版考川统宗谱付梓于乾隆二十四年即1759年）。

明经会采用股份制举办，开始每股出钱5钱，或秋收出谷2勺3升，时价作钱5钱，一共90股。内部推选总首6人，承包生息，以利息支付明经会的活动开支。乾隆三十六年（1771），宅坦规定下每年祭明经公的日子（农历三月三日），还通过抓阄决定6班轮流管理，每班16人，寅年收租，卯年办祭。设祭时，香4把，红烛4对，纸箱35件，帛编210个，酒10斤，猪羊鸡各1只，鱼鸡蛋全碗，共设3席，每席15个荤素菜，五牲钱粮。吹手6人，值事2人。8人一席，亥2斤，羊亥1斤，鸡蛋8个，包子2斤，酒面钱12文，血杂素菜除外。值年者，一年散伙一次，余下的肉食按98股派胙。（胙，祭祀用的肉。此文根据胡嘉骥家旧纸角簿整理）

## 四、前门厅屋抢蜡烛

清迄民国，每逢二十四过小年，所有宅坦前门的族人均要到支祠抢蜡烛，同一时间吃年饭，这一习俗是前门派祖真庆公的妻子凌氏传下来的，为前门派所独有。

前门支祠的形制与宗祠相似，但比宗祠要小。支祠分前中后进，后进是供奉先人亡灵的享堂，中进专门用来祭祀，正门前有许多旗杆石。

时近傍晚，前门族人手持蜡烛去支祠等候祭祖，旅外者则请本家代买蜡烛祭祖。夜幕降临，前门各房族人按桂、相、朴、桓、桢、梧、樟、枵、构（民国年间桓、桢、樟三房已失传）的顺序排成九行。

祭祀时，先在案桌上摆好各种图案组成的全碗，几百支蜡烛摆满七八张祭桌，一起点燃，场面十分壮观，祭仪由14名礼生和2名主祭主持。主祭立于东边，大赞、陪赞默立两边，6名礼生捧祭品，点香炉。祭仪要念祭始祖、祭派祖和祭始迁祖等6种祭文，然后开始念前门祖宗簿。祖宗簿由七八人单膝跪地同时念，按前门九房分开念，一口气念完。接着主祭人高喊"抢烛"，大家争先恐后抢回自己的蜡烛，不许抢错，随后谁先走出支祠大门，就预示谁家人丁兴旺、家运安好。蜡烛万不可熄灭，否则不吉利。路途远的族人特地准备灯笼，以保证归途中蜡烛明亮。宅坦其他门派的族人由于不搞这样的祭仪，就到前门支祠观看抢蜡烛的过程。

## 五、社屋会

旧时每逢农历二月初二或十月半，村人均要备贡品去离村三四里远的社屋祭拜。宅坦社屋称"溪口南团大社"，位于今尚廉村西侧，由于宅坦离水碓和社屋均很远，民间有"有女不嫁宅坦村，春碓磨麦请社公"的说法。社屋内供奉两尊木制彩塑的社公、社婆，两侧画有判官小鬼。祭品由米粽、猪肉、酒及炒豆、葱花鸡蛋饼组成。炒鸡蛋饼时边炒边吟："菜里虫、稻里虫、麦里虫、米里虫……所有害虫都炒死，只留牛头马面蚕（指桑蚕）。

祭拜社公、社婆由村人按家户自发进行，二月二和十月半这两天，祭社公、社婆的人川流不息。小孩周岁时也去祭请，祭品为长寿米粽、米粿。

## 第四节 时尚习俗

### 一、饮食习俗

**家厨**：以稻米为主，辅以面粉、玉米、高粱。一日三顿，两饭一粥或者加一顿面食。民国以前，宅坦普遍缺粮，日食二粥一饭或三餐粥的人家甚多。中华人民共和国成立后，除三年困难时期粮食紧张，村民一度以葛粉、蕨粉糊充饥，其他年景均两粥一饭或两饭一粥，雇人干活的午后3时至4时加餐，供应芝麻糖粉粿，香椿粿及面条、包子等。冬季家家腌咸菜，晒萝卜丝，做辣椒酱。立春前普遍杀年猪、腌腊肉，平时杀猪多以出售为主。春夏之交晒焙竹笋，晒成干菜，夏秋晒干豆角、山芋干，冬季制米糖、麻片糖。改革开放前，村民日食俭朴，以自产蔬菜为主，产菜淡季多吃腌菜干菜。80年代以来，除食自产蔬菜外，还购进反季节蔬菜，待客必有酒肉。贵客登门，热炒6至10盘菜，鱼鸡肉等均有，或做包、粿、点心相待。菜重油稍咸，传统名菜有红烧石鸡，清炖马蹄鳖，冬瓜烧塘鱼，冬笋炒肉丝、牛肉烀萝卜，咸干菜烧肉、毛豆腐、荷包蛋、八宝饭、油煎饺等。

**茶食**：改革开放前村民素有做麻糖、拔果糖、炸面脆、炒花生瓜子等习俗，麻糖品种有冻糯米，炖谷米，爆糯谷花三种及麻片、蛋卷、糖枣等，粮食偏紧的年代用山芋熬饴糖代米糖。以此奉客或备作野外劳动充饥。80年代以来由于糕点品种丰富而且价廉，村民自制米糖减少。传统名糕点有麻饼、麻酥糖、绿豆糕、月饼等。

**酒席**：婚丧寿庆酒席，客多以吃锅为主，客少和家境富裕的人家吃盘。吃锅以前吃徽州锅，将初制的肉、油豆腐、鸭蛋饺分层盛入铁锅，置于炉灶上烧2至3小时，底层放腌渍菜或干笋、萝卜丝、干角豆、冬瓜。谢厨的徽州锅除加4至8碟下酒菜外，还在锅里放置16枚鸡蛋。吃盘分冷盘、热炒两种：冷盘一般为6至10盘，热炒鸡开头，鱼结尾，共有9至13盘不等。80年代以后，炒盘花样有所变化，但鸡开头、鱼结尾的次序未变。

**席次**：中华人民共和国成立前男女酒席分设，或分堂、分桌开宴。女席多在中午，男席安排晚上，中华人民共和国成立后演变为男女同席共宴，混合入座，但首席座和次席座仍分男女宾。结婚娘舅坐首席首位，娘舅母次席首位，姑娘次之。席间主人逐桌敬酒递烟，丧事例外。岳丈寿庆，女婿依长幼分坐宴席不同席位。丧事，抬重者、建坟的工匠坐首席。新房落成，木、砖工匠师傅坐首席和次席，亲朋次之。

**琼碗**：又称全碗。旧时村宗祠、支祠和庙会赛琼碗，值年的户家至少做三盘菜摆于宗祠、庙堂作祭品。宅坦前门支祠是财力最雄厚的支祠，祠祭琼碗是20行248碗。亲逊祠春分尤其是冬至祭祀都赛琼碗，琼碗图案由心灵手巧的妇人设计，常见的有"百花迎春""五子登科""鲤鱼跳龙门""蟠桃献寿"等。琼碗以山珍、干鲜果、肉、禽、鱼、蛋、蔬菜及海鲜作主料配制，通过雕塑、拼排制成上述吉祥图案。民国中期后此习俗逐渐淡化，50年代以后失传。

## 二、服装饰品

**男人衣着**：清末民初，男人穿大裙短褂袄，搭板裤、布靴或布鞋。冬季穿布、皮长袍、长褂，戴毡帽或猴狲套、瓜皮帽。30年代，村人穿着演变为对襟短褂裤、袄，圆口或舌口布鞋、纱袜。有身份地位的人，出外会客穿长褂，外面套黑缎马褂或背褡，头戴黑色瓜皮帽。旅外人员和学生多穿中山装、学生装。中华人民共和国成立后多穿中山装，冬着中式长短棉大衣，村里老辈春秋仍穿对襟短衬裤袄，冬着长褂、长袍或短棉衣裤。80年代以来，流行西装、夹克衫、滑雪衫、风衣、牛仔裤、运动衫和皮鞋、旅游鞋、胶底鞋、尼龙袜、丝袜等。对襟短褂裤已淘汰。发式，清朝扎辫，拖于胸后或盘于头顶。民国初年时兴剪辫蓄短发或剃光头。老年人有蓄须习惯。20世纪30年代以来，村内始设理发店，剪西式或平顶头渐多。中华人民共和国成立后，村人普遍理西式发。80年代以来，少数青年一度盛行蓄齐颈长发或蓄髭。

**女子衣着**：清迄民国初年缠足，用裹足布，穿合梁尖头布鞋，谓之"三寸金莲"，穿大裾短褂裤、袄和夹、棉背褡。夏衣袖短，裁剪宽大。寒冬头扎绉纱，戴皮帽。"五四"运动后缠足普遍废除。鞋改为圆口、舌口布鞋。流行穿洋布或阴丹士林布大襟衣。中华人民共和国成立初期，流行翻领对襟褂，西式裤。80年代以来时兴连衣裙、西装、滑雪衫、春秋衫、健美裤、牛仔裤、毛衣外套、高跟皮鞋，款式多样。老年妇女穿对襟短褂裤、袄。头饰：中华人民共和国成立前姑娘扎头辫拖于背后，末端系红头绳或扎绸结。额前留短发，戴发夹或珠花。十一二岁的女孩穿耳孔、戴耳珠较普遍。女子出嫁后挽髻于脑后，即头髻。髻上插簪、钗、珠翠、戴戒指、耳镯等饰物。贫寒人家饰物一般为银质、铜质。富裕家庭的饰物多为金玉。20年代以来，村内年轻妇女开始剪头髻留短发，俗称"二刀毛"。中华人民共和国成立后，仍有老妇挽头髻。50年代以来时兴朴素，头上不戴饰物。80年代后女子流行烫发、染发，佩戴金质玉器饰物成风。

**小孩穿着**：婴儿初生内穿明代制无扣系带式青色套帽衫，此俗沿袭至今。稍大，衣服式样与大人差别不大，多用花布制成且无纽扣。3岁以下外罩口涎围。小孩鞋帽较讲究。款式有六裥帽,刘海圈,孔明帽、喜鹊帽、狗头圈等,均饰以金、银丝线,绣花图案。帽由银匠钉徽牌或玉翠、银泡,帽后钉小铃铛。鞋有狮头、虎头、狗头等绣花鞋。口涎围绣花、鸟、虫、鱼图案。普通人家小孩戴银质手镯,富有人家还戴银箍、银项链。70年代以来,小孩服饰多从商店购买成品,款式趋于时新时髦。

**戴缟**:清迄民国时期,长辈过世,晚辈都要戴缟。男人戴的缟帽蒂蒙以白帛,妇女戴缟用白头绳扎头心或嵌以白帛条表示。男人长衫、女人衣裙镶白帛边;姑娘辫上系白帛结或扎白头绳,戴白花。手腕(男左女右)系黄或白帛带。儿子、媳妇、女儿、孙辈的白帛用麻布,其他亲属用白棉布。40年代以来,以手臂上套黑纱取代戴缟,布鞋仍蒙以白帛。戴缟的时限,因时因人而异,清迄民初,子、媳3年,女儿1年,女婿及孙辈1年或三五个月不等;其他晚辈亲属49天。丧夫之妇,终生素服。

## 三、居室陈设

**房屋**:一般为楼房,三间两过厢,坐北朝南居多。大户人家住通转楼,有上、下堂或前后堂。东厢为父母卧房,两厢为子媳卧室,楼上一般不住人,堆放杂物或设谷仓。民国初年建造的民宅建筑风格接近清代,动物花草雕刻精细。居民用床多为朱漆描金雕刻精美的木床。民国中期以来,房屋建筑有的不设天井明堂,钢窗、水泥开始用于民房建筑。60、70年代,民房建筑没有雕饰,墙体用质量较差的明窑红砖砌筑。80年代后,民宅多以水泥、钢筋建造,厅堂缩小,卧房扩大;20世纪90年代以来,民宅建筑除钢筋水泥外,还大量使用大理石、铝合金、琉璃瓦、瓷砖等,更趋现代化。屋顶安装太阳能,自来水蓄水池也日趋多见。

**摆设**:堂前照壁挂中堂对联,壁下置条桌,交椅、八仙桌等。富有人家堂前中间增置圆桌、拼八仙桌。条桌上摆香炉、烛台、帽筒、花瓶和自鸣钟。明朝至民国时期,堂中还供祖宗牌位,两侧照壁挂条幅字画,壁下设茶几、交椅,卧室放置屉桌、衣橱、椅凳等。60、70年代末,照壁改挂伟人巨幅画像,茶几上设"宝书台",门楼喷印"忠"字。70年代末,家具式样更新,时兴五斗橱、写字台、高低床、床头柜组合家具,堂前、卧室装潢吊顶也随之出现。但厅堂和照壁陈设又基本恢复到50年代前模样。

**用具**:基本用具与徽州农村相近。宅坦及邻乡特有的有:妇女针线活常用的筐、鞋盖、盛礼物或祭品的提篓与祭年盒,烘焙茶笋、菜用的焙罩,冬季取暖用的竹制火燫(又名"火篮""烘篮""火笼")及幼儿站立的蹬桶等。嫁妆火燫、鞋盖制作精美,编有图案,堪称工艺品,今除火燫、焙罩外,都更新为现代用具。

## 四、行　旅

明清迄民国前期，旅外者肩搭"哨马"装饭馃、衣褂，背雨伞步行，即所谓包袱雨伞人。外出须带足川资，有"穷客富盘缠"之说。去芜湖、南京、上海者多在南陵石硊或芜湖上船、车；去浙江杭州、金华、兰溪者一般在深渡上船。村内有钱人外出乘轿或骑毛驴。村路通绩溪、旌德、歙县，每隔二三里即有路亭供行人避雨、歇息和烤食。20世纪30年代，徽杭、芜屯公路通车后，村人旅外一般去县城或雄路乘车；20世纪50年代初，南陵至雄路公路建成，旅外者步行10公里即可在镇头就近乘车南下北上；20世纪60年代末，镇头至上庄乡村公路开通，外出只需步行1公里在上庄乘车；20世纪70年代末及80年代末，旺川至宅坦乡村公路建成，村人旅外可租车直接在村头上车，再换乘汽车、火车去全国各地。20世纪80年代以来，近途以自行车、摩托车代步，摩托车数量增幅最大，进入2010年以后，在外打工创业的村人购置各种款式小车，出门多以小车代步。

## 五、时令节日

**1. 年（春）节**：宅坦人过春节从农历十二月二十三日请灶司老爷开始，至正月十八日结束。十二月二十四日过小年，正月初一过新年。过小年后，一般人家忙于做麻糖、豆腐、磨米粉、蒸发糕、做菜包。殷实人家杀猪宰羊，大办年货。近年来，春节后安排在酒店待客者趋多。

①请灶司老爷：农历十二月二十三日，俗传是灶司爷上天奏善事，晚上家家在灶头点红烛，供粉包、油煎豆腐和净水一杯，烧香纸谢灶神。正月十三十四日，接灶神爷下界保平安。60年代后期，此俗曾一度不兴，80年代后又恢复。

②小年：腊月二十四日夜过小年，饭前先祭祖。吃年饭时，亲人在归途中或在外工作者，饭桌上要摆碗筷，表示合家团圆，菜肴丰盛。70年代以前，以吃"一品锅"为主，80年代以来，吃盘为主。

③除夕：农历岁末日也即年三十，俗语有"大忙三十夜，清闲初一朝"的说法，白天忙于打扫庭院、清除垃圾。外加贴春联、贴香袋、炖茶叶蛋、煮蜜枣。晚上则点满堂红，全家吃封岁饭，长辈给晚辈压岁钱，彻夜守岁。80年代以来，除夕习俗变为收看春节联欢晚会节目。时近半夜，爆竹声渐起，过子时，爆竹声更响，烧香接天地，鞭炮声一直延续到凌晨。

④春节（初一朝）：早晨，小孩穿新衣，大人燃爆竹，宣告新的一年正式开

始。早餐是清茶、糕点、枣栗汤、鸡蛋和碗头面，然后去各处拜年，邻里熟人相见，均作揖相互恭喜。初二至十八朝，民间亲戚拜年，拿果子（拜年用品）依次向岳家、娘舅、姑、姨拜年。亲戚用三套茶、碗头面和丰盛的晚餐招待，过十八朝，春节即告结束。

**2．元宵节**：宅坦除灯会舞龙与邻村相似外，小孩们还用纸糊灯，灯内放置用煤油浸透的油芯，放天灯（孔明灯，又叫天灯，俗称许愿灯、祈天灯）。

**3．二月二**：农历二月初二是土地老爷日，节前家家户户包糯米粽子，粽子内放乌豆、黄豆、赤豆、枣、栗、肉等。初二凌晨以粽子和猪头三牲供奉在家中天井以接土地神。20世纪50年代末，敬神习俗不再，但二月二裹米粽一直沿袭。小孩子们则放纸鸢为乐。

**4．清明节**：明清至民国，宅坦村清明节前一天要祭扫各支祠祖墓。清明节上午，族丁抬全猪全羊去位于旺川乡医院背后的二世祖延进公衣冠墓祭扫，中午后再祭扫宗祠前宅坦始迁祖胡忠墓。尔后再各自扫自家近祖墓，挂用多色纸剪成的纳钱纸，烧纸角，敬香敬酒食并燃放爆竹。从20世纪50年代中期开始，宗祠、支祠再未集中族丁祭过高祖，以各户自行扫墓或近房联合扫墓为主。

**5．立夏节**：立夏这一天全村各家都用面粉和米粉做餜，按馅心分有鸡蛋、豆腐干、韭菜餜、香椿萝卜丝餜、芝麻糖餜等，餐后大人小孩称体重，尤其关注小孩体重。

**6．端午节**：每逢农历五月初五，宅坦家家插艾草，喝雄黄酒，用艾草点蘸雄黄酒往家中四角洒，一面洒一面念叨"五月五时辰，蜈蚣蛇蝎都出门；五月五时节，蜈蚣蛇蝎都请出"等咒语。同时在灶司爷君座前插艾草，在小孩头上写王字。这一天小孩戴手镯，挂端午锦，穿新衣。家家吃包子、绿豆糕。20世纪80年代尤其是90年代以来，端午节盛行吃绿豆糕，给小孩子佩带端午锦。

**7．六月六**：是日，家家户户做包子，村人到野外去"接秋"，采摘黄豆叶、稻叶、高粱叶于菜篮中，回来挂在大门上，祈祷当年秋收大熟，五谷丰登。

**8．中元节**：农历七月十五日，俗称鬼节。这一天村人吃面食、米饭的均有，有"七月半有一半无一半"之说，即吃面食吃米饭的村人各一半。

**9．中秋节**：中餐吃面食，晚饭吃"一品锅"或炒菜。餐后赏月吃月饼。节前，亲友互赠月饼、鲜鱼。进入20世纪80、90年代以来，中秋亲友互送礼品尤其是女婿送岳丈的礼品档次越来越高，一般均在两百元以上。

**10．腊八节**：每逢农历十二月初八，村中家家煮腊八粥。腊八粥用料有芋头、腊肉、山芋、乌豆、干豆角、赤豆等，风味独特，有"吃腊八粥长一岁"的说法。这一天家家"扫屋尘"，洗刷家什，爱卫生的习俗年年沿袭。

## 第五节　行业风俗

### 一、农　事

每逢春节后第一天雇人做事，主人都要烧枣栗甜茶和鸡蛋肉丝面给工匠吃，俗称开工酒。除夕之日，要在猪栏、鸡舍及板屋上贴上红纸或香袋，祈愿来年风调雨顺、六畜兴旺。

民国年间，农妇在养蚕前要用米粉做成蚕茧状的"茧馃"来祭拜蚕花姑娘，祭后将"茧馃"分赠众邻，以此祈愿养蚕高产。

### 二、工　匠

明清迄今，村人学手艺（木匠、砖匠、竹匠、裁缝等）均须经人介绍，师傅同意带徒后，家人要设请师酒。

学徒工一般三年"出师"，也有按做工天数来定出师日期的。徒弟出师需请师傅吃谢师酒，如果谢师后徒弟认为自己还不能单独揽活（俗称放单枪），也可再跟师傅深造，即学半作，半作工资只及师傅的一半。

八都一带民间建房从择地到盖瓦都很讲究礼数，以求平安顺利，这些礼节主要有：

**祭鲁班**：建屋开工之日，用表芯纸、红纸包三根香卷成筒状，再系以青线挂于照壁上方，俗称"安老郎"。新房落成后，抬一桌酒菜让"老郎"先吃，同时焚香，放爆竹，谓之"谢老郎"，祭毕，客人再同饮起屋酒。

**赞梁**：起屋时，将木梁抬到屋场里，梁背上盖一块红布，两头嵌五色布。梁前摆一张桌，桌上燃香摆贡品。工匠公推一个手艺好的老师傅身着长褂，主持赞梁仪式，赞词曰：东边进榫出富贵，西边进榫出状元……梁柱安好后，插上排花，抛面粉制成的梁包、红枣、板栗、百子锤等，喇叭吹奏。此外，立门柱、门框及砌第一块砖时也要烧金银纸，燃香、放爆竹。此习俗现仍盛行。

**过红**：每逢除夕分岁，辛苦一年的木匠将斧头、锯子、刨凿等工具擦洗抹油后，再贴上红纸，称为过红，有预祝来年开工开门红之意。

## 第六节　生养寿庆习俗

### 一、生　育

**怀胎**：媳妇怀头胎时，为保母子平安，婆家要做加印的米粉粿、米粉狗、米粉包送给媳妇娘家；娘家人则依照所送粉粿数量准备鸡蛋，回送女儿。蒸熟的米粉狗也会分送给邻居们吃，与邻同喜。

**催生**：娘家人要于女儿分娩前将小儿衣物送至婆家，预祝早早顺产。

**报喜**：婴儿出生后，择吉日由婆家人送喜酒到娘家，喜酒由数十个熟鸡蛋、四只面包和一壶米酒构成。酒壶嘴上若塞有红纸，表示生的是男娃，未塞红纸则表示生的是女儿。

**送"窝脸"**：女儿生下孩子不久，母亲就择吉日送"窝脸"给外孙。"窝脸"包括连袜裤、棉袄、鞋帽等。帽缀银质饰品如八仙过海、罗汉等，有的帽子还绣有长命富贵的字样。孩子满周岁时，外婆还要送衣鞋，鞋头中间绣一个寿字，两边再绣以翠柏叶状图案，寓意百寿。殷实人家备酒席与至亲好友共餐庆贺，如今此风更盛。

**取名**：婴儿出生三天后即请算命先生排八字，由父、祖父或年老有识者取名。按排行取名必须是两字，由本族排行诗中取一字另加一字组成，然后再取乳名、别名。有的人家由于多生不顺，寄名于兴旺大家、菩萨、社公或灶君，名字多有观、社、灶、关等字。为求孩儿平安，有的干脆用讨饭、狗、门、和尚、江北佬来取小名。取名的红纸条常贴于房门上方，上书福如东海、寿比南山以及孩子的行名、别名和生辰。

女孩取名，多用珍宝及形容人间美好的文字，常用的有玉、珍、仙、娟、英、秀、蜜、芳等。

### 二、分　家

兄弟分家大多是在全部男丁成家之后，也有的则是成家一个分出去一个。分家时，财产搭配由父母做主，娘舅主事，另请中人写分单阄书。民国以前析产有长子不离（锅）灶，次子不离（粪）窖的不成文规定。分妥，合家团聚吃分家饭。中华人民共和国成立后，不拘旧例，析产也有按抓阄进行的。分家后，年老的父母一般跟小儿生活，多女父母由女儿继承财产，姊妹轮流或单独供养。

## 三、过继

清代以前,中年无子嗣者,由同宗近房子侄顶继,族长主持立继书。外甥过继娘舅者,也须严格控制。违背族规擅自觅嗣者革出祠堂,本人故世后不得登入祠谱、宗谱。民国年间,经本族认可允许外姓入继,但必须改名换姓立继书,在族谱记载时与本族嫡传子孙不同,民国前的过继文书以胡天保家保存最多最珍贵。

## 四、庆寿

俗称"做寿"或"做生"。50岁以前逢十寿日,均不宴请。至亲本家仅送3斤寿面、8颗鸡蛋。50岁时,亲朋始送庆寿对联、单条及肉面蛋等为贺,但只收单条、对联和蛋、面,猪肉、寿幛退还。70岁时接受所有贺礼,设寿宴招待亲朋,女儿送父母衣服各一套,及煲煨鸡、鱼、肉等砂锅一只。

岳父母做寿,女婿坐主席。50年代后,拜寿之风渐淡。70年代后寿庆宴请风又起。90年代后期大摆筵席之风不兴,改由女子备一圆桌宴席为长辈庆寿。

亲人亡故逢十"生日",子女要给先父母做"阴寿",儿、女备写有寿字的花圈、纸箱及贡品上坟祭拜,如今改烧纸制家用电器与"冥国银行"钞票。

## 第七节 迷信旧习

**巫婆**:明清到20世纪70年代,村民生病遇灾时常请巫婆作法,托鬼问卜。巫婆装模作样,花言巧语,骗取钱财,信众以文盲妇女居多。中华人民共和国成立初曾取缔,60、70年代一度复活,现绝迹。

**叫魂**:家中有人患病久治不愈或神情恍惚,疑为魂不附体,就为病人叫魂消灾。叫魂常在天快黑时由两人配合进行。走在前面的拿着茶叶、米,一面走一面喊:"××来家做太公(若是女的叫来家做太婆)",跟在后面的人马上答应"喔,来了"。呼应时间视路途长短而定。叫魂有的在家门口叫,有的在村内叫。

**甩夜饭**:如有家人生病久治不愈,主家选择半夜无人时在三岔路口放置酒、肉、粉、豆腐干、糕点,同时敬酒焚香,名甩夜饭,此仪式可由一人单独完成。事毕,家贫者将酒肉拿回家自吃,富有者则将祭品弃给路人。

**求雨**:中华人民共和国成立前,每逢旱年,村人都要求雨。1934年久旱不雨,宅坦所有男人出动去浩寨乡百坑龙潭求雨。正式求雨的前一天,先由两个壮汉去百坑村住宿,次日用葫芦装满龙潭泉水后立即返回宅坦,归途中由戴柳条箍帽、执纸龙旗的村民迎接。求雨台搭在深塘下的高头庙。装水葫芦由村董挂在求雨台上。求雨往返途中,敲锣打鼓,沿路人家备茶水任求雨人喝。若路遇头戴草帽和撑伞者,求雨人立即扔帽、打伞,严加斥责。但求雨往往不灵验,40年代后期此习俗消失。

**寿保**:俗称"十保"。亲人久病不愈,家人多疑患者的魂被鬼抓去社屋。为了捉回生魂,家人特请10个壮汉为患者捉魂保寿:半夜过后,壮汉们手拿铁索、钢叉去社屋,先祭拜一通,随后壮汉们在社屋四处探摸一遍,以示患者的灵魂被"抓"回来。不过"十保"往往不灵验。

## 第八节　俗语　民谣

### 一、气象物候

1. 春雾一朝晴,夏雾雨淋淋;秋雾晒煞人,冬雾雪封门。
2. 乌云过旌德,披蓑衣戴箬笠;乌云过竦岭,二十四个日头孔。
3. 早看东南,晚看西北。
4. 东边虹,红映映;西边虹,临夜下(雨)。
5. 稻到秋分一夜黄。
6. 霜打油菜瓢(荚),有籽都没油。
7. 东闪[①]日头西闪雨,北闪乌云南闪风。
8. 寒露萝卜秋分菜。
9. 清明前后,冻煞"老鬼"。[②]
10. 霜降霜降,麦子(种)出罐。

### 二、歇后语

1. 一篓鸡蛋滚下山——没有一个好的。
2. 老鼠钻进横山葛——饱食好一阵子。
3. 瘦牛生虱——雪上加霜。
4. 老糠榨油——微乎其微。
5. 没个葫芦画个影——无中生有。
6. 削瓜刀遇着瘪皮虫——无可奈何。

---

[①]闪 指闪电。
[②]这里的鬼指老年人。

7. 虾子别笑鳖，共个洞里歇——难兄别打趣难弟。
8. 麻布袋藏不下一个屁——有话就说，搁不住。
9. 四两棉花——弹（谈）不起。
10. 麻雀腹下没有一个大纸包——穷人家攒不了大钱。
11. 小狗跌下茅坑——饱餐一顿。
12. 一肚蜘蛛丝——为人刁钻诡计多。
13. 没有冬瓜奈何，拿个葫芦出气——欺善怕恶。
14. 扁担不争气，担拄撑折腰——主子不争气，仆从再努力也无用。
15. 青菜见滚水——服服帖帖。

## 三、民 谣

1. 有女莫嫁宅坦村，舂碓磨麦请社公①。
2. 点指梆梆，沿路装香；仙人看见，指腹一枪。
3. 推索哥，摸索郎，打发哥哥进学堂；哥哥一对荷包腹，弟弟一对花衣裳；花对花，柳对柳，咸渍菜，下红酒，你一口，我一口，还有一口放到外婆家门口；鸡来啄，狗来驮，喔罗嗦，喔罗嗦。
4. 竦坑竦大汉，挑米挑十担，砌好新娘塝，赶到竦岭上。②
5. 月亮弟弟，做贼偷米；瞎的看见，拐的赶着；问你什么米，籼米和糯米。
6. 山喜鹊，尾巴长，驮锣驮鼓接仙娘；仙娘接不来，岳父岳母哭呵呵，别哭别哭，过了三年再来接；拿什么接？一头鸡子一头麦；什么送？一头米馃一头粽。

### 宅坦三字经节录

中华国，安徽省，绩溪县，宅坦村。人姓胡，派明经，一世祖，昭宗子。……向南出，名堂庵，越十里，鸡公关。向西出，有深塘，灌百亩，田最良。仗前门，派九行，慕前塘，有九角，呈凹凸，分阴阳。③……

## 四、俗语、格言

1. 别看新娘下轿，要看老来收成。

---

① 宅坦的水碓和祭请社公的社屋均离村三里远。
② 竦坑在歙县东乡，与上庄镇交界。
③ 民国年间宅坦三字经已成为乡土教材，人人争相传诵。

## 第十三章 乡风村俗

2. 六月不晒背,十二月再来悔。
3. 娶坏一代亲,生坏三代种。
4. 高斫难为柴,低斫难为刀。
5. 好吃媳妇望年节,懒汉长工望雨雪。
6. 三个妇女一堂碓。
7. 老鼠不留隔夜食。
8. 舍不得牛皮熬不成膏。
9. 干柴不如湿竹,继父不如亲叔。
10. 秤杆不离秤砣,老公不离老婆。
11. 跟着老虎吃鹿肉。
12. 瞎眼鸡啄好谷。
13. 青菜滚(烧)豆腐,日子长如路(指过生活)。
14. 日头下场,懒汉正忙。
15. 轻轻担,担倒山,懒汉一担担。
16. 十只点心九只浮,差一只不浮也要浮!

# 第十四章 谱牒与文献辑存

**按**：近 20 年前发现的明嘉靖版（1556）《龙井胡氏族谱》对始祖胡昌翼的来历与乾隆版（1755）考川统宗谱和民国版龙井派族谱的记载有较大的不同，也与明弘治版（1520）《徽州府志》、嘉靖版（1551）《新安名族志》"胡昌翼为李唐宗室、唐昭宗子，因朱温反唐避居考川遂从胡姓"记载有明显出入。**明嘉靖版《龙井胡氏族谱》仍以胡三的安定胡世系为准，至胡昌翼已是第五十代。**世系表既未写明胡昌翼为唐昭宗子，也未注明昌翼为胡三所生，但这套宗谱编入的宅坦胡姓于南宋嘉定十七年（1215）首次修谱的两篇序言，则清楚写明"胡珍生胡三等五子，胡三迁婺源考川生昌翼"，这就为梳理明经胡的来龙去脉平添了复杂性。现编入各种版本的宗谱简介及历代修谱序言，数说并存，后人明鉴。

## 第一节 明嘉靖版龙井胡氏族谱

### 一、发现和编印经过

2001 年 6 月 12 日晚 9 时，笔者在搜集村志素材时，意外发现了明嘉靖三十五年（1556）编纂的《龙井胡氏族谱》。该族谱分上下两卷合订一册，保存基本完好。这是宅坦村迄今发现最早版本的族谱，因此具有很高的学术研究价值。

明嘉靖年间，胡东升在官府任职，担任湖广按察使检校。因常见士大夫取出袖中谱牒请名臣作序，东升深受启发，也萌生修谱之意。趁回故里祭扫祖墓之机，他与胡东池、胡东山、胡东济等人商议续谱事宜。大家不谋而合，于是以南宋嘉定年间胡俊卿、胡子春编纂的支谱为基础，详考核实，由胡东池担任主编，胡文宪、胡永生等 16 人协助编修。族谱于明嘉靖三十五年（1556）付梓，费时一年。这套族谱未画阳基图和墓图，也未编六甲图和领谱人字号，体例与乾隆版、民国版宗谱有较大不同，世系和始祖记载也与清代、民国编纂的宗谱有些出入，是研究明经胡姓源流珍贵的谱牒。

内容包括宗谱和祠谱，全套本和单行本

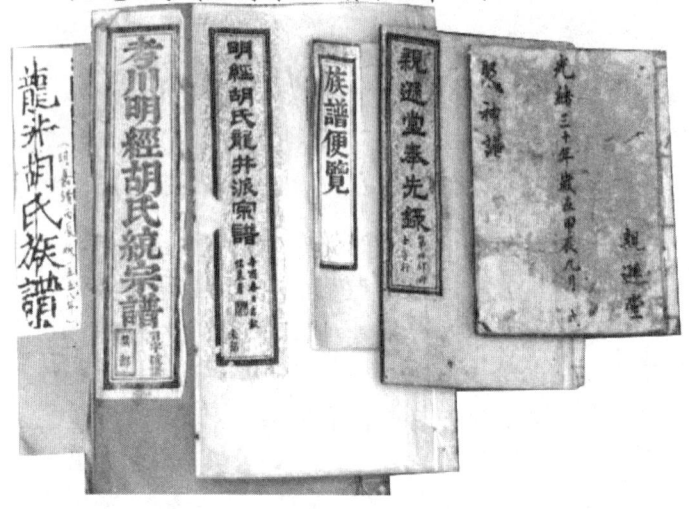

宅坦村保存的明代嘉靖以来六个版本的宗谱、祠谱

清乾隆版《考川明经胡氏统宗谱》

## 二、内容简介

族谱由序言、凡例、历世渊源图，龙井派各支世系及龙井各派远祖行状、生卒、简述五部分组成。具体介绍如次：

序言：共 7 篇。其中宅坦首次修谱的南宋嘉定版族谱有序言 2 篇，由嘉定版族谱的两个编者胡俊卿、胡子春写于嘉定十七年（1224）；明洪武三十年（1397）和宣德七年（1432）各有序言 1 篇，是福建按察使司佥事柯文彬（瑞川村人）和举人张尧所作，这些序言简介了修谱缘由、姓氏来历、村落历史等。

凡例：含戒约 6 条，共 12 条，其中"有德业则相劝、有过失则相规、有患难则相恤"被编纂者称为族谱的纲领。凡例简要说明了定名为龙井胡氏分支统谱的理由：宅坦、杨林、寨里、汪村前、叶村、后宅等胡姓分支均导源于龙井，故以龙井冠族谱名头。嫡传族人除谱中世系书名外，还在谱后小传中予以简介，但继子在谱中只列名而不为其立传，以示区别，同时规定今后无嗣者必须在亲房中择继，不可养异姓及赘婿为嗣。

附　明嘉靖版族谱原排行五十字：

伯世希光大，贞忠志士成；
天昭昌应德，邦祥允可清；
廷献弘嘉瑞，克继本奇荣；
文行英贤俊，信善尚时中；
恭敬惟良厚，思正永承宗。

二、三两句的端字辈与匡字辈与民国版谱不同

历世渊源图：作为龙井胡氏总世系的一部分，印于族谱世系的开头。该图为小二公所藏之旧谱，编入自帝舜二十五世孙阏父传至瞳公共 47 世，均有官爵、谥号。自鼻祖阏父起至胡忠，共 52 世。历世渊源图出自资政殿大学士仁昉公之笔，所写均有出处。有关昌翼公的身世，忠公始迁龙井的时间均与乾隆版考川统宗谱、民国版龙井派宗谱的记载有所不同。

## 忠公以上远祖世系表（照嘉靖版族谱排法）

| 昭 | | 洽 | | 鼻祖 | |
|---|---|---|---|---|---|
| 雠：字不疑。 | 十一世 | 思：仁周袭官宗伯之任 | 六世 | 阏父：虞舜二十世五孙也，仕周为陶正，生一子，赐名曰满，后谥胡公。 | 一世 |
| 孟戊：<br>仲丙：仕齐为吕城宰，乃显王四十九年。<br>季任： | 十二世 | 道：<br>虞：有道术自号清泉子。 | 七世 | 胡公满：商帝乙三十六年甲辰生。及周武王克集大统，学继绝世之典，恩封舜后，谥曰胡公，子册因以谥为姓。 | 二世 |
| 傅：宁混初，仕齐襄公，燕人下齐七十余城，从田单破燕尽复燕地，襄公拜为上卿。 | 十三世 | 高昌：仕齐为大夫 | 八世 | 册：仕周成王为司空，袭封胡公，后世以胡为氏懿子。 | 三世 |
| 君巳：仕齐国为工正，因张仪说齐王事秦，君巳谏王不听，又置之以罪，遂隐而不仕，魏侯闻其贤而召之。 | 十四世 | 季符：事齐简公为大夫。王恒杀齐君，季符争之，弗克，请诸大夫共计之。无与谋者，而弃爵位而之楚焉。 | 九世 | 孟阳：仕周为大夫。 | 四世 |
| 变：字有常 | 十五世 | 昭：字高朗。流徙楚周显王，越三年齐威王请自楚，归齐封大司徒。 | 十世 | 洽：字道正。周惠王元年，学为宗伯，主岳神之祀。<br>涛： | 五世 |

续表

| 从吉 | | 伯奇 | | 变 | |
|---|---|---|---|---|---|
| 炤：字道明，习孙吴兵法。事汉为司马，使西域有军功。封都元帅。 | 二十六世 | 计宁：字味道。武略进身事汉，景帝时击七国谋反，封安定郡王。 | 二十一世 | 孟龙：字东乡，为魏大夫家臣。 | 十六世 |
| 殷：字公度。习春秋得公孙弘之要旨。官至右仆射。安：有道术，邛州骑鹤升仙。 | 二十七世 | 元善：袭安定郡王。元素：拜检校右仆射朝天经四个月。 | 二十二世 | 灵明：字君泽，为山西上党守。应星：太武： | 十七世 |
| 柔：字伯刚，仕汉为中郎将。 | 二十八世 | 凯：字仁本。拜湖南节度使。宣帝地季三年赠永昌公墓在咸阳凤凰山。 | 二十三世 | 羲：字圣始，从汉高祖，入关拜都护，三年拜中郎将。 | 十八世 |
| 宠：再次江陵黄氏。二子，长伯始，次康。 | 二十九世 | 谨：字慎言。事汉为侍中。因王莽篡逆，隐居咸阳 | 二十四世 | 安国：习申韩法律拜为廷尉。 | 十九世 |
| 广：字伯始，任尚书郎，屡迁太傅。康：字仲尧 | 三十世 | 从吉：字文通，从汉光武讨王莽封镇国大将军。建武初庐芳据安定，举家避难，贼平返居咸阳。 | 二十五世 | 伯奇：字兴仁。仕汉为廷尉，彭城宰，追赠安定郡王。叔善：字与良。赠徐州刺史。 | 二十世 |

宅坦村志

续表

| 伏 | | 湘 | | 广 | |
|---|---|---|---|---|---|
| 琳：字伯玉，为江宁府节度使。 | 四十一世 | 怀：字国宾，号易岩。隐居教授。 | 三十六世 | 权：字促舆。仕汉献帝为都护。建安二十年赠镇国大将军。 | 三十一世 |
| 乐陵：官中兵部郎中。 | 四十二世 | 平：字宁远。仕唐太宗为户部尚书。 | 三十七世 | 逝：字朝元。事魏文帝为司徒。 | 三十二世 |
| 福：字缘善。任姑苏守，今太平。昊：仕唐为怀州司马。九十岁时赐归。 | 四十三世 | 荫：字儒林。仕唐高宗为青州刺史，封定远侯。 | 三十八世 | 质：字文德。为魏博士。封关内侯。橼：字文学。事晋武帝屯田郎。太康四年拜相；永嘉五年封平阳王。 | 三十三世 |
| 裕：字伯宽。有隐德不仕。 | 四十四世 | 颛：字田广，有孝行。唐玄宗朝表旌其门曰胡氏孝义之门。颉：字用吉。仕唐玄宗为礼部尚书 | 三十九世 | 仍：字载章；任北齐官用州刺史。作：字希孔。读书于凤凰山中。白号凤梧先生有文集行于世。 | 三十四世 |
| 伸：字道又。生五子。焰居黟县黄冈，烂居休宁还珠；烨居休宁渭桥，焕居黟县，炼于广明元年避黄巢之乱避居歙之黄墩。 | 四十五世 | 伏：字孔昭，唐代宗朝拜江州刺史。 | 四十世 | 湘：字子荆。 | 三十五世 |

## 第十四章　谱牒与文献辑存

续表

| 昌翼 | | 仲 | |
|---|---|---|---|
| 延进：字以礼，号节庵。知严州军。<br>延宾：字以敬。宣州刺史，枢密副使<br>延臻：字以福。 | 五十一世 | 炼：唐会昌三年癸亥九月二十六日赠殿中侍御史。娶平阳汪氏封为大硕人。 | 四十六世 |
| | | 瞳：行十九，居黄墩，唐光启中以子学仕唐讨黄巢寇有功。赠金紫光禄大夫。浙西节度副使。娶六妻妾，生十四子 | 四十七世 |
| 文忠：忠，字良臣，号桂崖，宋开宝六年（973）迁绩溪龙井，延进子。<br>文惠：延宾子。<br>文昊：延臻长子，考川派。<br>文晟：延臻次子。考川派。 | 五十二世 | 珍：字玄翁，行十七，生五子。三公迁考川，四公迁德兴，七公迁长饶，八公迁江州，十公迁泗州。 | 四十八世 |
| | | 三公：名清，字鉴之，仕唐官至金紫光禄大夫。娶长安秦氏，继娶陈氏。迁考川。 | 四十九世 |
| | | 昌翼：字宏远，又名绎思，行十七，登同光乙酉进士。 | 五十世 |

始迁祖胡忠下一至二十七世系简介：尊胡忠为始祖，至第二十七世伯字辈止。世系按先昭后穆的形式编排。其顺序为龙井寨里派、杨林派、南陵管胡塘派，后宅派、叶村派等，只记名字，不附简历。

其中龙井杨林派始迁祖为胡忠第五世孙胡德真，这与清宣统版上川胡氏宗谱记载一样。胡忠第十三世孙胡七二嘉靖谱未注明移居上庄，这种记载与清乾隆版统宗谱和民国版龙井派宗谱也完全一样。而从上庄胡氏世系来看，龙井杨林派也即龙井上川派，上庄的始迁祖胡七二就包括在杨林派的世系里。（参见本书宅坦、上庄世系对照表）

一世始祖：忠公，字良臣，行六，别号桂崖。颖悟好学，建桂枝书院于龙井东。后百六公（胡久中）迁狮峰亦建桂枝书院、清风亭于狮峰之巅，乃述其旧迹。生三子，葬本都黄观坦左，白鹤下田形，子山午向。

十二世昭：行百六，讳久中。娶楼下柯氏，再娶旌德县黄氏，封孺人。生二子一女。女适徽州南市宋尚书府知丞，合葬白塔路社屋右。寅山申向。

十三世穆：（久中）长子，行念六，讳子春，字仁甫，号易斋。治辞赋，宋绍熙中漕举铭二。初任池州东流尉，再任（浙江）越州萧山簿，三任儒林郎，（江西）赣州会昌丞。宋端平二年（1235）五月二十六日卒。娶曹溪曹氏，生二子一女，女适黟县黄陂枢密院府汪源之知丞。与曹氏合葬歙县仁里乡六都溪头下坞口。坤申山，寅艮向。吕左史竹坡（又名午，进士，歙县岩寺人，详见明弘治版徽州府志）为其墓撰墓志。

十五世穆：次子行名相，字相之，号古山。元泰定帝二年（1325）九月二十三日巳时生，治春秋，改尚书，应明洪武七年甲寅（1374）乡贡进士举，享年七十，著叶韵八十篇诗文。生母曹氏。养母陶氏。生三子二女。

十六世昭：相次子，行复初，名初，字太初。号龙泉，元贞丙申（1296）二月十八日巳时生，除歙县紫阳书院直学。应元至正四年（1344）乡贡进士举，娶曹氏乳名迎弟。生一子二女。

十七世穆：宗乙长子。行淳祖、字孟刚。元至正八年（1348）八月二十九日戌时生，除婺源州学直学，举明永乐二年（1404）乡贡进士，娶坦市汪氏，育五男二女。

十七世穆：宏祖次子，行仁孙，字子常，明洪武十三年（1380）十月二十九日生，娶葛氏，应永乐五年（1407）乡贡进士举。葛氏乳名观音。生子一。

十九世：仁孙次子道原，明成化十年（1474）甲午科进士。

## 第二节　乾隆版考川明经胡氏统宗谱

### 一、编印经过

清乾隆二十年（1755）前后，徽州各县掀起纂修宗谱、统宗谱的热潮。原徽州婺源县考川村的胡姓同宗天衡、涟、德文、奎文、天衢等人特发起纂修联宗合族的明经胡氏统宗谱，并成立了由天衡、天衢总负责，涟、应箕解决编谱资金及外联，德文主管财务收支，奎文专事编审校对的谱局即编委会。

编纂统谱形成共识和决议后，即向各支裔发函，通知各支裔携其底谱世系到考川会修。宅坦当时派胡履泰（乾隆十九年与父胡挺等人辑龙井派宗谱）、胡至德、胡学礼前往考川参与会修，即统宗谱跋中所说的"适绩邑宅坦延进公派宗人来会时事"。据凡例称：鉴于当时明经胡有伪冒的情况，统宗谱编委会特作出有关规定：凡持有宋代或元代旧谱及迁徙之初名行字号与各房旧谱相同者，方予编入，否则概不予编入统宗谱。凡例又称，"胡本陈胡公之后，考川胡氏祖明经公，实唐昭宗子，导于胡三公而氏其氏。旧谱以明经公为始祖、为氏号"，为避免与李姓通婚的情况出现，"故今据唐书著其世系于谱之前，名曰明经胡氏宗谱"，这很可能是以明经为氏号的来历。

统宗谱至乾隆二十四年（1759）编成付梓。按二十八星宿编排，每套共有28本。

## 二、内容简介

统宗谱谱头分角部、亢部。谱头的内容为统宗谱、宗谱新旧序言共38篇。起于宋绍兴三十二年（1162），清乾隆二十四年（1759）截止。其中宋代序言2篇，明代16篇，清代20篇（含乾隆修统谱序言12篇）跋1篇，以及目录、六甲图，领谱人名字号，阳基图等，亢部均为各派祖墓图。

另外27本则为记载各派世系的"挂线谱"，世系按延臻本派在先，延进外迁各派在后的顺序编排。二房延宾公派由于谱牒遗失，其世系统宗谱未予正式编入，仅在第28册的附录中予以简略介绍。

27本"挂线谱"中，包括了长房龙井宅坦派，胡适所在的龙井杨林（上庄）派以及被列入世界文化遗产的安徽黟县西递壬派等100多支胡姓族人的迁徙与分布。有关明经胡在绩溪的分布也有明确记载，统宗谱每本前后均盖有防伪章和校对章。

统宗谱共印69套，其中考川本派共领24套，延进公派共领12套（含绩溪下备胡姓所领的河字号统宗谱），其余33套均由延臻各外迁支裔领走，二房延宾公派因故未领一套统宗谱。

据谱牒研究专家查阅国内各大图书馆及文史研究单位，迄今还未发现有除羽字号之外的第二套乾隆版统宗谱，因此羽字号统宗谱堪称文物级明经胡统宗谱孤本。

由于统宗谱全面系统地介绍了明经胡自唐天祐元年（904）至乾隆二十年（1775）这851年的繁衍、迁徙及贤才情况，又详细记载了胡适所在的上庄，黟县西递等所有明经胡各支裔的世系源流以及胡炳文、胡伸等一大批理学家的传略，因此统宗谱具有很高的学术研究价值。

**附 考川历代修谱记略**

考川明经胡的族谱，最早为一幅庆源图轴。后学欧阳公小宗之法而始修谱。南宋庆元三年（1197）胡献之始修宗谱并作序；元至元二十年（1285）间胡梅岩、至顺二年（1331）胡耄学先后纂辑宗谱。

明嘉靖二十年（1541）考川首次发起会修统宗谱，至嘉靖二十三年（1544）

告竣，嘉靖统谱编入支派，世系遗漏不少。清康熙五十六年（1717），考川村的元谱、樊周、之松、庆琰等人又发起编修宗谱，历时4年宗谱完辑。

清乾隆二十年（1755），考川举人天衡、涟等人再次发起编纂统宗谱，乾隆二十四年（1759）付梓，历时5年。此次编修统宗谱参加支裔之多，编辑世系之全，为嘉靖版统宗谱所不及。此后，考川还在道光九年（1829）和光绪二十二年（1896）两次续修宗谱，但都以修本派世系为主。光绪以后，考川村胡氏再未续过宗谱。

### 三、明经胡部分贤才闻人录（904—1755）

五代：后唐同光三年（925），胡昌翼登明经科进士。
宋代：大中祥符六年（1013）胡昊任军西转运使；
　　　天禧三年（1019）胡令恭任宿州学正；
　　　宝元二年（1039）胡宁任大理寺评事；
　　　熙宁九年（1076）胡三省登进士第，后官中奉大夫；
　　　元丰五年（1082）胡锭登黄裳榜进士；
　　　绍圣元年（1094）胡绍登毕渐榜进士；
　　　绍圣四年（1097）胡伋、胡伸同登何昌榜进士；
　　　元符二年（1099）胡伋任深州通判，后升郎中；
　　　靖国建中（1101）胡伸任秘书丞，后升右正；
　　　崇宁二年（1103）胡侃登霍瑞友榜进士；
　　　政和二年（1112）胡铨登莫俦榜进士；
　　　政和四年（1114）胡若凤任大理寺评事；
　　　重和元年（1118）胡昂登王嘉榜进士；
　　　宣和二年（1120）胡侃历官金紫光禄大夫；
　　　宣和三年（1121）胡义和登进士第；
　　　绍兴二年（1132）胡溢登张九成榜进士；
　　　绍兴六年（1136）胡表东登汪应辰榜进士；
　　　绍兴二十一年（1151）胡博登赵逵榜进士；
　　　隆兴元年（1163）胡持登木待阁榜进士；
　　　淳熙五年（1178）胡嘉年登进士第；
　　　淳熙七年（1180）胡松年任中奉大夫掌御玺；
　　　绍熙四年（1193）胡应星、胡应辰同登进士第；
　　　开熙元年（1205）胡自厚登毛自知榜进士；
　　　嘉定四年（1211）胡大年升中奉大夫；

嘉定十年（1217）胡混登进士第，后知南康军；

天庆元年（1259）胡立本登进士第；

咸淳四年（1268）胡梅岩登陈文龙榜进士；

咸淳七年（1271）胡遇胜登进士第；

景炎二年（1277）胡天瑞登进士第；

元代：至元二十六年（1288）胡塍任苏州判官；

至正五年（1345）胡善登张坚榜进士第；

至正二十年（1363）胡朝京登进士第；

明代：洪武十八年（1385）胡信、胡昌龄同登进士；

成化二十年（1484）胡全登进士第；

万历十九年（1591）胡文光授朝列大夫四品；万历二十年（1592）胡尚穆任中书；

天启元年（1621）胡文耀任大理寺评事；

清：　康熙三年（1664）胡之潛升奉政大夫；

雍正元年（1723）胡景定登于振榜进士；

乾隆十三年（1748）胡延龄登进士第；

乾隆十六年（1751）胡志浩登进士第。

注：根据统宗六甲图整理不含昌翼公长房全部和二房。

## 四、胡适是明经胡龙井（宅坦）派的后裔

（一）宅坦与上庄一至五世同宗共祖

考川统宗谱，宅坦和上庄两村的宗谱及胡适故居陈列的胡适直、支世系图都一致记载：古称龙井的宅坦和别称杨林的上庄一至五世同宗共祖，均为昌翼、延进、忠、昉、文谅。有关始祖、远祖生卒年、墓葬地、名字号的记载基本一样。上庄乾隆修谱的序言中这样记载："七世端五公子忠公迁翚北龙井，十二世德真公迁杨林，二十世七二公始迁上川。"（详见清宣统版上川胡氏宗谱赵青黎、曹天佑所写的两篇序言）。上庄乾隆版谱的倡修者胡立中也在《乾隆中王宗谱》跋中说："吾族自延进公由考川迁绩居胡里镇又分而龙井而杨林而上川，世远人繁，谱不续修将益教而无纪。"胡适在整理其父胡铁花的年谱时这样写："'升主'是奉升始祖、始分祖，始迁杨林祖、始迁上川祖，于座而祀之。"（胡适文集 481 页）上庄胡氏宗谱在介绍其宗祠演变历史时也强调："盖杨林祠自为迁杨林祖之祠，今祠为始迁上川祖之祠第。杨林今无他族，即谓其祠亦吾族之祠亦可。"（详见上川宗谱拾遗）这就充分说明上庄的胡姓同宗来自龙井杨林派，源自宅坦的龙井。对胡忠、胡文谅等远祖墓葬记载也一样：胡忠卒葬龙井黄观坦，胡文谅

葬葫芦岭铁索系龙形等。所不同的是考川、宅坦认为胡忠是胡延进的儿子；而上庄谱的世系认为胡忠是胡延进的第七世孙，即在延进和忠之间还有百彦等五代。此外，上庄谱明确记载胡忠从胡里镇迁龙井定居，那么，究竟哪一家宗谱的世系可信呢？让我们还是从史料和事实中寻找答案：

据考川统宗谱六甲图记载：延进生于后唐天成己丑（929），殁于宋景德乙巳（1005）；胡忠生于后周丁巳（957），卒于宋天圣四年（1026），延进长忠28岁，胡忠为延进子符合事实。而按胡里、上庄宗谱的世系，延进有百彦（岳）百禄（嵩）百英（峤）等五子及简、文安等后代，那势必会出现在延进和忠之间每隔五年半就增加一代人的笑话，明经胡氏以考水为宗，统宗谱确认胡忠是延进的儿子无疑较为可信。新近发现的更为珍贵的明嘉靖版龙井胡氏族谱也清楚记载胡忠是延进之子。1998年新版绩溪县志在选介桂枝书院时，就采信了龙井宗谱的世系，认定胡忠为延进之子（详见县志693页）。被胡里称为延进长子的岳经查绩溪市北支谱为常侍胡十五世孙胡宓之孙。岳修道于歙县乌聊山，未娶。新县志在介绍被胡里谱认为延进第三子胡峤时，称他为绩溪金紫胡胡舜陟的高祖。被胡里认定为延进第五世孙的胡遇，经查明弘治版《徽州府志》为婺源人，而不是绩溪胡里人。

考川康熙庚子（1720）版宗谱，也曾有称岳、嵩、峤等五人为延进五个儿子的记载，至乾隆甲戌年（1755）各派会修统宗谱时，考川负责统宗谱编纂的明经谱局经查阅绩溪常侍派龙川胡氏统宗谱及县城北常侍派胡氏支谱和胡里龙塘宗谱并经严密考证确认岳（百彦）嵩（百禄）等五人均不是胡延进之子。故改正了考川康熙庚子（1720）宗谱有关延进公下有岳、简等三至七世的不实记载，认为胡忠才是胡延进之子。胡里、上庄宗谱仍坚持胡忠是胡延进第七世孙的世系表述，是由于这两支在乾隆修谱时未删除康熙庚子谱不实记载的缘故，上庄宗谱的世系以及许多敕诰等都是照搬胡里宗谱的结果。

（二）六至十三世在宅坦分成共祖不同派的两支：

这七代世系宅坦、上庄宗谱记载的完全一样。所不同的是明嘉靖版龙井族谱和上川宗谱一样，均认定第七世胡德真始迁杨林，而乾隆版考川统宗谱和民国版龙井派宗谱却记载第十四世胡允昌始迁杨林，其次子胡七二始迁上庄。如此记载不符合事实，父子相隔仅一代，无论如何不可能形成两个支派。因此，明代的龙井族谱和清末的上庄宗谱对龙井杨林派的世系记载是可信的。通过查对谱牒，龙井杨林派一至二十世的世系就包括了上庄胡姓始迁祖胡七二及其以下五代，这就证实了龙井杨林派也即龙井上庄派，但统宗谱、龙井谱对杨林派的世系编录均只到二十世胡巽、胡顺二人，共传了七代。从二十一世起，龙井杨林派就开始"失传"。这两种宗谱都写有这样的结论："杨林派（元）至正谱载:二十世巽顺二人止;(明)嘉靖谱仍之,万历谱也止于是,则杨林一支三百年前已无孑遗唉噫。"言之凿凿,似成定论,但事实并非如此,杨林派传至巽、顺二人并未失传,而是移居到杨林镇的后岸也即现在的上庄繁衍发展了。

上庄宗谱巽、顺二人以后的世系见下表:

**胡巽、胡顺后世系简表(世系以上庄为例)**

| 世 数 | 姓 名 | | | | | | | 备注 |
|---|---|---|---|---|---|---|---|---|
| 二十 | 巽 | | | | 顺 | | | 详见上庄宣统版宗谱 |
| 二十一 | 祖寿 | | | | 玄寿 | | | |
| 二十二 | 满宗 | | | | 大原 | | 佛宗 | |
| 二十三 | 普宁 | 普禄 | 普义 | 普仁 | 井中、道中、赫 | 普大、普希、普阳 | | |
| …… | …… | …… | …… | …… | 至二十世俱失传 | …… | | |
| 四十二 | 略 | 略 | 胡适 | 略 | | 略 | | |

这两种截然不同的世系记载又是什么原因造成的呢?不妨从史料和事实中去寻找答案:

历史上宅坦、上庄这两个大村曾为争"七月会"的首办权和"五朋"(宅坦、上庄、瑞川、余川、择里五村旧称五朋)中的头朋而一度失和。这种不和有可能造成龙井派修谱只编入上庄胡姓二十世以前的世系而未编入二十一世以后的世系。据查明嘉靖版《龙井胡氏族谱》,对龙井杨林派的世系确实只记载到第二十世巽、顺为止,但未注龙井杨林派已失传。说杨林一支三百年前已无孑遗是龙井派在乾隆年间续修宗谱时加的,这就印证了乾隆年间考川、宅坦和胡里、上庄在修谱时发生了严重分歧。据查上庄宗谱,清乾隆二十年(1755)以前上庄胡姓未修过谱,其世系大部分都编入龙井胡氏族谱中。即使是乾隆二十年(1755)上庄修谱也是与胡里人合修的,定名为《乾隆中王宗谱》,其世系融入胡里、龙塘之中。同年,考川发通知要求各支裔携元明旧谱去考川会修统宗谱、胡里因没有元代的谱牒(经查,现存宗枝图为明代万历六年手抄本)未能参与会修统宗谱。同时在编县志时胡里又与宅坦在胡延进是否封中王、是否赐居胡

## 宅坦村志

里以及胡子春究竟是宅坦人还是胡里人等家乘资料鉴定上发生严重分歧，考川编统宗谱的明经谱局特撰写了《延进公知建德军考》一文反驳胡里人关于胡延进"封中王，墓葬胡里"的说法，并又写了《子春公知丞辨》一文明说胡子春在浙江萧山任官时与吕午相识等是可信的，参加编纂县志的宅坦人胡学礼、胡履坦等人要求将"人物志"中胡子春的籍贯由胡里改为宅坦而未被县志主编采纳，愤而中途退出编纂县志。正是在这一关键时刻，本属龙井杨林派的上庄却去四五十里外的胡里与胡里人一起合修宗谱，与胡里人"相与诹吉，陈设家传诰敕、图书告其事于祖"。谱局首先开设于胡里上祠淳叙堂，其为祖居也。乾隆丙子年（1756）夏编谱班子移至上庄宗祠叙伦堂，并由上庄人负修谱主要职责。（详见《上川胡氏宗谱·文苑》），也正是在宅坦和胡里发生分歧时上庄人倒向胡里，并与胡里人在上庄一起修"中王谱"，这就更加深了宅坦与上庄的矛盾，导致宅坦人在通往上庄的途中造"风乎亭"（隐指分胡），暗指亭南的上庄胡姓为假胡，亭北的宅坦为"真胡"，上庄的说法正好相反。其实两村都属明经胡龙井派始迁祖胡忠的后代，只不过建村时间长短不同罢了。

胡适父亲胡铁花在《彰善录序》中说："我族自二十世祖卜居于此（指上庄始迁祖胡七二），历二十余世六百余年。"（详见《上川胡氏宗谱》石部文苑）据此测算，上庄建村至今有七百多年，比宅坦建村迟二百多年。即使在两村存在一些矛盾的情况下，两村的绅士名流仍互称同宗。如宅坦人称承租祠田的上庄人为宗xx，胡宣铎送胡适结婚对联的下款称"教弟宗宣铎鞠躬贺"。这从侧面证实宅坦上庄胡姓确实同宗共祖。1999年11月，始祖昌翼公逝世一千周年，宅坦和上庄还一起赴考水寻根祭祖并合影留念。另又据上川宗谱凡例记载："旧谱例谓：已经开族者，不续修其系。"考川统宗谱、龙井派宗谱仅编入上庄始迁祖胡七二下五代世系与上庄胡姓是龙井杨林派分迁开族有关。

## 第十四章 谱牒与文献辑存

### 宅坦、上庄世系对照表

| 代数(世) | 始祖高祖 宅坦 | 始祖高祖 上庄 | 备注 | 代数(世) | 始祖高祖 宅坦 | 始祖高祖 上庄 | 备注 |
|---|---|---|---|---|---|---|---|
| 1 | 同宗共祖共村 | 昌翼 | 昌翼 | 上庄谱称胡忠为八世祖。在延进和忠之间还有百彦、简、文安、遇、全信五代。 | 20 | 英定 | 巽 | |
| 2 | | 延进 | 延进 | | 21 | 尚义 | 祖寿 | 宅坦、上庄二十世后以胡宝铎、胡适直支世系为代表 |
| 3 | | 忠 | 忠 | | 22 | 积生 | 满宗 | |
| 4 | | 昉 | 昉 | | 23 | 真庆 | 普义 | |
| 5 | | 文谅 | 文谅 | | 24 | 玄明 | 道政 | |
| 6 | 同宗共祖不同派 | 义和 | 贵良 | 贵良为文谅公长子。义和为次子。明嘉靖版龙井族谱上庄宗谱认定胡德真始迁杨林。 | 25 | 从龙井宅坦始迁杨林、上庄。宅坦、上庄高祖分村而居 | 东甫 | 玄孔 | |
| 7 | | 整 | 德真 | | 26 | | 相 | 永晋 | |
| 8 | | 应昌 | 宗颜 | | 27 | | 伯文 | 元当 | |
| 9 | | 宗宪 | 唐卿 | | 28 | | 世芳 | 文法 | |
| 10 | | 元广 | 谧 | | 29 | | 希祖 | 志轩 | |
| 11 | | 亿 | 公羡 | | 30 | | 光代 | 兆孔 | |
| 12 | | 时中 | 节 | | 31 | | 大缘 | 应进 | |
| 13 | | 王寿 | 汝龙 | | 32 | | 贞瑅 | 天旭 | |
| 14 | 十上世后允昌 | 俊卿 | 允昌 | 考川统宗谱龙井派宗谱认定胡允昌为龙井杨林派派祖。 | 33 | | 敬 | 锡镰 | 祥蛟即铁花公,胡适即洪骍。 |
| 15 | | 彭 | 七二 | | 34 | | 含耀 | 贞琦 | |
| 16 | | 景 | 千 | | 35 | | 宝铎 | 祥蛟 | |
| 17 | | 延佐 | 大二 | | 36 | | 文骍等 | 适之 | |
| 18 | | 祥卿 | 昌孙 | | 37 | | | | |
| 19 | | 敬文 | 喜佑 | | 38 | | | | |

## 五、胡适、胡雪岩故乡上庄、胡里与考川、宅坦修谱之分歧

分歧之一：编谱是按宗谱文体还是仿照志体？

考川、宅坦认为，根据隋书经籍志，谱记、世系、传记各有体例文式，故编谱不单列编传记，人物事迹附于世系中，以征信于后人。

胡里、上庄认为，编谱不必囿于谱体。可按县志文体设多个篇章。乾隆版谱设像赞、诰敕、列传、宅墓、世系等，上川的宣统版谱又增设诰敕、遗像、列传、仕宦、学林、善行、烈女、文苑、宅墓、规训、存旧、拾遗、世系等篇章。为"反击"考川、宅坦不承认胡延进封中王，卒葬胡里，胡里和上庄合修的宗谱特定名为中王宗谱；上庄在清宣统三年（1911）单独修谱时又加写《克修（延进）公传》。

分歧之二：胡延进是否封中王、中王名究竟是封号还是地名？

胡里和上庄认为，根据《旧徽州府志》《绩溪县志》中的《职官表》《邱墓志》记载，胡延进以平蜀功在宋开宝任绩溪县令、特封中王、赐居胡里、墓在胡里均确实无疑。

1911年上庄宗谱的主编胡近仁在《延政公传》文末特加附注，称："吾宗别派（指考川、宅坦）有削公之封爵，且谓公与詹氏殁严州官邸，合葬桐江。是说也，吾族先进铁花公溯本序已详言之矣，予故不赘。"胡铁花在溯本序是怎样说的呢？他以曾氏以曾子十五世孙关内侯为始祖但欧阳文忠疑之而曾国藩家谱仍奉其为始祖为例，强调指出："吾家旧谱所记始祖本唐昭宗太子，避朱温乱，改从胡姓。二世祖仕宋卒封王爵，史迹不见于史册，与曾氏始祖关内侯据略同故。予作溯本录悉从旧谱，亦援曾氏祖据之例焉。吾宗别派有重修宗谱，削去二世封爵，且逞其胸臆谓必无封爵之事，著论辩驳旧谱者（指编修乾隆丙子版统宗谱的胡天衡等人为更正康熙庚子版谱的不实记载所撰写的《延进公知建德军考》一文以及宅坦同治甲戌版宗谱稿编录此考文一事），彼其学识未必有过于宋之曾子固，今之曾文正公亦只见其不知量耳。"（上庄宗谱石部文苑）看来铁花公对考川、宅坦的有关胡延进生平的不同记载早有微词。

考川和宅坦在乾隆年间修谱时经认真考证后认为，延进公墓在浙江建德，中王是地名并非封号，称延进公赐居胡里，墓在胡里也纯属子虚乌有的事。其根据和理由是如下：胡延进封中王一说，实为绩溪旧志中《邱墓志》所书之唐中王，相当于《职官表》中所书的唐县令，宋时修府志时未将胡延进称为宋中王而仍称为唐中王，乃相沿未检的缘故；徽州府《封建制》载王号者有六，载封王者有四，却没有中王封号，也没有胡延进王名。退一步说，父以子贵，若延进公果真进爵中王，为何其父昌翼公无任何封号？再说，中王这块土地，清

明两代丈量均为染字号，而胡里谱说延进公墓地为羔字号，胡里称延进公墓在胡里根据何在？何况绩溪以中王为地名者除胡里附近有中王村外，在七都也有此地名。绩溪旧县志部分辑于胡里胡献芹之手，称胡延进赐居胡里，封中王等很可能是胡献芹杜撰出来的。(参见本书《延进公知建德军考》)

分歧之三：胡子春究竟是宅坦人还是胡里人？

胡里称胡子春为胡里派第十二世孙，吕午不可能在浙江萧山认识胡子春，胡子春先后任益王府教授、十路教公。考川和宅坦认为，胡子春（1168—1235）是宅坦人，以辞赋中南宋绍兴漕举第二名，娶七都曹氏。任越州萧山簿，历江西会昌县丞，为官清正，南宋淳祐七年（1247）吕午为胡子春撰墓志铭。同时又指出，南宋绍熙、嘉定朝代相连，萧县、乌程、余杭均为浙东接壤之地，吕午和胡子春完全有可能相识相会，又说，宋益王（赵颙）与胡子春相隔70余年，子春怎么有可能在益王府任教授？宣州、临安称路是元至元十四年（1277）的事，而胡子春早在南宋端平二年（1235）去世，怎么有可能当十路教公？正是编写乾隆县志的宅坦人要求将胡子春的籍贯由胡里改为龙井未获允准而导致宅坦人退出县志编委会。由此可见，宅坦和胡里的分歧可追溯到明代。

分歧之四：胡昌翼、胡延进封王的敕命是否属实？

胡里认为，宋开宝二年二月十日（969）胡昌翼被封为唐王，胡延进宋乾德四年（966）四月一日被诰敕为"特封中王"等千真万确。考川、宅坦认为，宋朝封爵，只限于皇亲，王号只有亲王、嗣王、郡王之别，断无中王封号。将胡昌翼封为唐王的诰敕更属无稽之谈。其理由如下：封王、王妃是万万不可用"敕命"的，只能用"诰命"；父子同为王，不伦不类，不合封爵惯例；"敕命"胡昌翼为唐王的时间也不对，因为开宝二年二月赵匡胤正御驾征讨北汉处于鏖战状态，哪有闲暇来加封胡昌翼？以至御题活人像？再说，为活人题像赞，民间无此先例，帝王更闻所未闻，这完全是伪造而闹出的笑话。

有鉴于此，乾隆年间修谱时考川和宅坦都未再继续刊布这些诰敕。[①]

**附 延进公知建德军考**

阅绩溪县志（指明万历志，1581年刊本）《职官表》，内载唐县令 二人。一我二世祖胡延进公，"以平蜀功授任"；一县令侯师申，"太宗 时任。"（注云："表前令墓"。即府县《邱墓志》注。"知州李度，知县侯师 申题延进公墓为

---

[①] 清光绪八年至十七年胡里村与邻近的中王村王姓为中王村边的庙宇归属打了十年官司，胡里人称此庙为中王庙，中王村人认为是九相公庙。胡里人请出胡光墉（胡雪岩）打这场官司，县、府慑于胡雪岩名势，裁决偏袒胡里，后来因胡雪岩被查办，县、府遂根据"史鉴并无胡延进封王之号"，将此庙宇改为关帝庙，中王系地名并非封号的考证由此得到进一步的印证。这本名为"与王姓交涉公事"的诉讼记录原稿现存湖里胡天本处。

中王墓"者是）其于《宋知县》则首载卢远，为"兴国　五年任。"府志《郡职官表》载：宋知州李，太宗时任；《县职官表》载，宋　绩溪县知县胡延进，注云"以平蜀功，开宝初任；"而侯令载"太宗时"　卢令亦载"兴国五年"。至《邱墓》，两志并载"唐中王胡延进墓；又并　注。墓在胡里镇，以父昌翼避地考川冒胡姓"；又并注"知州李度，县令　侯师申题其墓为中王墓"。乾隆年间续修县志。《职官表》照府志移　延进公入《宋职官》，"原名延进，后知严州军"，而《邱墓志》又添　"赐居胡里"四字。两志俱在，已为成书，而我公由来，委不副实。厘定之下，窃有说焉。

　　谨按绩（溪）旧志载，延进公为唐职官，时即南唐。夫南唐未曾平蜀，何功之足叙？又侯令系太宗朝任，凡称太宗者二世殂，三世立，故以二世为太宗。史载南唐传国止李昪、李煜两世，李煜即降宋，不称太宗。又按府《职官志》载：延进公开宝初任，西蜀虽平，南唐未下。宋曹彬下江南事在开宝八年。夫开宝八年止尔，越明年而太宗残年改元，安知开宝之初徽州不尚隶南唐乎？

　　又按绩旧《邱墓志》所书之唐中王，犹《职官表》之书唐县令。府志改入《宋职官》，则府《邱墓志》不书宋中王而书"唐中王"者，相沿未检耳。至"中王"二字系地名非封爵。何者？"父以子贵"，果延进公进爵中王，昌翼公加何封号？且府《封建志》载王号者六，载封王者十有四，独无中王王号，独无延进公王名，犹彰明较著耶！若宋祖最重爵赏，如曹彬定江南，不骤拜相；使即当日王全斌、刘光义取蜀大帅，或因行部不饬而降罚随之，安有从征叙功者俨然王爵哉！则中王之为地名，夫固信而有征矣。至邱墓，李州、侯令题墓，夫李与侯皆太宗时任，太宗之改号虽有三，而"兴国"实建元之首，卢令既兴国五年，则侯令应在兴国之初，延进之卒当在开宝、兴国之际。伏睹宋儒祖梅岩公辑《宗谱六甲图》，载延进公于咸平五年（1002）知建德军。咸平为真宗年号，上溯太宗兴国，二十有六，又上溯太祖之开宝，三十有五年。岂有三十余年以后宦游未倦之身？而三十余年以前诬其物故？由是考之，题墓之说未确，而胡里之墓亦未可信。且中王地所，清明两丈俱染字号，康熙庚子（1720）谱又载延进公墓为羔字号不尤两不相符欤？今添"赐居胡里"句，吾又不知胡里凭何所考而云然也。

　　噫！知祖者莫若子孙。昔元儒景（胡景，宅坦人，明洪武十年被朝廷敕为"儒者之身"）祖先生作《延祐谱引》谓延进公暨夫人詹氏先后卒于严州官舍，良臣公合墓于桐江；归龙井后，于七都之中王复营墓所，藏衣冠以便岁祀。谨遵梅岩、景祖二公之说，证之史书，故述：延进公之令绩在开宝之末，延进公之卒在咸平五年以后，延进公墓定在严州，中王定属地名。此诚凿凿可据者，因此书以质后之君子。

　　　　　　　　　　清乾隆二十二年（1757）丁丑十二月朔考　川明经谱局考

**附 统宗谱（六至十世）胡雪岩故里胡姓来源的按语**

按康熙庚子谱（指考川谱和龙井谱）延进公下载：岳、峤、嵩、昆、仑五位，而岳注迁胡里龙塘。查绩溪十二都常侍派龙川胡氏统谱载，始祖晋散骑常侍讳焱，青州濮阳县板桥村人。大兴元年（318）提兵镇歙，赐田宅于新安华阳镇。十五世孙唐常侍讳宓迁歙之乌聊山。（其）子沼迁绩溪市北。沼生峤、嵩、岩而无名岳者。又查市北支谱，世祖唐常侍宓生子沼，沼子四，长岳修道乌聊不娶，始知伊统谱无岳名者以出家故也。次峤，墓夹溪。再传为策，策生咸，咸生舜陟、舜举、舜愈、舜申。舜陟四子：长亿，次仔，又次傅、仰。仔生兴祖，光祖、师祖、遵祖，是为金紫派。嵩居高枧，又次岩。据此则胡里龙塘显系青州常侍后裔。又查胡里龙塘旧谱，载清华派露字号，十八常侍讳学九世孙名百廿，讳禄，字申锡，居绩之登源越国公祠下七里，因百廿姓胡，故名胡里，是为胡里始迁祖。据此，则胡里龙塘又是清华（婺源之清华注）后裔。庚子统修未及细检，今已厘定清彻，特行锄汰。

注：考川康熙庚子版谱也曾有延进公生岳等5子，胡忠为胡延进七世孙的不实记载。乾隆二十年会修统宗谱，十九年纂辑龙井宗谱时，经严格查对多种版本的谱牒，已将胡里胡姓的来龙去脉考证得一清二楚。这篇按语值得一读。今本县瀛洲乡大坑村现存康熙庚子版宗谱一套，其延进公下的世系确如按语所述一样。

近又查明万历六年（1578）胡里《胡氏宗枝图》，对胡百廿简介是这样的："胡百廿，即名禄公，职十路教公任本府乳溪教谕。居本里，置创基址，曰'胡里市'。生八子。墓在胡立坎螃蟹形。"这与胡里龙塘清华派露字号旧谱记载基本一样，即常侍胡学的第九世孙胡百廿是胡里胡姓的始迁祖。但创作于宋代的巨幅徽派版画《胡延进报功图》这一中国艺术史上的罕见珍品却是在胡里发现的，明嘉靖三十年编纂的《新安名族志》以及元代陈定宇编辑的《新安大族志》都一致认为胡里是胡延进的定居、卒葬地，明弘治版《徽州府志》及新旧《绩溪县志》也有类似的记载。考川道光版宗谱又承认胡里胡姓属明经胡。说胡里胡姓不属明经胡也无令人信服的证据，因为在发生分歧的背景下所做的考证，是难以完全做到客观公允的。

## 第三节 民国版明经胡龙井派宗谱

### 一、内容简介

　　1919年，胡维垲、胡钟毓应邀参加编纂县志，由编县志联想到宅坦宗谱续修之事。于是维垲、钟毓与宣铎、匡教等人合计，决定以宝铎公手辑的同治版宗谱手稿为基础，续修民国版宗谱。1920年春成立了以胡宣铎为首的谱局即现在所称的编委会，胡广、胡汝霖处理编务兼校对；胡经、胡维屏担任总务兼理财务，成基、炤、成义、士毅等负责筹款，士毅等人还协助编审。

　　历时两年，宗谱于1921年夏付印。宗谱按生肖分为12本。其中子部为谱头，其余11本为"挂线谱"，即世系。谱头共收进胡宣铎等人序言4篇，其中一篇是乾隆谱序，祠规16条，例言、总目录、领谱人字号以及六甲图、阴阳基图等，宗谱共印46套，其中宅坦胡氏宗祠及5个支祠共领32套，村现存不过五六套，其余14套由宅坦外迁支派领走，其中尚廉村3套，江塘村2套，杨桃坑村1套（现仍存），歙县竹园领走3套，旌德上洪溪、河村头和东山各领1套，浩寨叶村1套，原歙县洪坑领走1套。宗谱字号按千字文顺序排列。

### 二、宅坦历代官仕录

　　1. 后唐同光乙酉（925），一世祖胡昌翼登明经科进士。
　　2. 宋开宝乙亥（975），二世祖胡延进任绩溪县令，宋咸平壬寅（1002）知建德军。
　　3. 南宋淳熙丙午（1186），胡春以诗赋补上舍；同年胡辰以春秋补上舍。
　　4. 南宋庆元丁巳（1197），胡子春以辞赋中漕举第二名，任安徽池州东流尉，历越州萧山主簿。
　　5. 宋嘉泰壬戌（1202），胡子光任浙江江山主簿；胡太补上舍；胡文升巡检。
　　6. 宋嘉定庚辰（1220），胡琏以春秋中漕魁，任浙江临安主簿，即除蕲州口监镇。
　　7. 宋宝庆丙戌（1226），胡子春除江西会昌县丞，子春父胡久中封赠儒林郎。
　　8. 宋端平乙未（1235），胡王遂任武进校尉；除江东转运司，准备差使。
　　9. 宋嘉熙戊戌（1238），胡四补上舍，胡琏任徽州婺源比校院比校。

10．元延祐甲寅（1314），胡相应进士举。

11．元至正甲申（1344），胡淳祖应乡举，后任婺源州直学；至正丁亥（1347）胡仁孙应进士举。

12．明洪武乙酉（1369），胡复初举绩溪添设主簿。

13．明洪武丁巳（1379），胡景以族侄复初上其事，免科征，封茔百步。

14．明嘉靖丙寅（1566），胡东升例授台湾主簿。

15．明万历乙亥（1575），胡东升任湖广按察使检校。

16．明崇祯壬午（1642），胡伯康恩赐寿官。

17．明崇祯癸未（1643），胡遥举将才选把总。

18．清顺治甲申（1644），胡遥陞江苏江宁府副总。

19．清顺治丙申（1656），胡尔宁选江苏泰兴教谕。

20．康熙癸卯（1663），胡尔宁二度摄泰兴事。

21．康熙癸丑（1673），胡尔宁任江西提府佥事。

22．清雍正壬子（1732），胡吴选授安徽霍邱训导。

23．乾隆辛酉（1741），胡琢成充内阁供事。

24．乾隆十三年胡延龄登进士第。

25．乾隆十六年胡志浩登进士第。

26．乾隆庚辰（1760），胡学礼选江苏崇明训导。

27．乾隆庚戌（1790），胡钜任安徽无为州训导。

28．道光丁未（1847），胡含熙诰授奉直大夫，同年，胡谅封奉直大夫。光绪辛卯（1891）敬、谅、含耀同封资政大夫。

29．咸丰丁巳（1857），胡道升例授都司府，晋封三品衔。

30．同治戊辰（1868），胡宝铎登进士第，同治辛未（1871）殿试主事；后特赏三品衔，诰授资政大夫。

31．同治癸酉（1873），胡道荣任安徽天长训导，加内阁中书衔。

32．光绪戊子（1888），胡维城任眙盱教谕。

33．光绪甲午（1894），胡文骐例授刑部主事，后升任江西财政局科长。

34．光绪丙申（1896），胡维翰任安徽宁国府训导。

35．光绪戊戌（1898），胡业、胡佩玉封直奉大夫。

36．光绪己亥（1899），胡允升封中宪大夫。

37．光绪癸卯（1903），胡宣铎任安庆府训导。

38．光绪丙午（1906），胡文骐选授湖北通城知县，后改任江苏高淳知县。

39．光绪戊申（1908），胡文骐选授蒙城县教谕。

40．宣统庚戌（1910），胡心瑷江苏震泽县县丞。

**中华民国**

1. 1922年至1925年，胡武周任云南讲武堂少将学生监。
2. 1937年7月，胡梦华任国民政府军事委员会战地服务团中将主任。
3. 1936年，胡武周任歙县县长。1946年任河北省满城县县长。
4. 1940年至1943年，胡梦华任河北省政府秘书长，后代行省主席职。
5. 1943年至1945年胡梦华任国民党行政院机要秘书。
6. 1945年至1949年1月，胡梦华任天津市社会局局长。
7. 1946年胡宝生任绩溪县龙井乡乡长。
8. 1948年胡昭万任绩溪县杨林乡乡长。

## 三、祠规选介

祠规类似如现今的村规民约，它的主要作用是约制、教育本族子孙发奋读书、尽忠尽孝、行善仗义，不做作奸犯科、有辱家声的事。同族之中如有打爷骂娘、侵犯祖产、偷鸡摸狗之事发生，轻者由族长、房长等批评教育，责令泡茶赔礼，改过自新；重则开祠堂门，把不孝子孙捆进祠堂，由族长打扁担（扁贬同音，含责贬之意）；再重者革出祠堂，不承认其为本姓子孙。

龙井派祠规虽存在封建糟粕，但祠规中的劝学振仕、敬老助弱等内容还是有其积极一面的。祠规的内容主要有：

1. 彰善四条：训忠、训孝、表节、重义。
2. 惩恶四条：忤逆、奸淫、贼匪、凶暴。
3. 职守四条：修祭事、训祠首、保祠产、护龙脉。
4. 名教四条：振士类、厚风俗、正名分、敬耆老。

惩恶四条内容在今人看大多无可厚非，但将表节、护"龙脉"列入则失当。龙井派祠规中最具有存史、教化作用的规条是重教奖学。具体内容有：

1. 每隔四年村里学子们在祠堂会试，祠堂免费提供伙食。参加会试夹带书籍、文章者罚银2钱，当日没有交卷者罚银1钱。考卷由宗祠统一请人批改。
2. 对考取一定功名者，视等级予以奖励：补廪给贺银1两；出贡贺银5两；登科贺银50两，甲第以上加倍，另有升旗挂匾等仪式。对无钱参加省试、会试者，宗祠给予路费补助；
3. 强调"读书立身，胜于他务"，对有培养前途的学子平时多关心多扶持，不让有培养前途的学子放弃学业。

# 第十四章 谱牒与文献辑存

正因宅坦祠规的内容十分丰富又颇具特色，它常被学者著书、撰文时反复引用。

祠规中还有惩戒盗偷等内容。如盗瓜菜稻草麦秆之属罚银 5 钱，盗五谷薪木塘鱼之属罚银 3 两并入公祠演戏示禁，这些条规值得今人制订村规民约借鉴。

宅坦人名载入县志、省志者，其数量列全县各村前茅。自明代胡积生妻程贵贞以抚孤守节事迹第一个名载县志至 1921 年宅坦胡昭智妻朱氏最后一个载入县志，400 多年间宅坦村共 155 人被编入县志，3 人载入或备入省志，其中烈女和节妇几乎占了一半。由此可见，封建制度与相关祠规犹如紧箍咒，束缚、残害了多少妇女，使她们成为封建伦理纲常的牺牲品。

次之者，有 27 人因仁孝友爱善举载入孝友志。再次依次为尚义志 16 人，学林志 14 人，乡善志 6 人等，共涉及县志 16 个门类。其中最值得一提的是载入学林志、大学志的宅坦人。

村人名载省志，实属不易。胡志諟妻石氏因于道光三年（1823）出资独建宗祠享堂全部、从江西购米千担救济粮荒、铺路修桥等善行且亲见七代、五世同堂而名载省志，石氏享年 91 岁。胡士作妻程氏在咸丰庚申年战乱结束后收埋许多荒野骸骨而于同治辛未（1871）奉旨备入省志。第三个载入省志的也是女性，是胡天照之妻曹氏，"矢志贞守，孝事重帏，衣不解带，善待病姑数载"。

**宅坦村民载入县志、省志统计表**

| 县志人数 | 类别 | 县志人数 | 类别 | 县志人数 | 类别 | 县志人数 | 类别 |
|---|---|---|---|---|---|---|---|
| 74 | 烈女 | 2 | 人瑞 | 1 | 文苑 | | |
| 27 | 孝友 | 2 | 大学 | 1 | 学苑 | | |
| 16 | 尚义 | | | 1 | 桥梁 | | |
| 14 | 学林 | | | 1 | 臣业 | | |
| 6 | 乡善 | 1 | 拾遗 | 1 | 修学能干 | | |
| 3 | 方技 | 1 | 书籍 | | | | |
| 3 | 善行 | 1 | 隐逸 | 总计 | 155 人 | | |

## 四、历代修谱述略

自胡忠于宋景德丙午年（1006）始迁定居（明嘉靖谱称胡忠宋开宝癸酉即公元973年迁居龙井）以来，龙井谱牒之修，接续不断：

宋嘉定辛未（1211）十四世孙胡俊卿、十五世孙胡子春首辑龙井最早的族谱，即嘉定谱。

元朝延祐甲寅（1314）和至正丙戌（1346），龙井派十六世孙胡景和十八世孙胡复初接续编谱，辑成宅坦相隔时间较短的延祐谱和至正谱。

明代嘉靖丙辰（1556），由二十四世胡文宪、胡永生，二十五世胡东池、胡东升、胡东溢等17人会纂的嘉靖谱问世。此谱现仍存宅坦，弥足珍贵。稍后，明万历年间（1573—1619）由二十五世胡桓、胡东溥联手推出万历版谱。

清朝修谱共有三次：康乾盛世，修谱进入佳期。继康熙庚子年（1720）续谱（编者失考）之后，三十一世胡挺于乾隆甲戌年（1754）发起龙井本派及外迁支派会辑宗谱，一改以往编谱仅修本支的缺陷，集龙井派宗谱之大成。前门胡挺子胡履泰又偕族人胡学礼、胡至德等人亲赴婺源考水，协助考水明经谱局会修统宗谱，使各派得以同宗相从，同族相属，井井有条。

自来谱牒遗佚或失修，均由于兵燹。咸丰末年，太平军和清兵久战于徽州，村内谱牒田册百无一存。幸亏三十四世胡志高肩背宗谱逃难，死命保护，同治甲戌（1874）前门三十六世胡宝铎、胡道升等续修宗谱时才得以凭据，龙井宅坦的历史不至于因战乱而中断。但同治版宗谱终因修谱后期宝铎公长期在京任官而未能完辑付印，因此，胡宝铎临终时仍不忘宗谱完辑付印之事。

1920年，前门三十六世胡宣铎之弟步兄后尘，与前门胡蕴玉、胡成义等踵修宗谱，1921年完稿付印，即现存的民国版谱。

1999年以来，宝铎公的后人有感于宅坦历史已有近80年未曾续写，秉承祖志又发起编纂志、谱功能兼备的《龙井春秋》。为编好这本书，胡昭壁、胡昭仰、胡匡敏、胡匡璋、胡匡俊等宝铎公后人积极撰稿并捐款支持付印。在宝铎公后人的仁风义举感召下，村人和其他宅坦籍旅外人员也积极参与编写。宅坦村委会以编好出好为己任，征文考献，内查外调，尽力配合旅外诸乡贤完成编纂工作。宝铎公一门，连续四次续谱修志传为美谈。

## 五、排行诗：男五十字 女十五字

男排行：伯世希光大，贞端志士成；天昭匡应德，邦祥允可清；廷献弘嘉瑞，克继本奇荣；文行英贤俊，信善尚时中；恭敬惟良厚，思正永承宗。

女排行五门不同，前门的排行是：纶清娥妆姜，顺金姒姬淑，媛姝嫄嫔嫦。

注：根据"乾为天，乾道成男，坤道为女"的道理，排行依男排行在上女排行在下的顺序填写，即女排行上一字必须加男人名字的一字，这种写法暗含妇人从夫之义。如三十六世成字辈，若男名成光，其妻的墓碑是：光淑孺人X氏；又若男名昭本，其妻的墓碑是：本姝孺人X氏。

**祭拜称谓简表**

| 称 呼 | 别 称 | 备 注 | 称 呼 | 别 称 | 备 注 |
|---|---|---|---|---|---|
| 父 母 | 考、妣 | 男祖称公 女祖称氏 | 元孙之子 | 来孙 | 子之子，孙之子略 |
| 父之父 | 祖考 | | 来孙之子 | 晜孙 | |
| 祖之父 | 曾祖 | | 晜孙之子 | 仍孙 | |
| 曾祖之父 | 高祖 | | 仍孙之子 | 云孙 | |
| 高祖之父 | 显祖 | | 远代之孙 | 耳孙 | |
| 显祖之父 | 上祖 | | 妻祭夫 | 先良人 | |
| 上祖之父 | 世祖 | | 夫祭妻 | 故妻 | |
| 世祖之父 | 远祖 | | 有功名者 | 府君 | |
| 开族之祖 | 始祖 | | 无功名者 | 朝奉 | |
| 曾孙之子 | 元孙 | | | | |

## 六、名词解释

**明经胡龙井派**：因胡忠复迁龙井定居所形成的胡姓各支而得名，以龙井村为发祥地，包括本支和外迁各支裔。明经胡龙井派包含龙井宅坦本派、龙井尚廉、龙井西村、龙井杨林、龙井歙县竹园、龙井旌德河村头等支派，是明经胡长房胡延进派下最重要的一支。龙井村村址现仍存宅坦村村域内。

**明经胡龙井宅坦派**：该派是指龙井派始迁祖胡忠后裔世居龙井村（后称宅

坦)的一支,即第五世胡文谅的次子胡义和一支。这一支从第二十一世起开始分成五派,也即上、中、前、后、下这五大分祠。

**明经胡龙井杨林派**:是指胡忠第四世(总七世)孙胡德真始迁杨林桥一带而形成的一个胡姓分支。杨林是上庄的泛称,第十五世(世系以宅坦为例)胡七二为上庄始迁祖。龙井杨林派是龙井派发展最快、人数最多的外迁支派。龙井杨林派世系与上庄明经胡世系一贯到底,前后衔接。从杨林桥一带迁上庄(上川)不过里许,实际上杨林派已涵盖了上川一支。

## 第四节　民国版宗谱单行本《宗谱便览》

### 一、《宗谱便览》编印经过

1921年明经胡龙井派宗谱修成,只印了50多套分给捐资编印宗谱的富户珍藏。一些贫困族人欲借阅又很不便,欲购藏又缺资金。谱局遂从宗谱中撮其大要、萃其精华集为一册即《宗谱便览》。《宗谱便览》内容简明扼要,价格低廉,可以每家购买一册随时翻阅浏览,以了解胡姓来历、贤杰闻人及世系源流。

为方便族人自行接续直、支世系,便览还特留空白竖格以便各家填写近代祖先及健在者的出生年月等简历,以为日后修谱打好基础。

《宗谱便览》的主要内容有:
祖系纪略歌,一至二十世;
通冥赋;
明经胡诸先贤(以云峰、梅岩等七哲为主)事略;
祭文录;
统宗谱诗文摘录;
一至二十世祖世系。

### 二、《宗谱便览》之祖系纪略歌

一世明经公,唐代昭宗子;避难居婺源,胡姓从此起;
寿元九十六,同光登进士;易学以传家,隐居而不仕;
卒葬锡子桥,墓载婺源志;夫人系詹氏,笃生三令嗣;
长派绩宅坦,次迁歙紫阳,三仍居考水,三处发其祥。
二世延进公,宋初为绩令,后知严州军,年老卒于任;

夫人也詹氏，合葬在桐江；一子复回绩，营墓衣冠藏。
三世讳忠公，始迁宅坦里；建立桂枝院，墓在蟹形里；
孺人汪柯氏，笃生三令子；行三昉公传，长二迁他地。
四世讳昉公，孺人系冯氏；合葬李家塘，笃生三令嗣。
五世文谅公，孺人系柯氏；合葬系龙形，笃生子有二。
六世义和公，行二娶冯氏；合葬李家塘，三男垂后裔。
七世讳整公，行一娶高氏；墓在大座形，二子联翩起。
八世应昌公，行二娶江氏；合葬同整公；亥山巳向定。
九世宗宪公，行一娶曹氏；合葬叶山冲，笃生有二子。
十世元广公，行一娶叶氏；合葬在墓里，笃生唯一子。
十一世亿公，孺人系柯氏；合葬在墓里，膝下有三子。
十二时中公，行二娶冯氏；合葬黄灌坦，笃生二令嗣。
十三讳跱公，行二娶叶氏；合葬前宅村，笃生有四子。
十四俊卿公，行三娶曹氏；合葬大塘后，膝下有三子。
十五讳彭公，行二娶柯氏；合葬黄灌坦，笃生三哲嗣。
十六讳景公，行三娶柯氏；笃生有五子，合葬外宅里。
元代称名儒，明代免茔征；名载绩溪志，理学为儒家。
十七廷佐公，行一娶汪氏；合葬在墓里，膝下有二子。
十八祥卿公，元生殁明代；孺人系汪氏，合葬暮霞内。
十九敬文公，墓在犬眠形；孺人系柯氏，宅兆北培中。
二十士中公，行一娶洪氏；合葬在庵前，笃生三令嗣。
长子尚仁公，祠祭为宗子；在族称上门，豫格堂斯起。
次子尚义公，前中两门是；三子尚礼公，后门自兹始；
从此瓜瓞繁，宅坦族以启。庶生尚智公，外迁垂后裔。
次派文中公，世居在下门。五门共其祠，亲逊堂以兴。

## 三、《宗谱便览》之龙井胡氏祭祀专用祭文

（一）春分冬至习仪祭文
中华民国　年岁在　月朔　越祭日　之　辰孝裔孙男
既望
等谨以刚鬣柔毛清酌庶馐之仪致祭于先始高曾祖考（妣）暨输劳建祠，捐资设像并附位之神前而言曰：粢盛既洁，酒醴维馨，牲物具备，俎豆皆陈，筮

以来日 敬奉，肃将敬告。

### （二）正祭文（称呼与习仪文同）

窃以木本天地，人本祖宗，守此宗祧，无忘水源木本之思。念厥先灵，尝有春露秋霜之感。惟兹仲春（冬）之月正合春祀（冬蒸）之时。凡我之人，共食旧德，克绳祖武，同展孝思，备物致敬。恍然愮见而忾闻，入庙告虔。俨如质旁而临上，聊陈薄奠，仰冀来歆。尚　飨。

### （三）祭酬劳文

褒忠扬孝，有德者旌。饮水思源，有劳者名。我族开基，朝代几更，建祠收族，两大经营。从斯役者，虽赖众擎，唯诸列祖，实总其成，口碑常在，事死如生，于以奠之。神鉴其诚。尚　飨。

### （四）清明祭文

岁序流易，雨露既濡，瞻扫坟茔，不胜感慕。谨以刚鬣柔毛、瓣香束帛、清酌庶馐之仪敬申奠献。伏惟尚　飨。

### （五）牌位上堂祭文

形归奄芗（灵柩），神返室堂，木主既成，奉安家庙（祠寝），伏冀精灵。舍旧从新，以妥以侑，是依是凭，谨告。

### （六）嘏辞

祖考命工祝承，致多福无疆于汝孝孙，来汝孝孙，俾汝受禄于天，宜稼于田，眉寿永年，勿替引之。

## 第五节　祠　谱

宅坦现存祠谱比较完整，可分为奉先录、殊誉谱、聚神谱三大类，内容既各有不同又相互补充，是省内外十分罕见的宗祠谱牒。

### 一、奉先录

共44本，收录了自始祖昌翼公至第四十世所有辞世族人的神主。每一神主都盖有亲逊祠的印章，其下还盖有入圹字样，即神主牌位在越主时从牌座上取下成捆放入类似棺椁的砖圹中。

现存的奉先录是清同治十年（1871）越主时重新编辑成册的，老祠谱已在咸丰战乱中毁失殆尽。

奉先录首卷详细记载了兵乱对宗祠及祠内陈设的破坏情况：老祠谱全部遗失，总牌位缺损过半，像牌仅存 3 块，宗祠寝室中间专门供奉百世不迁神主的牌位全部丢失。1871 年越主时，只能依照五个支祠的支谱抄作底本，另写总牌，并重制新主奉安中座，以应越主之需。

## 二、像牌谱

共 4 册，依仁、礼、智、信编排，收录了自 1007 年至 1948 年因捐资建祠修谱、收族等而设像的族人 1567 人，从胡忠开始直至 1948 年最后一次越主。另有 1946 年准立像牌的 16 人以及 1948 年越主列入拟立像谱名单的 46 人。

## 三、殊荣谱

共 1 册。是记录族人"百世不迁""能干""配享"等特殊荣誉的专册。

百世不迁：是指宗祠寝室中间一排 100 代都不入圹、不搬移的神主牌位，从始祖昌翼公始至士位，共 129 名。1946 年新入百世不迁牌座的有成义、文骐、文骥等 14 人，1948 年候选待决的有 9 人。

能干：对村族文教发展有突出贡献和重大建树者，在能干祠内专门供奉其牌主。前有光代、希书、宝铎等 10 人，1946 年新入能干祠者有蕴玉、宣铎等 9 人。

配享：共有 58 人。1946 年新入配享排座的有士毅、维垲、昭度等 23 人。1948 年越主列入享配牌位待决名单的有成训等 9 人。

## 四、聚神谱（祠谱底本）

共 3 册。是一种不按排行只按去世时间登录族人神主及上堂经过的宗祠草谱，1904 年起至 1948 年。

上祖宗牌位分"春分""冬至"和"特进"三种形式，盖有春分、冬至字样的指牌位是在祠祭时上堂的，盖有"特进"字样的指上牌位时宗祠特地开门进入。记录的项目有：时间、门派、逝者子孙名字，上牌位的名称、逝者名字。逝者的名字写在"龙井亲逊祠印"上。逝者名字下面有的还写有别名、简历等。有些内容还盖有"对"字样的校对章，证实宗祠越主或修谱时，聚神谱已与奉先录核对过。

## 五、宗祠印章

宗祠印章共有 14 枚。其中祠务专用章 11 枚，宗祠名号章 1 枚，宗祠积谷会印章 1 枚，宗祠越主专用章 1 枚。刻有"春分、冬至、特进"字样的印章是专门用于神主上堂的，"对、对牌、对聚神谱"专门用于修祠谱校对，"配入总牌"章用于从单个神主牌位汇总到总祖宗牌，"丁口捐牌资收清"印章是宗祠越主或上堂专用，这些印章是研究宗祠活动的珍贵实物资料。

## 六、祠产与祠事活动

### （一）祠产

祠产主要是土地。祠堂拥有田地山场的多少是衡量一个族派是否兴旺的重要标志。宅坦宗祠除田、山外，还有祠碓、祠圳、祠仓等。附属于宗祠的桂枝文会也有相当数量的学田。从分布来看，祠田遍及本乡、邻乡十几个村。根据 1937 年 7 月宗祠田亩草簿，宅坦祠田共有 176 处，租种的佃户有本村的 78 家，外村的 98 家，1942 年共收租谷 8358 斤，1943 年收租谷 7981 斤，1944 年收租谷 8210 斤。

宅坦宗祠的祠山也很多，有些祠山山高路远不便管理，遂交外人管理。建于上庄杨林桥上的祠碓除收碓租外，尤其便于管理宅坦的上圳，这条圳能灌溉上庄、瑞川、宅坦近 400 亩水田。

祠堂南侧的桂枝文会也有学田 30 处，学田的租谷由宗祠代为管理，主要用于支付教师的伙食。

### （二）祠事活动

祠事活动十分丰富，主要有春分、冬至例祭、清明正祭、升主、平巢等。

春分冬至例祭：每逢春分冬至，凌晨三点祠堂就鸣锣通知村人参加祭祀活动。参加祭礼的都是本族有名望有地位的人，即礼生。礼生人数 24、36、48 人不等。1930 年冬至祭祀共有礼生 32 人，另加宗子（长门长房长子称为宗子）。建祠总首后人 4 人，挑五门福事担的 5 人。还有主祭"大赞""陪引""读祝"若干人，各司其事。50 岁以上老人之外，凡参加祭仪者均须是小学毕业以上文化程度。土地祠、能干祠分设于中进东西两厢。祭祀的贡品除了酌羹、馔、帛、鸡、鱼外，还有全猪全羊。祭礼的程序是：各就各位，大开中门，葬毛血，降神，行降神礼，击鼓奏乐，读祝，化财，祭礼完毕，礼生成对在神前跪拜，成对离祠。

九案特祭：例祭之后，宗祠还要对供奉于寝室的百世不迁之主（昌翼、延进、忠、景），能干（希书、光代、挺），配享、酬劳、土地、忠孝节义等设立九案分祭，以示对始祖、迁祖及对造祠、公益等有突出贡献者的敬意和缅怀。1937年抗战国难时期，九案分祭合并为一等祭，设专案祭祀。老人、礼生的胙食（肉、鸭蛋、糖糕等）也予免发。

　　升主：宗祠享堂（寝室）的牌位放满了，就要升主，也称越主。所谓升主就是指超越旧神主，重立新神主，将放在砖圹内的亡灵牌位拿出来集中烧掉，牌灰埋在龛座底下，另将新主牌位放入砖圹内。升主一般选择吉日，具体日期由上门、前门、中门、后门及下门各支祠各推一人决定。正式越主那天，各地的同宗、宾朋抬猪牵羊、备酒肉吹喇叭前来致贺，主人放三门铳、燃放爆竹欢迎来宾入门。1920年和1948年宗祠两次越主，上庄、旺川、江塘、尚廉、洪坑等村均前来致贺，并称宅坦宗祠为"胡氏大宗祠"。

　　一俟参与人员全部到齐，就开始烧老祖宗牌，然后将新牌位扎成小捆放入砖圹内。焚烧祖宗牌时，所有参加越主的人都要烧金银纸并敬香。酬劳、配享两个专祠设于寝室两侧。

　　升主最重要的环节是"点主"：请一位有声望或有官衔的人，给新立的主要祖宗牌位上的主字加点朱墨，以示子孙朱缨紫绶、荣华富贵。点主由司仪赞礼，依规定程序进行。点主完毕，点主官念赞（一种有韵律的祝词）。升主仪式结束后，上演徽戏，正戏每晚演一场，连演五至七天，剧目有《人头鱼》《苏三起解》《狸猫换太子》等，换场空隙，以折子戏烘托舞台气氛。

　　清明正祭：每逢清明节，祠堂都要祭祖扫墓。达小学毕业文化程度的每个男丁（15岁左右）挑两块砖到暮霞延进公衣冠墓祭扫，大人则抬着全猪全羊及鱼肉面粿等贡品和案桌到暮霞进香烧纸钱，同时高声朗读祭文。

　　参加扫墓者中午在祠堂吃饭，下午抬着全猪全羊去祠堂前忠公墓祭扫。每年农历三月初一凌晨，祠堂还要鸣锣通知族人到亲逊堂会祭明经公胡昌翼。参加祠祭者，每人发鸭蛋两个，肉一斤。

　　平粜：早在明末清初，宅坦就有平粜济荒的文字记载。清末至民国年间，平粜改由祠堂主持。每逢歉年，为帮助缺粮户，宗祠往往与乐善好施的族人一起向余粮户或到旌德购米平粜，亏空由祠堂和行善的个人承担。平粜前先将缺粮户登记造册，规定每人平价买米的数字，另发告示强调平粜对象为缺粮的贫困户。宗祠主持的最后一次平粜是1947年春。

## 宅坦宗族组织结构表

| 名称\职务内容 | 职务称谓 | 职权职责 | 收入来源 | 用途 | 备注 |
|---|---|---|---|---|---|
| 氏族 | 族长 | 统揽全村族众事务，统理祠务 | 年终礼包 | | 村董一般兼任族长 |
| 宗祠 | 祠首 | 负责宗祠的收支，主持各项祠务 | 祠产（田、地、山、屋、塘）收入、粜谷、上年结存、上牌资、接受捐赠 | 祭礼购物，越主、修祠、租谷助学、完粮、土地陈报、积谷、兴修水利、认购国债、田亩捐等支出 | 民国后期宗祠收入锐减，祠产出拼趋多，祠事活动简化 |
| 宗祠 | 司事 | 共设六班，每班七人轮流管理宗祠 | | | |
| 宗祠 | 三总 | 三人分别掌管宗祠印章、银匣、钥匙 | | | |
| 宗祠 | 值事 | 专事宗祠的洒扫、吹打，由外姓人充任 | | | |
| 支祠 | 首事 | 主持支祠（厅屋）一切事务，相当于祠首 | 田租、地租、屋租、牌资、粜谷、塘租、丁口捐 | 收租费用、办祭品、开会支用、完税、维修、缴纳月捐、赈灾济贫、办会开支 | 支祠田产另设炮田、会田，收入用于燃放爆竹、举办三元等会 |
| 支祠 | 执事 | 协助首事管理支祠由各支派轮流值年 | | | |
| 支祠 | 值事 | 参见宗祠。 | | | |
| 亲房 | 房长 | 由亲近各房推选产生。总管亲房本家事务，制定祭祀规条 | 祀产（田、地山场）租金 | 购祭品、发胙、整修墓茔、扩充田产 | 民国后期改男女上坟均可享受散胙（肉、鸭蛋等） |

# 第十五章　其他重要文献

## 第一节　书信·杂记

### 一、胡宝铎致胡铁花手示一封

骊唱临歧，才逢春日，驹光转瞬，又届秋风。即谂 铁花仁兄世大人：文祉咸绥。潭祺萃吉，翘思雅范，钦慕殊深。弟于四月廿二日抵都门（北京）。水路换舟已经三次，中间由济宁至德州又因河道不通改从陆路。山川修阻，岁月纡回。

前蒙阁下劝以航海，诚属良图。虽因挈眷之故，不敢远涉重洋，亦以弟素性迂迟，故特为兹濡滞也。兵部方司有专掌舆图之责。弟假归数载，毫无究心。近虽欲稍涉藩篱，展卷茫然，莫窥门径。窃念阁下留心时务，于舆地之学尤极讲求。祈将致功下手之方，并历年心得之处，逐一指示。其他舆地中必不可少之书，也祈开明种数，以便随时觅购。自知天分极劣，人事日纷，恐未能稍有所得。然浅尝者流，大抵成功小而虚愿多，此则弟自揣之余所深为抱愧者。耳闻上海冯观察新刻洋务书十余种，阁下曾买否？都中安静如常，春初一切传言全系子虚之说。目下部属人员极形拥挤，人多缺少，补实维艰。安徽印结每年不满二百金。若挈眷久居，即使逐项撙节，亦须五百金左右，方敷支用，长安居大不易。阁下将何以教之？如有赐音，封外祈写明：寄京都宣武门外椿树头条胡同绩溪会馆　以便寻觅，特此奉达，并请近安。

弟胡宝铎顿首<br>七月十八日

### 二、梁实秋为《表现的鉴赏》重印写的序

民国十一二年之际，我在清华尚未毕业。时在"五四"之后，新文学之风

甚盛，我由于喜欢写一些新诗，得与远在南京的胡梦华先生结为笔友，书信往返，甚为相得。时梦华在南京国立东南大学亦尚未毕业。北方的学术文艺趋向于革新，东南大学则在南方为比较守旧的堡垒。梦华虽然受了东南大学几位名师的熏陶，并且也颇服膺其思想，但是他不囿于门户之见，所以我们甚为相契。

我在毕业前不久，侍先慈回杭州，归途路过南京，访梦华于其宿舍。他的宿舍八人一室，上下铺，梦华的铺位在下面左方近门处。是晚我就住在他的寝室里，梦华把他的床铺让给我，他自己睡在床前地板上。他唤来他的同学卢前（冀野）先生，又备了酒肴，三人在寝室里欢宴起来。俄而电灯熄，遂秉烛夜谈，直到不便过于警（惊）扰同室他人而后止。这一番欢聚，至今不能忘。

十二年夏，我赴美留学，梦华从南京来到上海相送，盛情可感。在黄浦码头杰克逊总统号旁边和我话别者唯郭沫若、郁达夫、成仿吾、梦华四人而已。别后不久，梦华寄我一长函，论新诗（本书《新诗坛之一瞥》），而对我语多勖（xù）勉，且多溢美，我今重读，为之汗颜。

十五年余自美返，得梅光迪、胡先骕先生之介任教于东南大学，乃与梦华再聚。时梦华已与吴淑贞女士结婚，不久离去南京。从此各为衣食奔走四方，而国难方殷，亦无复从容论诗之雅兴。睽离五十余年，未通音讯。在此期间，国遭巨变，梦华饱尝艰苦，余亦颠沛流离，彼此生死莫卜，存问无由。

数年前师大同学邓瑞东女士自纽约来书，谓与梦华有姻娅关系，在纽约偶然相值语及下走（谦词，自称）。由此乃复得与梦华通讯（信），六十年旧交始得重叙，看他的来信笔走龙蛇，仍然是从前的老样，我又惊又喜。

近晤梦华先生哲嗣匡瑞世兄，以梦华伉俪所著《表现的鉴赏》一书见示，云欲重刊，嘱我为序。此书出版于一九二八年三月，上海现代书局发行，早已绝版。梦华自记："本书二十五篇文章多半是我们在大学时代，读书得闲，偷空作成。"虽是少作，然其治学功力之深，眼光之敏锐，文笔之犀利，均非侪辈所能及。本书各篇涉及的范围颇广，其中有些论点也许作者于数十年后意欲修正，但是基本的立场我想他是不会改变的。例如他说，"文学绝不是历史上的遗物，他自身有永存的价值，是万古常新的"，"文学无所谓新旧之分，只有艺术上有价值无价值"，"文学最后的目的乃欣赏，考据至多用来作为手段或预备路途罢了"，"凡是艺术的产物只宜于少数人的把玩，而不适于大众的欣赏"。凡这一类的话，都是真知灼见。本书论及鲁迅、郁达夫、吴芳吉、汪静之等，不特相当公正，且具史料价值。

我数十年来虽然不断写作，实则一事无成，有负梦华的期许。重读梦华旧作，感慨万千。略述我们交往经过，权作为序。

梁实秋 1983 年 4 月 5 日写于台北。

## 第十五章　其他重要文献

### 三、曹佩声（曹诚英）致汪静之信

静之：

　　昨天上午送冠英、潘训（潘漠华）、雪峰（冯雪峰）们到江头，吃饱了风沙，下午由竹英转到你的信，知你今天早车来，喜得我了不得，梦见说是你、浩川都来了，今天上午一落课，便叫竹英同去车站接你，饭也未吃。车到了，鬼脚也没有，但我总不死心，定要等二班车，五分钟、五分钟地数去，二班车到了，人呢，仍旧不见；再死心塌地回来，迎面的狂风夹着马路上的飞沙，连眼睛都开不出来；耳目如割，两袖的风直向内吹，我不禁埋怨了："暑假离杭时，我冒着狂风大雨去送，回来连头发都湿淋淋的！今天，请假不上课去接，担心煞，风吹煞，还未接着，这样的白殷勤，何犯着呢？"这样的自问，真是哭不是笑不是了。

佩声　　1923年1月8日

　　回来收附在竹英信内的信，知道你尚未走，罢了，今天四点钟的光阴白丢了，你来时帮我买点信纸信封来，英语练习簿也带点来。

（引自《汪静之文集·书信卷》136页）

新婚后胡冠英与曹诚英合影

　　**附注**：这封信很重要，它证实在1923年初，胡冠英仍与妻子、有江南才女之称的曹诚英（佩声）有密切来往，并未分离，且与湖畔诗社重要成员潘漠华、

宅坦村志

冯雪峰等过从甚密。汪静之给妻子符竹英及其他友朋的信函中都称曹诚英为佩声、佩,还有曹诚英本人信函落款多自称佩声,可知曹诚英嫁到宅坦后为避免与丈夫名字犯冲而改名之说,是可信的。

胡冠英、曹诚英(佩声)夫妇与叶圣陶、朱自清、程仰之、汪静之合影

## 四、胡梦华给胡炳祺的信

炳祺①老弟:敬祝你们新年吉祥如意,事业进步!

据你7/21(7月21日)、11/25(11月25日)12/19(12月19日)手函,欣悉你已获平反,恢复职薪,为慰,希继续努力。

广州中山大学叶显恩教授②到我八都③两次,探访有关适之叔情况,热情可感。我已要来唐德刚著④《胡适杂忆》一册,寄他参考。上月我亦曾寄大谷运中学一本请转给你,想已收到。手边此书无多,希与乐丰⑤兄共阅,并为致候。

我先祖宝铎⑥公与胡铁花⑦公有旧,两家颇有来往。在金陵,胡绍之叔昆仲尝来南京方家巷胡正泰缎号我家。适之叔在沪上学,冬暑假亦来我家小住,因是对我家颇有好感。我考入南京高等师范及我先妻结婚,因为我父对他交情,他都曾为力。我现在拟抽暇,写一段因缘。

---

① 胡炳祺:(1916.11—1983.3):宅坦人,胡梦华本家兄弟,毕业于上海光华大学经济系,后在津浦铁路、泾县及歙县从事财政及教育工作。
② 叶显恩:中山大学经济系教授。对徽州佃仆制度颇有研究。
③ 绩溪县过去划分为十五个都,宅坦及上庄等地属八都范围。
④ 唐德刚博士:祖籍安徽肥西,因与胡适有同乡、学生、朋友等关系,两人情谊笃厚。对胡适生平所知甚详。除著有《胡适杂忆》外,还曾与胡适本人合作胡适的口述自传。
⑤ 乐丰:胡乐丰,绩溪上庄村人,胡适族侄,20年代毕业于上海大厦大学经济系。
⑥ 宝铎:胡宝铎,清同治七年进士,胡梦华祖父。
⑦ 铁花:胡铁花。名传,胡适的父亲,曾任台湾台东直隶州军政长官,学者。

我家住屋下堂楼上存线装书多种，1936年我随先父回里营葬，曾上楼去看过，曾取得一份文件，现已四五十年，不知该书籍等尚存否？请你对大嫂潘彩姣说一下，如果书籍尚存请代清理一下，开示书目。如有便，希望将匡莘和他合照相片寄来为念。匡稼近况如何，希为致念，为盼。

遇见俊卿弟妹，希为致候。并问候昭武三兄弟。

前闻培之兄移家赴沪，近况如何，亦希致意。

美洲天气，仿佛大陆，冬不太冷，夏不太热。

我住在二女家，地近纽约，大部地区，城市山林。友好往来，大都华人，不觉异国。

我身体极好，每日出外散步半小时，一切安好。

此致春节春禧

梦 华
1980年1月10日

## 第二节 文章选介

### 一、宅坦村与清代学者汪士铎的人口理论观点

汪士铎（1802—1899），字振庵，别字晋侯，梅村。举人。他是胡宝铎兄弟三人的老师，是我国近代著名历史地理学家、人口论学者，被胡林翼称为"旷世醇儒"。1854年至1859年，他在宅坦坐馆课徒之余，写下两册著名的日记《乙卯随笔》《丙辰备遗录》，阐述自己的人口论观点。这两本日记由著名史学家邓之诚先生搜集合编为《乙丙日记》，并予刊布。

汪士铎人口观的主要内容有：

（一）早婚、早育、多生，将引起人口迅猛增长，"二十年人丁加一倍"；

（二）以晚婚、晚育延长人口翻番周期，"严禁男子二十五岁内，女子二十岁内娶嫁"（卷二）。

（三）用药物堕胎、绝育，"广施不生育之方药"（卷二），"生一子后服之"（卷三）。

（四）以"增赋"惩罚多生，"家有三女者倍其赋"，"生三子者倍其赋"（卷三）。

（五）倡导独身以控制人口总量增长，"广女尼寺，立童贞女院"，"广僧道寺观，惟不塑像"。

（六）以极刑控制人口总量，"男子有子而续娶，女子有子而再嫁者"，斩立决（卷二）。

（七）控制人口总量增长是长期任务，若按他提出的节育方法，"行之三十年而民可渐减，行之六十年而天下皆富矣"。

（八）对人口与自然、社会关系的认识："人多之害，山顶已植黍稷，江中已有洲田，川中已辟老林，苗洞已开深菁，犹养不足，天地之力穷矣。"又说："田产聚之则富，分之财穷。一祖二十孙，遂大户而中人，再传即为贫。"

综上所述，汪士铎通过在宅坦的调查研究提出了一系列控制人口增长的观点，大大丰富了形成于明清间的我国人口理论，是我国人口思想史以及经济思想史的丰富遗产。

## 二、胡实中与清代大儒汪士铎

胡实中，乳名爱基，字谅，排行名志谅。因其孙胡宝铎中进士，诰授奉直大夫，晋资政大夫。早年往金陵经商，在南京南门创设胡正泰缎号，商绩颇著。胡实中为人豪爽，喜结识文人雅士，与著述颇丰并受曾国藩、胡林翼推崇的晚清大儒汪士铎相知相契。

晚年胡实中辞商回里课孙自娱，热心村中各项公益事业。太平军攻入南京后，为避战难，谢绝诸多诚邀，汪梅村携妻、子历尽艰险于清咸丰乙卯年（1855）四月到宅坦胡实中家坐馆五年，胡实中的孙辈胡宝铎考取进士、胡宣铎录副榜，胡中铎中举人。

汪士铎课余在宅坦及附近地方考察乡情民风，于宅坦坐馆的第二年起陆续写下了著名的日记《乙卯随笔》《丙辰备遗录》，记载了他的人口理论观点。该日记极富人类学、民俗学、历史学研究价值，对当时绩溪等徽州一府六县的社会状况、民风民俗与民居、物产等也多有述及，是研究徽州乡土历史的珍贵史料。

汪士铎后受邀离开宅坦赴湖北任胡林翼的幕僚，为胡林翼治军、为政、运兵出谋划策，多为胡林翼采纳。汪士铎还著有《水经注图》《胡文忠公抚鄂记》等书，对胡林翼语多嘉褒。

胡实中后因组织民团抵御太平军而战死，曾国藩闻讯特亲自奏明请恤，清廷赐胡实中世袭云骑尉。

## 三、胡适一家与进士宝铎兄弟的世交私谊

在胡适父子诸多亲朋故旧中，私谊最深、交往最长的是胡适父亲铁花公常常提到的宅坦人胡虎臣（1841.5—1896.5）、胡昭甫（1843.9—1923.5）兄弟俩了。胡虎臣，又名胡宝铎，清同治十一年进士，历任兵部主事，总理各国事务衙门行走等职。胡昭甫，又名胡宣铎，清光绪八年中副榜，曾任安庆府训导。近年来，研究胡适的著作虽然述及胡虎臣引荐胡铁花步入仕途，但对绩溪八都这两大名门望族的数代世交私谊却未能系统而深入地探索。事实是，正因两家的数代交谊，改变了胡铁花的后半生命运，更影响了胡适的人生历程，从中也可以看出胡适先生知恩必报、珍重世谊的情怀。

1. 咸同战乱，胡谅和胡星五携手抗御

咸丰十年（1860）二月初，太平军攻占绩溪县城。旺川、上庄、宅坦一带人心惶惶。作为八都的耆绅，胡适伯公胡星五和胡宝铎祖父胡谅（又名胡实中，宅坦富商）领头组织民团抵抗。太平军刚攻克南京时，胡谅就劝乡人办好团练，主张用坚壁清野的办法抗御太平军，乡人均遵照他的主张，秘密窖藏粮食。这些，胡铁花年谱中都有详细记载。1860年3月，胡谅被太平军掳杀。胡谅死后，胡星五统领八都乡民避于高山密林，伺机抗击太平军。其时风华正茂的胡铁花，已在游击战中显示出胆识。胡谅战死前两年，胡宝铎兄弟的塾师、清代著名学者汪梅村就应胡林翼之邀去湖北当胡府的幕僚，胡宝铎转去胡星五的蒙馆就读，胡宝铎因而与胡铁花成为同窗好友，此即胡铁花在年谱所述："兵部主事虎臣（宝铎）兄，先伯考之门生。"（《胡适文集 498 页》）

2. 肝胆相照，胡铁花与胡宝铎情同手足

光绪六年（1880）胡铁花日记中说到他们一家业茶、扩店和日常生活所举债务，对象是宅坦胡梧亭等三人。胡梧亭又名含炯，谱名士伟，他正是胡宝铎的叔父，两家关系之密切，债务"乱平以后十七八年不来追索"。（《胡适文集》498页）

光绪七年（1881）七月二日，胡铁花由上海启程北上，拟去东北边境考察，抵达天津和北京时，他分别拜访了同为进士的同乡章洪钧（镇头人，同治十三年进士）和胡虎臣。胡铁花在天津拜访章洪钧的记载，寥寥数十字；在京城晤访胡宝铎的过程，深情溢于言辞。"甫卸装，而虎臣（胡宝铎）至，其寓即在会馆（绩溪会馆），坚邀移居寓中，遂从之。虎臣之姊婿程辅廷表兄，钝夫姐姑之孙也，亦在寓，为虎兄课子。时虎臣兄以目疾请告，日夕谈别后数年家乡事，彼此各憾相聚晚。"胡铁花对虎臣讲他拟出关游历东三省，求虎臣给吴大澂（chéng）写荐信一封。宝铎则力劝他"理旧举业，应明年乡试"。在未能解决垫付铁花一年食宿开支"应明年乡试"的情况下，宝铎转而大力支持铁花赴东

北考察边疆地理。宝铎除垫付一百金给铁花外，又关切地询问在天津见章洪钧时有没有托章写荐信。

近两个月，胡铁花食宿于胡宝铎处，二人朝夕相处，无话不谈。胡宝铎还多方托人给胡铁花写荐信，胡铁花由此得吴大澂赏识并步入仕途。铁花公在年谱里用"彼此各憾相聚晚""出于至诚"等词形容二人私交。胡铁花与胡宝铎的这种至交关系在此后的十几年里，不但没有疏远，反而愈加密切，这在铁花的《台湾日记》也有详细记载："光绪十八年（1892）正月十七日，得虎臣兄去岁腊底信，知苏抚奏留折已于28日奉旨，台湾差委需人，胡传等遵旨发往，钦此，作书复虎臣兄。""光绪十九年（1893）十月初六日，又作书致虎臣，询问（其弟）昭甫肯出山否？"4年间，铁花收宝铎信18封，宝铎收铁花信31封，两人的私谊，亲密无间，与胡宣铎的关系，算是顺势发展而来。

铁花赴台就任后，深感自己缺乏左臂右膀，遂致信宝铎恳请昭甫（胡宣铎）相助，"十二月初五日，又得虎臣兄信，言已函劝昭甫出山相助矣"。光绪二十年（1894）三月十三日铁花日记言："昭甫兄自家乡至。"抵台后，胡宣铎陪同铁花巡游台东各军营、兵哨及山寨，并留下了不少题咏。五月十四日昭甫特为台东昭忠祠题写楹联：此地在邦域之中，不比道辟牂牁（zang ke），凿空竟嗤张博望；诸君为王事而死，只恨山多烟瘴，趹鸢（趹鸢，音dié yuán，言瘴气之盛，有成语趹鸢堕水，指环境险恶）同怀马文渊。

六月十二日，因要回籍参加乡试，胡宣铎与胡朗山等人离开台湾。

胡适1917年冬回里与江冬秀完婚时，特请胡宣铎作证婚人。如今，胡宣铎当年贺胡适结婚的对联仍挂在胡适故居。正是基于这种世交情缘，胡适曾对胡宝铎的次子胡文骐说："只要是你们家托我办的事，如我办得到，我是没有不办的。"（《绩溪文史资料》第二辑114页）

在胡铁花年逾四十、身负巨债而又儿女成群的艰难处境中，为了"不致终老牖下，寂寂而无闻"（铁花语），屡试不中的胡铁花把寻找后半生机遇的希望寄托在胡宝铎身上，这本身就足以证明他们情同手足的至交关系。正是由于胡宝铎和铁花公其他友朋鼎力相助，胡铁花才得以入仕，才有六年后与冯顺娣的第三次婚姻和胡适的诞生。从这个意义上来说，胡宝铎及其家族是铁花公乃至整个胡适家族的大恩人！

3. 胡适与宝铎公后人的交谊

胡适与胡昭会的交往　胡昭会，又名胡观侯，字武笙，胡宝铎的孙子，与梦华（昭佐）、昭仰同为宝铎次子幼晴的儿子。1918年前后，胡昭会在京就读，主攻铁路管理。其时胡适刚任北京大学教授，出于与胡幼晴的私谊，特约胡昭会到家中吃饭。胡适在1918年5月15日给母亲的信中写道："今日约了宅坦虎臣先生的孙子观侯君来吃饭,此人为幼晴（胡文骐）兄之子,现在北京铁路管理学校读书,人极用功。"（《胡适家书》129页）此后胡适的日记多次有"胡昭会来访"的记载。

  *胡适夫妇与胡昭仰的私谊*  抗日战争期间,胡虎臣的另一个孙子胡昭仰随母亲避难,先到皖北,尔后返老家绩溪宅坦村居住。恰巧江冬秀亦于1940年初由上海避居胡适老家上庄村,两家时相往来。昭仰的母亲常去上庄与胡冬秀打麻将,胡昭仰亦随而常到胡适家玩。冬秀见昭仰人较诚实,尚无对象,提出要为昭仰介绍她的堂妹。不久,冬秀即两次带昭仰去江村,都是住在江冬秀的娘家并促成了订婚。胡昭仰第一次见到胡适并在他家小住是1946年秋。那时,胡适刚从美国回来担任北大校长不久,胡昭仰趁与二嫂吴淑贞游览北京之便特意拜访胡适夫妇。因为昭仰的对象是自己的堂妹,婚事又由自己作伐,江冬秀执意留昭仰一行在自己家先后住了20多天。昭仰在胡适家中还见过不少胡适的客人如傅斯年、钱思亮等,钱后来还成了胡梦华的亲家。此间,胡适为昭仰题写对联一副：圆不中规,方不中矩；近朱者赤,近墨者黑。上款写"给昭仰",下款是"胡适"。由此可见胡适的谦虚为怀和周密细致。遗憾的是这一墨宝在"文化大革命"中丢弃了。还有一件事是：江冬秀智激胡适为胡昭甫的曾孙做红娘。胡昭甫的曾孙叫胡鹤龄,与邵力子的内侄女傅槃娥是大学同学,两人热恋,准备结婚。为使婚礼隆重得体,鹤龄的父亲胡武周特找胡昭仰商量,请胡适夫妇做介绍人并出面写信给邵力子夫妇。先找冬秀谈及此事,她爽快答应。一天,昭仰陪堂哥胡武周（胡鹤龄之父）上门正式提出写求婚信之事,胡适面露难色。江冬秀对胡适说："这是积德助人的好事,只需写封信就行,又不需要我们登门请求,何乐而不为？你如感到为难,就由我单独出面写信好了。"势无可退,胡适在昭仰代写的求婚信上修改并签名,促成了一段美满姻缘。胡昭仰第二次与胡适见面是在1947年下半年,那时他已结婚并在上海母校工作,胡适因公到上海,住在国际酒店,昭仰和学校的曹教务长上门请他赴校演讲,因日程安排已满,实在分身乏术,演讲一事只好作罢。临别时,他特要昭仰转达他对江冬妹的问候

  *江冬秀为胡梦华女儿胡匡政当红娘*  胡匡政是胡虎臣的曾孙女之一,胡适百岁冥诞时,她参加了纪念活动。在致辞时,胡祖望说的一句话胡匡政听进耳朵里了。祖望说,我小时候对父亲没有什么记忆,父子在一起的时间不多。这几句话可谓大胆而诚实,胡匡政甚为感佩,她感觉这话从一个侧面说明江冬秀是胡适不可或缺的贤内助。

  江冬秀喜欢打麻将,这是许多人都知道的。在台北时,江冬秀、毛子水、吴淑贞（胡匡政之母）与钱思亮夫人张婉度经常在一起打牌,那时冬秀经常赢

钱。胡匡政为此问毛子水，是不是你们都打给冬秀所需的牌，毛笑而不答。那一年，胡祖望正在追求曾淑昭，冬秀特地做了锅鸡汤，要胡匡政送到就在附近的曾家去。胡匡政不好意思，转求小弟胡匡九代劳，完成了冬秀之托。胡匡政与钱思亮次子钱煦终成眷属，也是江冬秀一手撮合的。胡适很欣赏钱思亮，钱夫人与江冬秀走得近，江冬秀认了张婉度为干女儿。冬秀每次到胡匡政家，总要提一遍钱家老二（钱煦），极力赞扬他在台大读书年年拿第一，这就引起了匡政的注意，她深信冬秀的话是不会错的，遂与钱煦相识相知。匡政母亲吴淑贞生病时，张婉度要钱煦去探病。次数一多，淑贞就对女儿匡政说："他不是来看我的，他是来看你的。"有一天，钱煦请匡政到他家去玩，匡政便问钱煦："你来找我，是不是因为胡婆婆的影响？"钱煦回答说："大概只有百分之五吧！"从那时起二人之间有了默契……20世纪50年代，胡适夫妇在纽约家中经常招待许多中国留学生，有一回钱煦与匡政探望胡适夫妇，临别时，冬秀送他们一包橘子，并请他们顺路扔一袋垃圾。没成想，钱煦下楼扔了水果袋，提着垃圾袋就回了家。江冬秀笑说："还没有做教授，就已经有教授的样子了。"可见江冬秀还是一个幽默而又风趣的人。

　　**雪中送炭，胡适资助胡匡久赴美留学**　胡匡久是胡虎臣的一个曾孙，1951年5月,匡久的父亲胡梦华被错定为战犯（1979年平反，确认为知名爱国人士），关入西安战犯管理所，直至1975年释放。1949年，胡梦华的妻子吴淑贞携四个孩子赴台，以一个妇道人家的单薄身躯艰难支撑一家人的生计，饱尝世态炎凉。尽管家庭困难，母亲总是鼓励子女读书成才，留学深造。1953年，正在台北读高中的胡匡久，在家中第一次见到了前来问候的胡适博士，胡适一见到匡久便伸出手来和他握手，并称他胡先生，令匡久受宠若惊。胡适从遥远的美国到台湾看望梦华妻儿，使他们深感乡情、友情的温馨。匡久中学毕业后，胡适又拿出一笔稿费（一千美元）资助匡久出国留学，那是一笔巨大的支持！1955年夏，胡匡久由亲戚陪同去胡适住处面谢大恩。胡适很高兴地与匡久握手，祝贺他顺利到达美国。胡适告诉他："年轻人，你初次来美，远离家人，第一件事切记不要喝酒，你父亲酒量很好，想必你也不错。在美国学校，有很多机会喝酒，千万不要逞强和别人比，那样会吃亏的。"又说："年轻人来美念书，要眼光放远大一些，应多看看美国，多见识一下，胜于死念书。"他还劝匡久到西部念书，应坐灰狗长途汽车，可一路看看美国风光、人物，多增长见识。是胡适先生对匡久的帮助，改变了匡久的一生……至此，胡适与宝铎公一家的世交情谊已逾百年，传承历经四代。

## 四、胡梦华与梁实秋的交谊

梁实秋与胡梦华的相识相契始于五四新文化运动之后两人读大学期间。当时梁实秋在清华大学，胡梦华则在南京东南大学。其时，新文学之风甚盛，梁实秋喜欢写新诗，遂与爱好相近的胡梦华结为笔友，两人书信往还，甚为相知相得。梁实秋在清华大学毕业前不久陪母亲回杭州途中，特在南京面访胡梦华于其宿舍，梦华约了同学庐前（庐冀野），三人在寝室里小酌畅谈至深夜。

1923年秋，梁实秋赴美留学，胡梦华特从南京赶到上海，与郭沫若、郁达夫、成仿吾一起去码头送别，两人的交谊又深一层。

1928年，胡梦华与吴淑贞合著的《表现的鉴赏》由上海现代书局发行，梁实秋特委托著名艺术家刘开渠设计封面，之后两人为事业、生计各自奔波，胡梦华又遭变故身陷囹圄，联系中断50多年，直至梦华平反后的1983年《表现的鉴赏》再版，两人又恢复联系，重温旧谊，为此，梁实秋特应胡梦华儿子胡匡瑞之约为该书写下了情透纸背的序言，该序追忆了两人结识的过程，又肯定了胡梦华夫妇文学评论方面的造诣。

## 五、有关胡梦华先生的一些情况（胡应华）

我与胡梦华是本家，属于绩溪县宅坦前门厅屋这一房的。按家族排辈，他比我高两辈，是我的族叔公。

1947年冬，我因家里经济困难，无力继续在北京上学，就写信给他，请他帮忙找一个工作，以解决生活问题。蒙他允许，先在社会局下属的天津市度量衡检量所内给安排一个工人的名额干了几个月，后又在民食调配处内给安排一个办事员的职务，叔公时任天津市社会局局长兼民食调配处处长。

我在撰写此文时，曾找过天津市委统战部，该部提供了胡梦华个人的申诉、证人证明和统战部给他的结论等材料，现整理摘抄如下：

胡梦华在他的申诉中说，1948年下半年他就预感到国民党崩溃无可挽回，共产党是人心所向，将来必定胜利，因而产生了投靠共产党的想法。恰巧那时他接到了当时天津市市长杜建时批给他的一封告密信，信内说社会局管辖下的天津救济院女院长刘绎文是共产党，其夫温明友在解放区任某要职，并说刘在天津有地下活动。警备司令部立案后，市长杜建时批示"请胡梦华查办"。胡梦华扣押了市长的批示。转天，刘绎文去看胡梦华，胡梦华问刘到底是什么人，刘拒不回答。胡梦华就把那封告密信拿出给刘看了，然后当着刘的面把告密信撕毁，以表明态度。刘当时表示感谢，并问胡今后打算怎么办。胡梦华说，只要共产党能保证他的生命安全，他就投靠共产党。

过了两天，刘绛文面见胡梦华说，已经跟地下党领导汇报过了，共产党欣赏他的态度，可以保证他的生命安全。要他在天津等待解放，不要离开。胡梦华听了很兴奋，但还觉得不够踏实，向刘绛文要求会见地下党负责人。后经刘绛文介绍，两次面见了共产党地下负责人黎智。黎智给胡梦华讲解了党的政策，晓以大义，予以宽慰。第二次会见后，胡梦华还亲自用自己的专车送黎智到交通旅馆，以策安全。嗣后，胡梦华主动要求为地下党工作，通过刘绛文安排，他做了以下几个方面的工作：

1. 保全了天津市社会局的档案，包括日伪统治时期天津经济局的档案等。为了将社会局的档案保存好，胡梦华下令将档案室的门用砖砌死，仅留一个出入口，严防破坏、丢失，也免受流弹炮火的殃及。

2. 安排两名地下党的人员到社会局任职，一人负责该局工商管理科散放在框架上随时备用的资料，一人负责管理该局职工的签到，以掌握该局的人员动态。

3. 提供天津市工厂、仓库分布图，便于将来进城接收。

4. 除安排地下党工作人员刘绛文继续担任救济院院长外，还让她兼任社会局主任秘书职务，让其全面掌握该局的情况。

5. 提供天津市富户名册。

6. 给地下党提供有特别通行证的专用小轿车，以便在紧急情况下或戒严时可以通行。此车在紧急情况时还可以出入警备司令部。

7. 提供有特种标志、在紧急戒严时可以使用的臂章。

8. 预备自行车数辆供地下人员活动使用。

9. 根据共产党的政策，利用个人关系走访了天津一些经济界著名人物，安定人心。

胡梦华的申诉经天津市委统战部派人调查，找到时任天津地下党负责人黎智和刘绛文等同志核对，完全属实。

根据胡梦华的申诉及证明人的证明，天津市委统战部对胡梦华的身份重新作了结论，结论如下：

## 关于胡梦华先生的复查结论

胡梦华，男，七十七岁，安徽绩溪人。历任国民党河北省党部监察委员，军委会政治部战地服务团主任，河北省政府秘书长、行政院秘书，国民党重庆、天津市党部执行委员，天津市社会局长等职，现任天津市政协委员会、市政协文史专员。

根据胡梦华先生的申诉，经我部复查，胡在天津解放前夕，接受我地下党交给他的任务，在保护敌伪档案，掩护我地下工作人员等方面，为人民做了好事。经中华人民共和国最高人民法院批准，胡梦华属于爱国人士，撤销一九七五年度赦字第一八七号特赦通告书。特此结论。

中共天津市委统战部<br>一九七九年十二月卅一日

## 六、胡适故乡发现多处抗日墙画和标语（胡维平）

最近，在胡适故乡绩溪县上庄镇相继发现了一些抗日墙画和抗日标语，包括胡适故居后墙在内，抗战标语、墙画共有十几处。

人文荟萃的上庄镇，是胡适、汪静之、胡开文徽墨创始人胡天注及茶商巨子汪裕泰的故乡，也是省重点文物保护单位太平天国壁画所在地，1989年5月被省政府批准为省级文化保护区。新近发现的抗日墙画有两处：一处在上庄村西村口。墙画上是一头戴钢盔手持钢枪的抗日兵士，向日军的炮火冲击，刺刀与日军的炮火相接。墙面右侧的文字说明是：冒着敌人的炮火前进！落款为"毓英小学学生自治会"。另一抗日墙画在上庄镇旺川村。墙画位于旺川公路桥北侧，大致可辨工、农、商、学、兵团结一致杀日军和汉奸的场景。文字说明是：有钱出钱，有力出力，大家起来杀死这两个家伙。（指日军和汉奸）署名为67师政治部。两条大幅抗日标语紧靠该墙画的南侧：欲想救家，就要先救国。举发汉奸是每个民众应有的责任。署名分别为67师、144师；另一大幅抗日标语在上庄镇宅坦村：大家武装起来，参加神圣的抗倭战争。署名为67D政，D为英文"师"的代号，抗日标语红底加蓝边，字体遒劲豪放。

据了解，这些标语和墙画创作于国共合作抗日的1939年和1940年之间。67师和144师在抗日战争转战途中先后到上庄镇驻扎休整，标语和墙画正是为宣传和发动民众抗日而创作的。这些墙画和标语的发现，再现了当年国共两党共赴国难一致抗日的历史。

（原载《安徽日报》1992年7月11日）

## 七、胡筱梅致胡维平信

胡维平先生：

您好！

前日收到您10月30日寄到深圳大学转来的信及附件，其余信件和书稿至今还没有收到，可能是地址有误。

关于您正在努力研究先祖的经营思想及家世源流并将出版一事，非常钦佩与感谢。的确，这是一项很有意义的工作。

关于您信中提出的想了解的一些问题，我回顾了一下，限于多种条件，我只能提供下列一些情况：

抗日战争之前，我家是一个以祖父母（胡萼卿、戴泳霓）为家长的大家庭，成员包括我父母、叔婶、姑母、堂姐妹兄弟、表姐妹兄弟等20余人，住在杭州姚园寺巷30号，直到1937年。日军迫近杭州时，祖父母率全家逃难，去了绍兴，一年后又辗转来到上海，一住就是半个世纪。至今老一辈大都已逝去，当时的年青者也已华发满头，有不少也已"走"了，或并分居各地，大都年龄比我轻，对家史也不会有更多的了解。

1937年在杭州期间，我还不满10岁。每逢夏天纳凉时，祖母时常让我与堂兄允嘉（已故）为她捶背揉肩，这时她会给我们讲一些我家的家史，尤其是胡雪岩公的事。

她说："阿大"（指胡雪岩）是五短身材、肖猴，所以发达。他做过许多善事，如施粥、办义渡、开药店、施药等等，老祖宗所住元宝街曾发生火灾，是祖母带领全家人逃出火场的，从此就住在姚园寺巷了。每年这一天（日期已忘）称为"家难日"，全家有吃素一天，年年如此；原来我们祖上是姓李，做官的，因奸臣陷害，逃到安徽，为姓胡者相救，所以改姓胡，因此我们家的人是不能与姓李的通婚的，因为原是一家人。老祖宗（胡雪岩）是安徽人，我们是杭州人，但祖籍是安徽。又讲过胡雪岩破产是因做蚕茧生意，被洋商排挤，而蚕茧卖不出去，在仓库中都烂了，每天请人翻一下，就要一个元宝，最后失败了，钱庄也都倒闭了。

关于家里有无文字记载的家史家谱之事：

关于雪岩公的遗嘱事，估计父亲胡亚光是看到过的。因为他曾说过："老祖宗的字写得并不漂亮，庆余堂的有些匾、楹联可能是别人代笔的。"在姚园寺居住时每逢农历过年，祖宗堂里会悬挂许多男女祖先的手绘的彩色像，到元宵收起。也有祖先生卒的年月记录。但全家匆忙逃出杭州时只带走一些衣被之类，真是如逃命那样，过了钱塘江，当夜大桥就被炸断了。姚园寺30号就被抢劫一空，成为废墟，连父亲的书画也都遭劫。只有一位亲戚从废墟里捡来一张父亲画的《城皇山图》带还父亲，他的大半生心血被毁，万分痛心。

　　父亲也和我们讲过先祖的一些事，但我估计也是听祖母讲的。他生于1901年，没有见过老祖宗，祖母大约见过的，所以父亲讲的与祖母讲的相同。我家到了上海后，全家挤在三个房间中，大家为自己的生活奔波。父亲教书作画，我们读书工作，他由于历史的原因，很少提起老家的事了，也没有人编过谱系，因为这不是"红色"的。

　　直到改革开放后，对老祖宗的一生有了重新评价，也开始有不少关于他的文艺作品问世。当时看了电视《八月桂花香》的结局，好似胡雪岩是没有后代的，亲戚中有些讲法（年青一代），社会上当然更会有这怀疑，我才开始觉得有必要澄清这个事实，开始着手了解情况，组织成文，刊登在《浙江省文史资料选辑》第47期上，即《红顶商人胡雪岩有后》世系表。后来庆余堂赵玉城同志在找寻胡雪岩墓地时发现墓碑上有胡雪岩子孙的名字，才算比较全面地了解胡公的直系及其姓名了，我也算为胡氏家族做了件早该做的事情。

　　欢迎您给我一些有关资料，因为我对自己的家世还是有兴趣的，也收集与整理了一些印刷品，我能为您提供的情况可能只有以上这些。

　　谢谢您邀请我到安徽参观胡雪岩纪念馆，限于我的年龄，力不从心了。杭州老祖宗墓重建落成时，庆余堂曾邀请我去，胡雪岩故居我也只能买了画册、DVD在看与思考，没有能去，非常遗憾。

　　祝

　　　　事业成功、身体健康！

胡筱梅<br>2004.11.12.

（胡筱梅系胡雪岩嫡元（重）孙女，胡亚光长女）


## 八、胡祖懋致胡维平信

胡维平先生，您好！

　　首先祝你全家新年快乐，万事如意。

　　现据我所知，答复您的问题，供您参考。

宅坦村志

一、我听父辈说胡雪岩、胡月乔、胡秋槎、胡鹤年等兄弟的原籍是安徽绩溪。

二、现我家没有保存胡雪岩及其兄弟的画像照片。至于胡月乔经营的是人参业，他开有阜昌和德昌二字参号，他膝下有五个儿子，即我祖父有五个兄弟，参号一直传到我父辈。解放后公私合营。

三、关于我写的胡雪岩祠堂的查证的依据是听我父亲说的。

今天接到您的电话，知道您的书要拿到济南去出版，所以我立即给您复信，并望您的书出版后寄一本给我。

绩溪的确是山明水秀、人杰地灵的好地方，我定将抽空返乡认亲祭祖。余言后谈，专此奉复。

祝您全家

元旦康乐！

胡祖懋启
2005年1月1日
（注：胡祖懋为胡雪岩弟胡月乔的曾孙）

## 九、胡上治致胡维平信

维平先生台启：

您的来信已经收悉，谢谢，徽州胡姓是个大姓，我儿时起就听闻祖父言，我们老家在徽州绩溪，而且有假胡一说。

亦听祖父说过，我家的祖先能查到的是一位在宋朝当过大官的，也是一个有名的学家，可惜年幼，未能记得此公名姓。

胡雪岩是我祖父之祖的哥哥，即我祖父的伯祖，离我有五代之久。我们都是从绩溪迁移到余杭，祖上种花，我们是胡雪岩的弟弟月乔一支。亦听祖父说，曾去安徽续过谱（胡雪岩派人），但由于种种原因没能续上。家父胡汝禧等在"文化大革命"后，曾整理过我们这里的家族关系，由于人员众多，分散较广，有些失散，所以尚不能完全。但在实阅时，发现雪岩的父亲（胡鹿泉）碑文上有子光鼐、光墉、光鉴立碑一说。光鼐乃雪岩（光墉）之兄长，早逝，无后代。光墉即雪岩，现大约有子孙200多位，多已失去联络，光鉴据推即我父亲的曾祖父月乔公。现在后裔尚有部分有联络，也不多，月乔公以下也已繁衍至今有七代，近200人左右。因而是否胡雪岩一辈是"光"字排行，不能十分确定。后辈据我们所知没有排行过，因此我想"光"字辈之下亦并非"大"字辈,据了解,胡品三是又叫胡大均,雪岩公的第三子,关于胡光墉破产后,十一姬妾以副室登入家谱,我拜访了在上海的长辈级人士,均说未见过家谱,不了解这一说。

  我们的高祖(几代不详)是从绩溪迁入余杭,祖坟都在杭州灵岩山一带,没有迁到过余姚。有雪岩公第五代孙女胡筱梅(与我们同辈)听说曾整理过一份胡氏世系表,共有150余人。她有一兄长叫胡允正,现已故世。胡筱梅听说已从上海迁移到深圳,不知详情。据我堂伯胡承孝,月乔公二子(我曾祖父是三子)之孙所言,胡允正与他是复旦同学。胡筱梅以前也碰到过,他说曾在杭州碰到一位称是胡雪岩的第四代子孙(其父亲名叫胡渭卿的儿子)胡文莹(年纪好像比我年轻,但我是第五代……有点佐证是胡雪岩孙辈有一"卿"字)我们月乔公的孙辈亦有一"卿"字(即我祖父一辈)。对于了解"根",我们都十分关注和感兴趣。今后您有什么消息和资料能否赐弟一阅。……

  祝好

上治敬上<br>2003年6月2日

(注:胡上治为胡雪岩胞弟胡月乔的元孙)

## 第三节 文书及档案目录

### 一、会议录及公文选介

  按:所选介的会议录均照原文抄录。错字、别字以括注改正,必须要注释的文字标明笔者注。句子存在语病,标点错误均不改动,以保持原文的完整性。

  (一)第二次祠务会议

时间:民国二十七年(1938)十月十六日 下午一时

地址:亲逊祠中进

出席者:文浩、振祺、品瑜、旺华、华茂、三泰、文杰、昭万、梦秋、助前等四十人。

　　临时主席：文浩

　　报告事项：从略

　　讨论事项：

　　1. 冬至期届，对于祠中礼典及老人礼生胙食应如何办理案；

　　议决值此国难方殷而加祠漏未整，故对老人、礼生胙食一律豁免以冀修理而存家庙。

　　2. 第二次破坏公路（奉命毁坏公路以阻止日军进犯绩溪、歙县）由公众暂借款柒拾伍元应如何归还案；

　　决议：由亲逊祠拨付（而待联保清单露布后）。

　　3. 对于春分冬至祭祀除正祭外而尚有百世不迁像、能干、配享、酬劳、忠孝节义等应如何改革祭祀案。

　　决议百世不迁、能干等归并为一特祭，于正祭后继续举行（祭祠祀时内仍设九案）。第一案百世不迁，第二案能干，第三案酬劳，第四案配享，第五案忠孝节义（外四案像另加附位两案），祭毕发胙包。老人礼生一律照发。

　　（二）绩溪县第二区龙井乡公所第四次会议

　　地址：桂枝小学教学室

　　时间：民国二十七年（1938）五月三十一日下午二时

　　出席者：程润卿、胡福同、汪仰尼、高广铎、曹诚宇、胡子佩、王志彬、曹助传等十八人。

　　列席者：程敷化

　　主席：曹助传、汪琴生，记录：胡祥剑

　　（甲）开会如仪

　　（乙）报告事项（略）

　　（丙）讨论事项：

　　1. 查模范队迄未组织应如何亟行组织成立案

　　（1）模范队队员产生应以各保独子、继子免役后之壮丁调免，模范队队员轮流受训以期担任后方之工作。

　　（2）模范队员暂以十六人组织成立（正副班长之内）；

　　（3）经费每月暂定壹佰元。其支配方法如下：

模范队办公费用每月拾元；

正班长生活费拾元；

副班长、队副及队员月支生活费捌拾元；

(4) 经费依前定百分比率照派；

(5) 每保暂派一人，差额由乡公所担任派补；

(6) 成立日期暂定六月一日。

2．关于队副人选应如何推定案。

决议：聘任桂枝小学教员胡炯辉先生担任之。

（注：3—8各项略去）

主席：汪琴生

副主席：曹助传

记录：胡祥剑


（三）大队革委会扩大学习班

时间：1969年3月15日

地点：大队会堂

出席者：胡余辉、曹培培、胡生茂、胡嘉安、胡焕玉等28人。

向伟大领袖毛主席请示，学习最高指示。

贫宣队曹、邵同志传达刘指导员的报告：

①形势大好（略）；②今后工作怎样开展（即第三阶段）；③关于整党建党问题；④关于农业学大寨问题。

大队革委会主任胡度生同志讲话：

主题讲学大寨问题，抓住季节大造"忠"字林（主要是桑树、板栗、油茶、山核桃），另外协商一下看看水库怎么搞，生产队里要马上搞"忠"字化，特别是要抓紧搞街头标语，以便迎接"九大"。

批屋基等做屋的事，应马上暂停，集中木匠修理农具。

向伟大领袖毛主席汇报

散会


（四）生产队长会议

时间：1977年4月23日夜

地点：大队

出席者：胡继明、叶金托、胡兆珠、胡胜玉等12人。

内容：

（1）学习毛泽东选集第五卷《中国人民站起来了》。

（2）传达支部会意见：①关于当前春耕大生产中首先要抓劳力，外出人员要调回，不能让手工业、副业各自飞，并要抓阶级斗争这个纲，来促进早稻栽插；②早稻秧苗，各生产队做到心中有数，总的来讲还很好，中门队秧最好。当前有部分点块死秧，山脚最矮，要抓紧追肥。（其余略）

（五）补选宅坦村村委会主任预备会议

时间：1999年9月21日

地点：宅坦小学

出席人员：胡加富、胡有林、胡汝安、胡国玉、胡维平；镇干部李孝云、汪国义、胡云利、叶德荣

会议议程：

①讨论补选宅坦村村民委员会主任事宜；

②学习县委、镇党委有关文件；

③对补选工作做具体安排。

会议讨论决定：

①由村民直接推选2—3名主任候选人，实行差额选举；

②成立村补选工作领导小组。组长胡加富。副组长胡有林、胡永光；

③补选按原来划分的五个选区进行。决定推选主任候选人的时间为1999年9月22日。

注：同年9月28日村主任通过直选产生并于10月13日完成了村委分工。

（六）绩溪县第二区龙井乡公所按保等级规定

派费百分比率（1938年4月28日通过）

余川保：甲上派费占11.25%；择里保：丁等派费占6.75%；

上庄保：甲下派费占10.25%；上川保：甲上派费占11.25%；

上旺保：乙等派费占9%；下旺保：甲下派费占10.25%；

（宅坦）石井保：丙上派费占8.25%；（宅坦）中门保：丙等派费占8%；

（七）绩溪县宅坦乡人民委员会

关于启用绩溪县宅坦乡人民委员会新印章的报告

绩宅秘字第001号

主送：绩溪县人民委员会

抄送：绩溪县委会、县人民法院、县检察院、县公安局、县兵役局、镇头法庭、营业所、粮油所、供销社、本乡各农业社、单位。

我乡于1956年12月26日召开了第二届第一次人民代表大会，选举成立："宅坦乡人民委员会"。决定于1956年12月27日改称为"绩溪县宅坦乡人民

委员会",并自 1957 年 1 月 1 日启用:"绩溪县宅坦乡人民委员会"木质圆形新印章。原绩溪县旺川乡人民委员会、上庄乡人民委员会之木质圆形印章各一颗同时停止使用、上缴（交），特此报请有关部门备查。

绩溪县宅坦乡人民委员会（公章）<br>1957 年 1 月 1 日

**附：宅坦乡人民委员会组成人员名单（摘自 绩宅秘字 002 号）**

宅坦乡人民委员会
乡长：曹观吉　副乡长：王花棋、汪月红
委员：曹观吉、王花棋、王月红、曹立祝、曹中旺、胡启贤、鲍周女、胡立生、程诚度、王玉卿、汪德汝、曹贤铎、胡福蒙

注：胡启贤、胡福蒙为宅坦人

（八）宅坦大队管委会八二年工作小结报告（节选）

1. ……实行责任制，社员得实惠。责任制把社员的经济利益直接地同自己生产好坏连在一起，社员压制多年的积极性像火山一样爆发出来，关心生产的人如此之多，科学种田的热情如此之高，生产工效之快，质量之好都是三十多年来罕见的。

我队多种经营大发展，出现了一批重点户、专业户。例如：葫芦岭生产队社员胡立尧同志，养鱼、养蚕收入千元以上，胡万元养蚕收入达 500 元以上。葫芦岭多数社员农牧副渔样样抓，给全队经济状况带来了很大的好转。经济的发展使群众对生活需求也随之提高。现在广大群众大都穿的确良、的确卡、三合一，做新屋的也不少。

2. 政策落了实，社员生产有劲头。我大队的形势和全国一样大好，各项工作蒸蒸日上，去年五大指标都实现了超计划、超指标、超历史。实行农业生产大包干责任制以后，群众个个高兴。去年粮食总产 1644400 斤，比最高年的 1979 年增加 14%，油料 22000 斤，比 1979 年增加 0.5%，茶叶产量比 1979 年翻了一番多，生猪饲养量 1741 头，比 1979 年增加 16%。全大队总收入达到 303726.74 元，人均收入 178 元，比 1979 年增加 17%。创历史最高水平。

1983 年 9 月 5 日

## 宅坦农业社1958年决算后社员存欠情况表

单位：元

| 队　　别 | | 前　门 | 中　门 | 总　计 |
|---|---|---|---|---|
| 上年结转工及本年实做工数 | 工　数 | 61287.50 | 53328.99 | 114616.48 |
| | 每工报酬 | 0.0665 | 0.0665 | |
| 收方 | 上年转存 | 164.72 | 116.80 | 281.52 |
| | 投入实物与股金 | 1501.94 | 972.34 | 2474.27 |
| | 照顾 | / | / | / |
| | 劳动报酬 | 4075.50 | 3646.44 | 7622.00 |
| | 合计 | 5742.22 | 4635.58 | 10377.80 |
| 付方 | 上年转欠 | 739.73 | 214.72 | 954.65 |
| | 支付实物 | 5553.99 | 3951.17 | 9505.16 |
| | 借支现金 | 4785.01 | 3853.16 | 8638.17 |
| | 代还贷款 | 1619.20 | 1009.92 | 2629.12 |
| | 代缴学费 | 325.42 | 263.49 | 588.91 |
| | 应缴本年股金 | 1143.72 | 421.77 | 1565.49 |
| | 代缴信用股金 | 499.80 | 434.60 | 934.40 |
| | 认购公债 | 134.00 | 66.00 | 200.00 |
| | 合　计 | 14801.07 | 10214.83 | 25016.90 |
| 结存金额 | | | 150.63 | 145.31 |
| 结欠金额 | | | 9209.48 | 5724.56 |

## 宅坦农业社1958年决算后社员存欠情况表

单位：元

| 社名 | 1958年任务数 | 1959年分配数 | 各单位 | 1959年任务数 |
|---|---|---|---|---|
| 上 庄 | 1600 | 3600 | 信用社 | 68 |
| 瑞 川 | 1050 | 2500 | 银行 | 42 |
| 余 川 | 850 | 2300 | 上庄分销处 | 140 |
| 金 山 | 500 | 1300 | 商店 | 534（包括全乡） |
| 金 坑 | 170 | 400 | 旺川分销处 | 96 |
| 宅 坦 | 750 | 2100 | 上庄茶站 | 70 |
| 择 里 | 300 | 800 | 小学教师 | 1732 |
| 鲍 家 | 250 | 600 | 乡人委会 | 399 |
| 尚 廉 | 150 | 250 | 金坑砍伐队 | 3000 |
| 会 川 | 160 | 300 | 乡医院 | 86 |
| 凤 昆 | 135 | 300 | 上庄理发业 | 15 |
| 合 兴 | 65 | 150 | 旺川理发业 | 10 |
| 旺 川 | 994 | 2000 | 乡联合工厂 | 2000 |
| 五 联 | 559 | 1500 | 上庄粮站 | 50 |
| 石 家 | 120 | 200 | 旺川粮站 | 80 |
|  |  |  | 国药合作商店 | 200 |
|  |  |  | 电信局 | 67 |
| 合 计 | 7653 | 18300 | 合 计 | 8589 |

注：两年总数26889元

## 旺川公社宅坦大队1958年平调社员物资退赔统计表
### 继安小队（13个队之一） 1961年4月

单位：元

| 被平调户姓名 | 平调物资名称 | | 已退赔物资名称 | | 未退赔折合金额 |
|---|---|---|---|---|---|
| | 合计金额 | 锅、旧铁、竹篓、木桶、碗盆等 | 合计金额 | 火纸、箸笠及其他 | |
| 胡道惠 | 0.97 | 碗盆2只 | 0.97 | 箸笠、火纸 | / |
| 程仲家 | 2.09 | 旧铁、碗盆 | 2.09 | 火纸、现金 | / |
| 汪月仙 | 0.60 | 碗盆3只 | 0.6 | 火纸、现金 | / |
| 程交辉 | 5.20 | 竹篓四只 | 5.2 | 火纸、现金 | / |
| 方彩辉 | 9.35 | 铁锅、碗盆 | 5.48 | 火纸14张 | 5.14 |
| 胡度祥 | 8.50 | 旧铁、蚕匾 | 8.5 | 火纸、现金 | / |
| 胡顺时 | 1.67 | 碗盆等 | 1.67 | 火纸、现金 | / |
| 程秀姣 | 0.62 | 碗盆等 | 0.62 | 火纸、现金 | / |
| 胡学如 | 1.56 | 旧铁、碗盆 | 1.56 | 火纸、现金 | 1.63 |
| 胡余辉 | 11.07 | 大锅、旧铁等 | 11.07 | 火纸、现金 | 2.50 |
| 方义春 | 2.46 | 碗盆、旧铁 | 2.46 | 火纸、现金 | / |
| 胡继安 | 7.36 | 铁锅、旧铁 | 7.36 | 火纸、现金 | 2.50 |
| 宋爱时 | 5.48 | 铁锅、碗盆 | 5.48 | 火纸、现金 | / |
| 其余八户 | 43.31 | 铁锅、碗盆 | 16.13 | 火纸、现金 | 19.00 |
| 合计 | 100.24 | | 69.19 | | 31.04 |

注：全村总平调款：2045.48元，1961年退款982.53元

## 二、宗祠档案

会议录 2 册。1933 年 7 月、1944 年 10 月各装订 1 册。会议录的主要内容是讨论研究修祠、平粜、祭祀、出让祠产、推选宗祠管理人员以及升主（越主）等，偏重于宗祠管理和运作。

平粜记录共 7 本，详细记载历年平粜稻米的数量、户数以及高价购进粮食用于平粜的村人简介。

祠田编号草簿 1 本，该田亩册对祠田的数量、分布、完税金额及学田、祠山等做了详细记载；收租（收支）总录 19 本，详细记录了承租祠田的佃户数、租谷收入数及开支情况。

器具簿 1 本，对 1937 年宗祠购置的器具名称和数量一一做了登记。

其他档案资料还有完税票据、收据、借据、租批共 213 份，祠祭人员名单、修祠章程等 24 份。

## 三、村务档案

### （一）账册、表册

1．1955 年宅坦农业税征收清册 1 册；
2．宅坦农业社 1956 年分配决算清册 1 册；
3．宅坦农业社 1956 年粮食分户明细表 1 本；
4．宅坦农业社 1956 年粮食统购统销分户安排清册；
5．宅坦高级社 1957 年午季预分分户表 1 册；
6．1957 年宅坦高级社秋季预分分户表 1 册；
7．宅坦农业社 1957 年度决算清单分户明细表；
8．宅坦农业社 1958 年劳动工分账 1 册；
9．浩寨公社宅坦大队 1959 年决分分户明细表 1 册；
10．宅坦大队常年平均口粮以户标准表 1 册；
11．宅坦大队各组食堂 1959 年支领口粮登记表；
12．宅坦大队 1960 年收购社员粮食分户计算金额工分归户表；
13．宅坦大队 1960 年午季预分表册；
14．宅坦大队 1960 年决算分户明细表 1 册；
15．宅坦大队队组基本情况表 1 本；
16．宅坦大队平调社员物资退赔表（1961 年 4 月）；
17．宅坦大队 1961 年决算分户明细表 1 册；
18．现金日记账 24 本（1957—1986）；

19．宅坦大队 1962—1990 年农业统计年报及收入分配表 33 册；

20．宅坦村 1957—1986 年历年原始记账凭证（工分条、购油单及其他收条收据）共 97 册；

### （二）会议录

共 47 本，记录时间为 1966 年 4 月至 1999 年底，内容涉及十年"文化大革命"、农业学大寨、农业大包干以及直选村委会组成人员等方面。会议录内容风格迥异，语言表述各有特点，深深地打上了时代的烙印。如学毛著、搞忠字化、一打三反、批林批孔等，内容丰富，记载翔实，有一定的研究价值。

# 第十六章 世系源流

## 第一节 姓 氏

### 一、宅坦的其他姓氏

方氏：现存方为明一人。第几代迁入宅坦失考。绩溪现在的方姓为宋雍熙年间（984—987）任绩溪知县方澄的后裔，咸平二年（999）从歙县东乡迁入。

王氏：主要由本镇择里村和金山村（仅一户）迁来。公认原徽州婺源县武口村为王氏一世祖居住地，金山村王姓又属择里的分支。王姓从第28代开始按排行诗取名，共40字：伯仲元思万，家士（国）定立成；化开有名世，文治乐清平；作述光前业，英民应瑞祯；显承宗至德，佑启肇天明。后20字排行诗由择里王静山1924年续谱时补写，现已发展到第42代；

石氏：仅石天高一人（不含户籍迁旌德的石正阳）1969年因婚入宅坦。石家又称旺山，元末由歙县石家坦迁来，始迁祖是石荣禄。现已发展到20多代。

叶氏：由歙县兰田迁来，分布在山脚自然村及宅坦村，已繁衍了18代。叶姓的排行诗共27字（据老辈回忆，可能有出入）：银农元仲文士其，启兆正光本；开陈大宪宗，五林丁火礼，百代孝昌荣。

李氏：1970年由浩寨公社李家大队迁回山脚村母亲出生地。寺后李家村李氏元代中期从旌德南门迁入，始迁祖是李婆保。迄今已在李家繁衍了近30代，李家又名嗣川。现仅李观宝一户。

汪氏：因婚定居宅坦。始祖为南朝宋孝武帝大明年间（457—464）任军司马的汪叔举，由浙江淳安迁绩溪瀛洲，宅坦汪氏由坦头村迁来，坦头汪姓始迁祖为汪思聪，由旌德新建迁来，迄今共繁衍60多代。

程氏：清初由歙县篁墩迁来。程姓出自黄帝重黎之后，自周大司马休父辅佐宣王中兴周朝，封程伯子孙以国氏。后程元谭任新安太守，有善政。民请留之，琅琊王赐元谭田宅于歙县篁墩，程氏由此定居发祥。据此测算，从篁墩迁来宅坦的程姓已发展了七八十代。

曹氏：宅坦的曹姓均源自旺川，宋太平兴国年间由婺源县汪口迁居旺川，始迁祖为曹仲经（又名大九公）。第22世开始按排行诗取名：志士光家国，徽猷衍圣功；立诚天助福，惇德世恒隆，庆本善庭起，瑞从义宅钟；恩求荣祖道，文学务先通。曹姓现已繁衍到第40代。

董氏：由浩寨枫树坞迁入，枫树坞的董姓明代初期由歙县富堨迁来，始迁祖为董尚烈的次子，至今已发展了近20代。

鲍氏：村内一户鲍姓，由七都鲍村迁来，其始迁祖是明正统年间（1436—1449）歙县棠樾的鲍关德。在鲍村已繁衍了20多代。

戴氏：戴忠好1984年5月因婚由安徽长丰县土山乡入籍宅坦。

其他姓氏由于世系失记未能列述，从略。

## 二、胡姓溯源

明经胡来历：唐天祐元年（904），篡位心切的朱温逼唐昭宗从长安迁都洛阳，途中昭宗被弑，何皇后分娩一子。皇宫近侍婺源人胡三忠心皇室，携襁褓中的皇儿潜回婺源县考水村隐居，为皇子改姓名胡昌翼。唐时取士，以诗赋取者谓之进士，以经义取者谓之明经。后唐同光三年（925），昌翼以明经科第二名及第，为有别于养父的安定胡，后人遂称"李改胡"为明经胡。如今遍及海内外的明经胡姓人多是昌翼公长房胡延进、三房胡延臻的后裔，二房胡延宾一支由于谱牒资料遭洪水冲没在乾隆二十年会修统宗谱时未被正式编入（只在末册编入附录中）。

明经胡为绩溪胡姓重要的一支，据谱牒，绩溪的明经胡来源和分布如下：

1. 长房胡延政子胡忠的龙井派：该派以宋景德三年（1006）定居龙井村的胡忠为始迁祖，其裔又繁衍外迁。宅坦、西村、上庄、尚廉、江塘冲、浩寨叶村、里洪坑及今胡家横神头（仅存两户）均是胡忠后人在县内的分支。

2. 扬溪石金山三房甲派：属昌翼公三房胡延臻的长孙胡令福一支（胡延臻有10个孙子，以天干地支分为甲乙丙丁戊己庚辛壬癸10派），于宋元符三年（1100）前后由婺源考川迁居石金山，即今扬溪石金山、大石门一带。

3. 荆州上胡家甲派：同属胡延臻长孙胡令福一支，是三房第十二代胡德芳由考川迁歙县芳塘后分迁的一派,始迁祖是第二十九代胡仁兴。现有1000多人，仅次于上庄、宅坦。

4. 临溪石榴村及备溪丙派：属三房胡延臻第三个孙子胡令诜一支的后裔。石榴村的胡姓是明代永乐十五年（1417）前后从歙县鲸川迁入，其始迁祖是胡怡，至第二十九代胡贵孙又从石榴村迁居备溪，即现在的临溪镇下备村。

此外，临溪大塘有明经胡己派、上游有明经胡甲派、板桥乡东坑、庄家岱等有明经胡长房胡延政的分支。

**附 绩溪诸胡溯源：**

胡姓为绩溪第一大姓。名贤辈出，代有闻人。共有5支分5次迁入：东晋大兴元年（318），散骑常侍胡焱镇守新安，咸康三年（337）从濮阳县板桥村迁龙川（大坑口）定居，世称"龙川胡"；唐**乾**符二年（875）前后，胡焱十五代孙胡宓持节歙州，也从濮阳迁家乌聊山，卒后归葬绩溪华阳镇，其子胡沼为祀守父墓遂定居华阳镇。宋时胡沼裔孙胡舜陟（升）徽猷阁待制，封金紫光禄大夫，后称金紫胡。但世居绩溪城乡的金紫胡只是胡宓后裔很少部分，绝大多数的宓公后裔或祀扫祖墓或任官而定居于浙江湖州和江苏苏州。"龙川胡""金紫胡"同出一宗。宋代后期，婺源清华胡始祖胡学第六世孙胡千九迁绩溪二都协实（今蜀水村楼下），现有清华胡260多人，属绩溪县内的清华胡分支。宋朝南渡时，浙江湖州乌程胡清迁居临溪高车村，元末，其后裔移居县治遵义坊，世称"遵义胡"。明正德年间，胡松任工部尚书，其裔又称"尚书胡"。大坑口、株树下等村是龙川胡聚居村；金紫胡、遵义胡主要居县城内及岭南一些乡村。

明经胡略。

## 三、明经胡始祖（一至二世）

义祖胡三：讳清，字鉴之。（明嘉靖谱载胡三封金紫光禄大夫，胡珍之子）唐皇宫近侍，面对朱温（朱全忠）作乱，唐昭宗被弑、李唐遭灭顶之灾的危急局面，胡三公携昭宗幼子潜回婺源考水，育为义子，为唐留下一脉真传。胡三唐会昌癸亥年（843）三月初五生，后唐天成丙戌年（926）五月殁，享年84岁，葬考水村下市宅。胡三娶秦氏，继陈氏，均无出，育昌翼为嗣。

始祖胡昌翼：字宏远，号绎思，又号眉轩（谱称），为唐昭宗与何皇后所生之幼子。唐天祐四年（904）遇朱温之乱，昭宗被迫从长安迁都洛阳，途经河南郏县何皇后分娩一子，乳名梁。此时朱温篡位心切，咄咄逼人，昭宗与皇后叹曰："自今大家夫妇委身贼手矣！"时胡三效程婴之义举，挈梁归婺源考川，抚为义子，并改姓名为胡昌翼，但改姓不改郡，以报生父之恩与养父之德。

后唐同光年间昌翼公登进士第后，自念皇嗣，隐居不仕，毕生致力于经学研究和倡办教育，为皖派经学研究的开山祖。

昌翼公唐天祐四年（904）三月初一生，宋咸平二年己亥（999）十月初三殁，享年96岁。娶江西德兴利丰詹氏，夫人享年93岁。俱葬考川黄杜坞，又名锡子坞，后称明经湾。育有三子：长延进、次延宾、三延臻。昌翼公墓为八卦坟。

刻有明经胡氏发源地
——婺源考水村图的雕版

二世祖胡延进：又名延政，字以礼，号节庵，为胡昌翼长子。后唐天成四年（929）二月十五生，北宋景德二年（1005）卒于浙江建德任所，享年77岁。娶妻詹氏，子胡忠迁龙井宅坦。

延进宋开宝八年（975）任绩溪县令，宋咸平五年（1002）知建德军。其墓葬一在建德城南七里，延进夫妇安葬于此；一在绩溪七都中王村（原旺川医院背后），此墓为延进之子胡忠营造的衣冠墓。

延进公为明经胡长房派祖。

二世祖胡延宾：字以敬，后唐长兴壬辰年（932）11月7日生，卒年不详。任官迁歙县紫阳后升任宣州刺史，枢密院副史。其后裔迁往歙县紫阳、汪岔、江西万年、石门、广信等地，因谱牒失落，其裔世未被编入乾隆版考川统宗谱正册。其子嗣据望江的延宾派后裔介绍为文惠（子）、令泰（孙）。1999年延宾迁望江的后裔还联合黟县西递村、绩溪上庄合编《明经胡联合宗谱》。

二世祖胡延臻：字以福，后唐清泰甲午年（934）九月十五生，宋大中祥符甲寅年（1014）十月殁，享年81岁，葬考水焦坑口。娶程氏，育二子：长子文昊，次子文晟。文昊、文晟共生10子，以天干地支分为10派。被列入世界文化遗产名录的黟县西递胡姓壬派。

## 四、胡姓远祖世系（三至二十世）

宅坦胡姓一至二十世人数不多，至第二十世村内男丁仅36人。从二十一世起，宅坦开始建分祠立门派。

一世祖胡昌翼，二世祖胡延进传略详见前述。

## 第十六章　世系源流

三世祖：胡忠，字良臣、号桂崖，胡延进之子，明经胡龙井派始迁祖。后周显德四年丁巳（957）生，宋天圣四年丙寅（1026）卒，享年70岁。宋开宝末年就学于县西的龙井村并在此成家，宋咸平壬寅（1002）又随父去浙江建德，宋景德三年（1006）胡忠从建德复回龙井村定居，同时在龙井东之山阜创建安徽最早的桂枝书院，兴学育才，闻名遐迩。娶本县汪氏，继娶本都柯氏，子三：胡煦、胡（日志）、胡昉。胡煦一支至第十六世失传；次子胡（日志）所生三子迁七都寨里；三子胡昉居宅坦。忠公墓在宅坦蟹形。（明嘉靖谱载胡忠宋开宝六年迁龙井）

四世祖：胡昉（980—1050），子三。长子文谅居宅坦，二子、三子外迁；

五世祖：胡文谅（1004—1072），娶柯氏，葬宅坦葫芦岭，茔系龙形。子二。长子贵良一支外迁尚廉、杨林、上庄、歙县竹园等地，次子义和居宅坦。

六世祖：胡义和（1029—1072），娶柯氏，合葬李家塘。三子。

七世祖：胡𨥪（1047—1121）娶高氏，葬仙人大座形，二子。

八世祖：胡应昌（1064—1132），娶江氏，子二：长宗宪居宅坦，次子宗文迁后宅，即西村。

九世祖：胡宗宪（1080—1153），娶曹氏，二子，长元广，次元序。

十世祖：胡元广（1102—1167），娶叶氏，生一子。合葬墓里。

十一世祖：胡亿（1125—1194），子三，长时佐，次时中，三时亮。

十二世祖：胡时中（1149—1209），娶冯氏。子三，长雷，次涛，三琦。

十三世祖：胡涛（1173—1241），娶叶氏，葬前宅村。子三：长念六，次桂，三俊卿。

十四世祖：胡俊卿（1192—1263），乳名小八。辑宅坦最早的宋嘉定版（1215）宗谱。娶柯氏。子二，长汪，次彭。

十五世祖：胡彭（1237—1301），娶柯氏，继娶高氏。三子。长子，二子外迁，三子胡景居宅坦。

十六世祖：胡景，字景祖，号狮峰。（1265—1353）。元延祐甲寅年修辑宗谱，抱道不仕，潜心理学。明初族侄上其事，洪武十年（1377）被明太祖敕为理学儒宗，娶柯氏，合葬外宅。子五。

十七世祖：胡廷佐（1309—1378），娶汪氏，合葬墓里，子二。

十八世祖：胡祥卿（1333—1397），娶汪氏，合葬七都暮霞。子二。

十九世祖：胡敬文，又名昌寿（1375—1454），娶柯氏，子二：长英定，次佛保。

二十世祖：胡英定，又名士中（1394.3—1443.4），娶坦川汪氏，继娶侧室，共生四子，分上中前后四门派。合葬庵前。

二十世祖：胡佛保，又名文中（1400—1465），娶汪氏，未育；继娶江氏、周氏、汪氏，各生一子。三子俱为下门派祖。

二十一世后各门派世系详见第二节。

# 第二节　宅坦近代世系（第21世至1920年续谱）

宅坦胡姓在明代宣德、景泰年间（约1426—1456）开始分门别派，以英定公三子分立上、中、前、后四门派，其中中门、前门共21世，门祖胡尚义；至第22世再分两支，下门派奉第20世佛保所生三子为派祖。

在此后500多年的繁衍中，前门一支发展速度最快，人数一直保持全村胡姓一半以上，究其原因，是前门一支世代注重读书仕进或旅外经商，经济实力较强，娶亲早，侧室多，添男丁亦多，繁衍代数亦多。前门中尤以前门相公派发展最快，到1920年续谱统计时，前门派比长门派上门一支多出四代，比下门一支多出三代。如今，前门一支发展最快的胡正伙户已繁衍到第四十五代，而下门派健在的辈分最高的是志字辈，相差整整九代。（仅以村内胡姓为例）

**宅坦支祠一览表**

| 门派祖 | 支祠 | | 备注 |
|---|---|---|---|
| | 门别 | 名号 | |
| 尚仁 | 上门 | 豫格堂 | 英定公长子、祠堂祭祀为宗子 |
| 尚义 | 积生　前门 | 澳瞻堂 | 英定公次子。中门、前门自第22世再分门派，尚义是中前门共祖。 |
| | 喜生 玉生　中门 | 敦睦堂 | |
| 尚礼 | 后门 | 继序堂 | 英定第四子尚智外迁云南。 |
| 尚瑄 尚瑢 尚琛 | 下门 | 笃伦堂 | 与宅坦胡氏宗祠一样同在葫芦岭自然村。 |

# 第十六章 世系源流

## 上门派世系简表（21世至40世）

| 代数 | 人丁 代表人 | 人丁 数量 | 备注 |
|---|---|---|---|
| 21 | 尚仁 | 1 | （1411—?）上门派祖、四子。 |
| 22 | 富生等 | 4 | 富生、贵生、庆生、福生均为尚仁之子。 |
| 23 | 永祥等 | 13 | |
| 24 | 大九等 | 24 | 文宪主修、文伦、文寿协修嘉靖版宗谱。 |
| 25 | 文孙等 | 40 | 道宠协修嘉靖版宗谱。 |
| 26 | 槛等 | 52 | 1622年，槛、梓、槟、天应协建宗祠。 |
| 27 | 伯侍等 | 23 | 开始按排行诗五十字取行名。 |
| 28 | 世育等 | 23 | |
| 29 | 希柏等 | 31 | |
| 30 | 光旺等 | 38 | 至第30世有9房失传，光读协修乾隆谱。 |
| 31 | 大禄等 | 56 | 大禄（1751—1833） |
| 32 | 贞雄等 | 47 | 贞雄（1779—1823） |
| 33 | 端照等 | 39 | 端照（1799—1860） |
| 34 | 志续等 | 23 | 志续协修民国版宗谱 |
| 35 | 士敬等 | 22 | 胡氏宗祠祭祀时最后一个宗子，士敬 |
| 36 | 成立等 | 12 | 至36世，上门派仅有6房相传。 |

## 前门派世系简表（21世至40世）

| 代数 | 人丁 代表人 | 人丁 数量 | 备注 |
|---|---|---|---|
| 21 | 尚义 | 1 | （1413—1475），前门、中门共祖。子三。 |
| 22 | 积生 | 1 | 前门派祖，1438年生，1464年卒。 |
| 23 | 真庆 | 1 | 娶歙县沙溪凌氏，讳胖娘，即今妇孺皆知的胖孺人。子二。 |
| 24 | 玄明等 | 2 | （1482—1553）玄明三子：长东甫、次东池、三东山、玄祐子二：长泾，次东汉。 |
| 25 | 东甫等 | 5 | 东甫三兄弟各生三子，依次为桂、相、朴；桓、桢、梧、楫、枵、构。即前门九房。东池主辑嘉靖谱，拟排行诗五十字，东山协修嘉靖版谱。 |
| 26 | 桂等 | 13 | 梧参与建宗祠，构（1557—1609）赞助修学宫；桓辑万历版谱；棠负责全县清丈土地。 |
| 27 | 伯广等 | 39 | 伯广、伯灿、伯鳌、伯鹏、伯康、伯达、伯顺、伯时均参加始建宗祠。 |
| 28 | 世甲等 | 76 | 世芳协修宗祠。 |
| 29 | 希铎等 | 138 | 希勋倡建前门支祠。 |
| 30 | 光迦等 | 258 | 光代倡建前门支祠，光偶、光成协修乾隆版宗谱。 |
| 31 | 大慈等 | 415 | 胡挺及子履泰、学礼发起编修乾隆宗谱与乾隆版考川统宗谱，履泰等2人亲赴考水会修。 |
| 32 | 贞交等 | 515 | 贞喜、至德等15人参与编修乾隆版宗谱，履泰参与编纂乾隆县志。 |
| 33 | 端廉等 | 540 | 端怡参与编修嘉庆版县志。 |
| 34 | 志祥等 | 643 | |
| 35 | 士明等 | 808 | 道光癸未年（1823），倬、佑、汉章等捐资新建宗祠后进、两廊及五屏风，并大修宗祠中进。 |
| 36 | 成章等 | 714 | 宝铎主辑同治版宗谱，道升、成锦负责编务，维城、宣铎等11个人参与编修。国华同治年间重修宗祠。 |
| 37 | 天煌等 | 504 | 宣铎主编民国版宗谱，钟毓、匡教、成义、成基、维屏等22人参与编修。 |
| 38 | 昭稼等 | 356 | 昭昊出资修葺桂枝文会。 |
| 39 | 匡国等 | 116 | |
| 40 | 应初 | 12 | |

# 第十六章 世系源流

## 中门派世系简表（21世至40世）

| 代数 | 人丁代表人 | 数量 | 备注 |
|---|---|---|---|
| 21 | 尚义 | 1 | 尚义二子喜生、三子玉生为中门派祖 |
| 22 | 喜生等 | 2 | 喜生生五子，永庆、四庆、恕庆、八庆、寿庆；玉生生三子，明庆、卓庆、细真 |
| 23 | 永庆等 | 8 | |
| 24 | 玄辉等 | 17 | |
| 25 | 东海等 | 46 | 东溥协建宗祠，东升、东津、文锌等五人协修嘉靖谱 |
| 26 | 植等 | 79 | |
| 27 | 伯嘉等 | 66 | 伯炼、兰德、有斗、伯兴、伯立、伯进、伯宪始建宗祠 |
| 28 | 世仁等 | 87 | 世会参加始建宗祠 |
| 29 | 希闵等 | 143 | |
| 30 | 光明等 | 202 | 至第30代有54房失传 |
| 31 | 大灶等 | 301 | 大燃、大瀛赞助（乾隆版）修宗谱 |
| 32 | 贞祥等 | 358 | 贞保参加会修乾隆宗谱 |
| 33 | 端富等 | 296 | 端志倡建中门支祠 |
| 34 | 志高等 | 237 | |
| 35 | 士达等 | 211 | |
| 36 | 成钰等 | 128 | 文浩、成炤协修民国版宗谱 |
| 37 | 天泽等 | 57 | 至三十七世，中门派仅存永庆公一支 |
| 38 | 照颂等 | 15 | |
| 39 | | | |
| 40 | | | |

## 后门派世系简表（21至40世）

| 代数 | 人丁 | | 备注 |
|---|---|---|---|
| | 代表人 | 数量 | |
| 21 | 尚礼 | 2 | 尚智也为后门派祖，外迁云南 |
| 22 | 社生等 | 3 | 尚礼二子：社生、泰生；尚智一子：寿生 |
| 23 | 赖朱等 | 5 | |
| 24 | 文聪等 | 7 | 文兹参与编修嘉靖版宗谱 |
| 25 | 百寿等 | 10 | |
| 26 | 牙九等 | 18 | 廷辅参与编修万历版宗谱 |
| 27 | 伯和等 | 41 | 伯和、伯乾、伯仙、伯侃等八人参加始建宗祠 |
| 28 | 世恩等 | 46 | |
| 29 | 希良等 | 79 | |
| 30 | 光五等 | 120 | 秉德、学礼参与会修乾隆版宗谱 |
| 31 | 大恒等 | 193 | 大谷参与会修乾隆版宗谱 |
| 32 | 贞广等 | 231 | |
| 33 | 端楷等 | 184 | |
| 34 | 志海等 | 138 | |
| 35 | 士善等 | 78 | |
| 36 | 成挺等 | 55 | |
| 37 | 天祥等 | 17 | |
| 38 | 昭焕等 | 3 | |
| 39 | / | | |

## 下门派世系简表（21至40世，至1920年）

| 代数 | 人丁 代表人 | 人丁 数量 | 备 注 |
|---|---|---|---|
| 21 | 尚瑄等 | 3 | 尚瑄、尚瑢、尚琛同为下门派祖 |
| 22 | 细九等 | 13 | 永生、谋庆参与编修嘉靖版宗谱 |
| 23 | 文等 | 23 | 文佳、文祥、文时、文塔参加始建宗祠 |
| 24 | 文等 | 34 | |
| 25 | 东等 | 35 | |
| 26 | 应俊等 | 22 | |
| 27 | 伯瑞等 | 42 | |
| 28 | 世晕等 | 84 | |
| 29 | 希宁等 | 80 | 希慈捐款赞助编修乾隆版宗谱 |
| 30 | 光佳等 | 70 | 光添等四人倡建下门支祠 |
| 31 | 大功等 | 77 | 大桂、大伦等14人参与建下门支祠 |
| 32 | 贞宣等 | 131 | |
| 33 | 端庆等 | 108 | |
| 34 | 志翔等 | 74 | 志铭协修同治版宗谱 |
| 35 | 士修等 | 50 | 士毅协修民国版宗谱 |
| 36 | 成兴等 | 31 | |
| 37 | 天潢等 | 2 | |

## 前门九房人丁明细表（31至40世，至1920年）

| 代数 | 前门男丁 | | | | | | | | | | 全村男丁 | 前门人丁点总数% |
|---|---|---|---|---|---|---|---|---|---|---|---|---|
| | 桂 | 相 | 朴 | 桓 | 桢 | 梧 | 榉 | 杇 | 构 | 合计 | | |
| 31 | 33 | 43 | 27 | 19 | 24 | 37 | 8 | 121 | 103 | 415 | 1042 | 40 |
| 32 | 44 | 46 | 26 | 15 | 27 | 35 | 7 | 127 | 166 | 515 | 1272 | 40.5 |
| 33 | 40 | 83 | 27 | 5 | 14 | 39 | 2 | 112 | 218 | 540 | 1167 | 46.3 |
| 34 | 31 | 94 | 50 | 3 | 16 | 45 | 2 | 122 | 280 | 643 | 1115 | 58 |
| 35 | 37 | 123 | 46 | / | 2 | 41 | / | 172 | 387 | 808 | 1169 | 69.6 |
| 36 | 47 | 163 | 19 | / | / | 22 | / | 141 | 322 | 714 | 940 | 76 |
| 37 | 24 | 179 | 10 | / | / | 11 | / | 75 | 205 | 504 | 580 | 86.8 |
| 38 | 15 | 171 | / | / | / | 9 | / | 46 | 115 | 356 | 374 | 95.4 |
| 39 | 8 | 79 | / | / | / | / | / | 2 | 29 | 116 | 116 | 100 |
| 40 | | 8 | / | / | / | / | / | / | 4 | 12 | 12 | 100 |

# 后　记

为时近20年，2000年编修的《龙井春秋》易名为《宅坦村志》终于在安徽大学的支持下正式出版了！

作为这本小册子的主编，抚今追昔，我百感交集。

首先我要由衷地感谢对《龙井春秋》编修给予慷慨资助并付出大量心血的胡昭壁、胡昭仰、唐力行等宅坦旅外乡贤和专家学者，没有他们支持撰写《龙井春秋》，就没有今天《宅坦村志》的基础，正式出版几无可能。

如今，先贤大多驾鹤西去，令我十分怀念；同时要感谢安徽大学张德元院长等人鼎力支持，使以志谱结合为特色的《龙井春秋》实现了向体例更为严谨的《宅坦村志》的升级。

盛世续史，治平修志，古今尽然。《宅坦村志》是宅坦村民及外迁支裔繁衍生息的全面反映和系统总结。本着统今揽古、真实全面的原则，翔实记录自北宋景德丙午年（1006）以来至2019年底本村的变迁、发展，记录外迁支裔的概况，重点介绍中华人民共和国成立以来经济社会各方面的基本情况，充分体现时代特点和"龙井"特色，有一定的存史、资治和教化功能。

绩溪县宅坦村虽是皖南一个普通的古村落，比不上绩溪龙川、胡里和上庄等名人辈出的名村，但宅坦村以其悠久的历史，丰富的村落文化积淀而在安徽古村落群中占有独特的位置，闪烁着别样的光泽。

《宅坦村志》设16章，各有侧重，内容涉及村落文化的各个方面。考虑到宅坦村录入较完整胡氏世系的宗谱下册即将完稿，故略去了属宗谱范畴的现代世系一节；近20年来宅坦村发生较大变化，故在村志正文及大事记和概述中加以适当补充。

值此《宅坦村志》付梓之际,特回顾如上,聊作后记。

胡维平　己亥年冬于绩溪